作者简介

李常生 （1969— ）男，忻州师范学院历史系教师，历史学硕士，副教授。主要从事抗日根据地史研究。在国内外公开发行刊物上发表有关晋西北根据地人口、劳动力方面的学术性论文有《山西抗日根据地妇女劳动力的开发》《论晋西北抗日根据地乡村妇女社会化》《论晋西北根据地安置移难民的社会效应》《刍议晋西北根据地人口性别结构变动》《晋西北抗日根据地乡村劳动力开发与调剂》等十几篇。

光明社科文库

GUANGMING SOCIAL
SCIENCE LIBRARY

20世纪三四十年代
晋西北乡村劳动力
资源开发与利用

李常生◎著

光明日报出版社

图书在版编目（CIP）数据

20世纪三四十年代晋西北乡村劳动力资源开发与利用 /
李常生著 . -- 北京：光明日报出版社，2018.11

ISBN 978 - 7 - 5194 - 4769 - 4

Ⅰ.①2… Ⅱ.①李… Ⅲ.①农村—劳动力资源—资源
开发—研究—山西—现代②农村—劳动力资源—资源利用
—研究—山西—现代 Ⅳ.①F323.6

中国版本图书馆 CIP 数据核字（2018）第 265417 号

20世纪三四十年代晋西北乡村劳动力资源开发与利用

20SHIJI SANSISHI NIANDAI JINXIBEI XIANGCUN LAODONGLI ZIYUAN KAIFA
YU LIYONG

著　　者：李常生

责任编辑：刘兴华　　　　　　　　特约编辑：万　胜
责任校对：赵鸣鸣　　　　　　　　封面设计：一站出版网设计部
责任印制：曹　净

出版发行：光明日报出版社

地　　址：北京市西城区永安路 106 号，100050

电　　话：63131930（邮购）

传　　真：010 - 67078227，67078255

网　　址：http：//book. gmw. cn

E - mail：liuxinghua@ gmw. cn

法律顾问：北京德恒律师事务所龚柳方律师

印　　刷：三河市华东印刷有限公司

装　　订：三河市华东印刷有限公司

本书如有破损、缺页、装订错误，请与本社联系调换，电话：010 - 67019571

开　　本：170mm×240mm

字　　数：229 千字　　　　　　　　印　张：14.5

版　　次：2019 年 1 月第 1 版　　　　印　次：2019 年 1 月第 1 次印刷

书　　号：ISBN 978 - 7 - 5194 - 4769 - 4

定　　价：68.00 元

内容简介

　　《20世纪三四十年代晋西北乡村劳动力资源开发与利用》共分为十五章内容,有20余万字。该书首先对晋西北根据地的自然社会状况进行了概述,其次,对晋西北根据地的人口与劳动力状况进行了分析探究。在此基础上,作者论述了抗战时期晋西北根据地为解决财政困难而开展的减租减息、大生产运动等有关党的方针、政策的实施情况。

　　本书的重点是对晋西北根据地人力资源开发利用的分层研究,这一部分作者从安置移难民、对二流子的改造、妇女劳动力资源开发利用、劳模群体及其作用、儿童劳动力资源的开发与利用、知识分子的开发与利用、对士绅的开发与利用、民兵劳动力资源开发利用等八个方面展开充分论述。

　　全书思路清楚,结构合理,史料丰富。通过对文献的研究,结合充足的社会调查资料,运用比较分析等研究方法,从一个侧面再现了中国共产党领导下的晋西北抗日根据地火热的社会生活场景,丰富了晋西北根据地的研究领域。

目　录
CONTENTS

第一章

导　论

第一节　选题背景

抗日战争爆发后,中国共产党领导的抗日武装力量以山西为中心,创建了数块敌后抗日根据地。这些根据地大多数处于几省交界的穷乡僻壤,多是地瘠民贫、生产落后的地方。地处黄土高原的晋西北,境内沟壑纵横,地瘠气寒,十年九旱,受山区土壤气候条件制约和频繁的自然灾害的影响,自古以来粮食产量低而不稳,广种薄收为主要生产特点。抗战爆发后,由于日本侵略军的烧杀抢掠,民不聊生,战争造成的饥饿和疾病流行其中。

晋西北根据地开辟早,但创建晚。在财政问题上,与其他抗日根据地具有同样的特点,就是财政收入依靠着经济上比较落后贫困的广大乡村,来支持抗战军费的需要。同时也有它独具的特点:与其他根据地相比,晋西北根据地的建立时间比较晚,它创建在抗战的相持阶段,而抗战在相持阶段中,华北各根据地主要的困难均表现为财政问题,同时敌人已回师扫荡华北。因此,1940 年晋西北抗日民主政权初创时期,也是晋西北遭受敌人大破坏时期。因敌人的反复扫荡、烧杀破坏、经济封锁,部队的物质生活异常艰苦,当时吃的粮食大部分是黑豆,而且吃不饱,有时一天只能吃到二至三顿稀饭。[①]

---

① 晋绥边区财政经济史编写组:《晋绥边区财政经济史资料选编》财政编,山西人民出版社 1986 年版,第 386 页。

为解决财政困难,彻底改善军民生活,1940年,晋西北抗日民主政权创立之初,就注意了根据地的生产建设。实行减租减息,交租交息政策,减轻了农村高额的封建剥削,刺激了广大农民的热情。为调动群众的生产积极性,还实行了减轻公粮负担,奖励生产、创造和发明,贷粮贷款等措施。这些政策和措施大大推动了生产运动的发展。在生产中涌现出像张初元、温向拴、刘文锦、刘补焕等劳动英雄,他们不仅自己生产得好,还领导了各村生产,带领着男女老少、懒汉懒婆参加生产劳动。

除动员群众参加生产劳动外,晋西北抗日民主政府,也非常重视根据地人民的文化教育。1940年9月,晋西区党委书记林枫在晋西北第二次行政会议上提出政权工作的三个中心之一,就是"教育问题",要求恢复战前的学校,加快国民教育正规化。同时,利用农闲时间,进行社会教育。1941年5月,以《中共中央抗战建国纲领》为指导,结合晋西北的社会条件,制定并正式颁布了晋西北教育宗旨及实施方针,指出文化教育政策的主要特征是:第一,民族的——从各方面提高民族的自信心、自尊心,培养民族气节;第二,民主的——引导学生与人民走向民主的道路,和晋西北历史传统的不民主遗毒作斗争;第三,大众的——主要是提高人民的文化水平;第四,科学的——提高科学知识,开展卫生教育,反对落后的封建教育与反对迷信复古的思想教育。① 这些施政方针的制定和贯彻执行,大大推动了晋西北根据地文化教育卫生事业的发展。根据地冬学、小学,以及各类业余教育蓬勃兴起。随着根据地的巩固和发展,党政军紧密联合,逐步改善民众的医疗卫生条件,保养民力。尤其是当地八路军驻军,为民众治疗疾病,开展群众性的卫生防疫工作,破除迷信,宣传卫生知识,培训乡村医疗人员,大大推进了根据地医疗卫生事业的发展。

通过对上述史实的简单梳理,不难发现党的一系列"保养民力"策略,事实上就是对根据地人力资源开发利用的具体政策和措施,这是当时战争和革命与根据地建设和发展到一定阶段的必然产物。在敌人疯狂烧杀抢掠,人力、物力、财力严重匮乏的情况下,晋西北根据地的人力资源开发及其有效利用,为坚持长期抗战,

---

① 晋绥边区财政经济史编写组:《晋绥边区财政经济史资料选编》总论编,山西人民出版社1986年版,第395-396页。

解决军民基本的衣食供给,最终战胜敌人,夺取抗战胜利提供了可靠保障。

然而,目前学界对晋西北根据地人力资源开发利用的政策和措施仍少有综合性研究。其内容多散见于一些抗战论著中,个别学术性较高的文章也仅仅是论及某个方面,有鉴于此,笔者自不量力,斗胆在先前学者们研究的基础之上,吸取他们可行的研究方法,借鉴社会学、人口学、人力资源等学科理论,期望探讨晋西北抗日根据地贯彻和实施发展人口数量、提高人口质量、充分开发人力资源的政策和措施,进一步拓宽晋西北抗日根据地的研究领域,挖掘和展现党在抗战时期开发乡村人力资源的成功经验,为当今农村人力资源开发提供一些参考。

第二节 研究目的

一、探求经验,服务当今

农业、农村、农民问题一直是我国全面建设小康社会进程中的根本问题,也是中国现代化进程中迫切需要解决的最大难题和困惑。十八大以来提倡的城乡一体化建设,其本质就在于不断增强农民的生产能力和致富能力。这一目标的实现要求我们必须始终坚持科学发展观,深入贯彻科教兴农的战略,充分利用农村人力资源,促进农村经济社会的高效和优化发展,推动城镇化进程。但现阶段我国多数农村人力资源开发的现状并不是很乐观,普遍存在着劳动力资源虽然丰富,但整体素质较低,地方政府官员思想认识不足,缺乏有效的开发策略和制度,没有注重培养农村建设需要的专门人才等问题。

此外,一些落后地区的农村受封建文化的影响依然严重,对客观自然现象不能正确理解,农村中不是兴办学校,开展科技宣传,而是大修庙宇、拜仙敬神、看病不找医生找巫婆等,浪费了大量钱财,在婚丧嫁娶时大摆酒席,铺张浪费现象严重。特别是农闲季节,部分农民整天无所事事,在村里四处游荡,或聚众闹事,或酗酒赌博等。这些不良的社会风气,源于农民没有正确的劳动价值观念所造成的,制约了农村经济的发展。同时由于生产观念落后,不懂珍惜资源,靠粗放的生产方式经营农业,在一定程度上造成生态环境的恶化。

抗日战争时期,晋西北根据地经济文化落后,交通闭塞,山岳纵横,加之经常遭到日军的军事"扫荡"和经济封锁、非人道的烧杀抢掠,人民的生命财产遭到无法估量的损失和摧残,晋西北地区的农业遭到严重破坏,根据地的劳动力、畜力及农具极度缺乏,土地大量荒芜,农业生产水平急剧下降。在人力、物力、财力十分匮乏的情况下,党面临着如何动员和领导农民,建立和稳固自己领导的政权,有力地支援抗战。正是出于争取抗战胜利、彻底改善人民生活状况的需要,晋西北根据地抗日民主政府十分重视人力资源的开发利用,在经济上实行减租减息、互助合作、奖励生产、贷款扶助等政策;政治上奉行男女平等、保障人权等措施;文化上开展教育与战争、生产相结合的学校教育和成人教育等。这些政策的实施,解决了广大农民生活和生产中的困难,调动了他们参与劳动的积极性,提高了人民群众的文化素质,清除了旧社会的邪风陋习,把许多不务正业、游手好闲的"二流子",奇迹般地改造为劳动模范。

历史经验告诉我们:在革命和战争年代,占人口最多数的农民是战斗和生产的主力军。在今天社会主义现代化建设中,农民不仅是社会主义新农村建设的主体,也是推进工业化和城镇化的主力,只有充分调动广大农民的积极性,才能保障社会主义新农村建设的顺利开展和城乡一体化的快速前进。新农村建设中,农民是主体,但单单依靠农民自身的力量还是无法完成的,各级政府必须担当起新农村建设的组织者的重任,使农民、政府与社会力量形成合力,共同推进新农村建设。当然,这一切还要以发展农村经济,增加农民收入,提高农民生活水平和生活质量为落脚点。正如抗战时期毛泽东在陕甘宁边区某次高级干部会议上所说:"一切空话都是无用的,必须给农民看得见的物质利益。"①

二、丰富晋西北地方史研究

晋西北根据地是一个独具特色的红色区域,它集战争与革命为一体。早在第一次国内革命时期和土地革命时期,晋西北的一些地方就建立了中国共产党的组织,开展了多种形式的革命斗争。1936 年初,中国人民工农红军抗日先锋军,在南到晋南新绛县,北到晋西北保德县的广大区域内,转战 50 余县,对阻拦红军抗日

---

① 毛泽东著作选读委员会:《毛泽东著作选读》(下),人民出版社 1986 年版,第 563 页。

的阎锡山军队和国民党中央军以沉重的打击。红军东进抗日,在山西境内宣传抗日救国的道理,带领群众打土豪、斗恶霸,使老百姓深深地感到红军是抗日的队伍,共产党是为人民谋利益的救星。红军东征,在晋西北扩大了中国共产党的影响,推动了当地的抗日救国运动,为后来开辟晋西北根据地创造了极为有利的条件。

1937年卢沟桥事变后,日本侵略军在华北沿着平汉路和平绥路南下进攻,山西成为抗战前沿。根据中共中央开辟敌后战场、发动独立自主的游击战争、建立敌后抗日根据地的具体行动方针,八路军120师于9月底奉命到达岚县、岢岚一带,开创晋西北抗日根据地。1938年3月,八路军120师及山西新军决死第四纵队、工卫旅、暂1师等晋西北抗日武装,粉碎了日军万余人对晋西北的进攻,连续收复岢岚、五寨、神池等七座县城,为巩固晋西北抗日根据地奠定了基础。1939年12月"晋西事变"后,晋西北成为由中国共产党独立领导的抗日民主根据地。中国共产党领导的晋西北抗日民主政权,从民族最根本利益出发,实行新土地政策,修养民力,大力发展生产,促进人口增殖;实施移民政策,调整人口分布,积极开展抗灾、救灾工作,注重医疗卫生、妇幼保健事业,改造"二流子",动员妇女、儿童参加生产劳动,充分开发利用根据地的劳动力资源,促进了晋西北根据地的经济繁荣,人口增殖,为夺取抗日战争的胜利建立新中国提供了充分的物力和人力资源。回顾和研究晋西北根据地在日军疯狂侵略,人力、物力、财力极度贫乏的状况下,能以人为本,开发与利用人力资源,发动群众自力更生,艰苦奋斗,使过去"十年九旱"、"男人走口外,女人挖苦菜"的晋西北发生翻天覆地的变化,对于振兴革命老区经济,丰富晋西北地方史研究内容,具有重要的历史和现实意义。

第三节　研究方法

本研究在搜集和梳理史料的基础上,以抗战时期晋西北根据地人口和劳动力问题为切入点,遵循传统与现实相结合、定性与定量相结合、群体与个案相结合的原则,采用历史文献研究、实地调查访问、比较分析等方法,对晋西北根据地党和各级抗日民主政府开发与利用人力资源的具体策略进行实证性、系统化的综合研究。

1. 文献研究方法。在研究过程中,查阅翔实的、大量的档案、期刊、报纸、人物回忆录等文献资料,借鉴人口学、社会学、人力资源等学科的理论,综合分析晋西北根据地开发人力资源的政策和措施及其重要作用。

2. 调查研究法。在进行研究的过程中,课题组成员访谈了一些曾在晋西北根据地参加过抗战的老革命家,同时,到晋西北农村走访一些亲身经历过抗战的见证者,以此来收集第一手资料,为研究的逐步深入和开展做较好的准备。

3. 比较分析法。通过对战前与战后、抗战初期与抗战中后期晋西北根据地人口、劳动力状况的比较分析,揭示战争、疾病、灾荒对晋西北根据地人力、物力、财力的影响,展现党和各级抗日民主政府开发劳动力资源的卓越成效。

第二章

晋西北根据地的自然社会状况

晋西北抗日根据地是在中国共产党抗日民族统一战线政策指导下,八路军第120师和山西新军紧密配合、协同作战、共同抗日的基础上开辟的。晋西北根据地的范围,东起同蒲路北段,与晋察冀北岳区相接;西至黄河,与陕甘宁边区隔河相连;南至汾(阳)离(石)公路,与阎锡山的晋绥军驻区毗邻;北至清水河,与大青山区连接。1941-1945年晋西北抗日根据地与大青山抗日根据地合称为晋绥边区,而晋西北根据地是晋绥抗日根据地的腹心地带。

第一节 自然环境

一、地理概况

(一)地形与河流

晋西北根据地山脉纵横,地势险要。中部有管涔、吕梁两大山脉。吕梁山脉北起岢岚、岚县一带,延至晋南西,形成一大分水岭。在此分水岭以西,为晋西北抗日根据地的中心地带。管涔山脉北起宁武一带,往东经雁门关、繁峙与五台山脉衔接。在静乐、岢岚交界处是管涔山主峰芦芽山。在岢岚界内有烧炭山、野鸡山,在岚县、兴县交界处有白龙山、黑茶山。在岚县、方山、静乐交界处有铜鼓山、赫岩山,在交城、方山交界处有关帝山。在离汾交界处有真武山、吕梁山主峰及王老婆山。此外,兴临交界处有紫金山,忻、崞、宁、静等县交界处有云中山。

境内河流密布,水源丰富。大的河流有黄河、汾河、桑干河和滹沱河。黄河自绥远东流,经本区西界河、保、兴、临、离五县流入晋西南。汾河发源于宁武管涔山麓,流经宁武、静乐、交城、阳曲、太原、清源、文水,变成汾河流域。桑干、滹沱两河也发源于管涔山,向东流向河北。小的河流纵横交织其间,其中较大有发源于岚县白龙山经兴县而注入黄河的蔚汾河,发源于岚县东与临县交界处,经临县而流入黄河的湫水河,发源于方山,流经离石而注入黄河的离石河等。

河山交错,凶险无比,形成了敌后抗日根据地的天然条件。

(二)土壤与气候

境内的土壤主要有以下 5 种类型:

高山草甸土:主要分布在海拔 2000 米以上的地区,如宁武境内的春景洼、涔山、太庙、马仑、新堡等地区,是发展林业的主要地区。其特点是:覆盖土层薄,枯枝落叶多。在腐殖质的草甸土中,含氮可达 0.4 - 0.5%,一般有机质含量在 2% 左右,含氮 7ppm,有效磷 12.5ppm,有效钾 100ppm。

淋溶褐土:属黄土状母质淋溶褐土,主要分布在靠近高山的草甸村,海拔 1800 米左右。有机质含量在 0.5 - 1%。含氮 20ppm,有效磷 10ppm,有效钾 75ppm。其特点是:灌木丛生,牧草丰盛繁茂,易于发展畜牧业。但土层不厚,地块零碎,常有岩石裸露。

黄绵土:属黄土状草灌和砂岩页炭状草灌黄绵土。多分布在汾河等河流两岸丘陵地带,海拔 1600 米左右。一般有机磷含量 0.3 - 0.7% 左右,含氮 15ppm,有效磷 5.5ppm,有效钾 45ppm。其特点是耕性好,保水保肥力强,土层厚,通透性好,但肥力不高。是境内粮食生产的主要地区。

红黄绵土:属于带砂和红胶泥混合土。多分布在恢河川和静乐、五寨、岢岚城关等地。海拔 1400 米以上。其特点是:土层较厚,耕性较坚实,保水保肥性较好。一般有机质含量 0.5%,含氮 19ppm,有效磷 7ppm,有效钾 35ppm。

下沼泽地:主要分布于河川地带。其特点是:地下水位高,排水不良,有轻度盐渍化,肥力一般。有机质含量 0.3%。含氮 30ppm,有效磷 11.5ppm,有效钾 20ppm。

晋西北属高山严寒区和寒冷干燥区。气候特点是:寒冷干燥,多大风,四季分明,冬季漫长,无霜期短,昼夜温差大,山区多雨,其他地区雨量偏少,雨量高度集中于 7 月和 8 月。气温、降水有明显的垂直分布,光照时间在各地以及一地的向阳和背阴坡有较大差异。①

山区:以宁武县的岔上村和岢岚县的阎家村为代表,每年平均气温4℃,这里是莜麦、山药蛋种植区,是林粮间作区。针叶林生长茂密。

半山区:以宁武县的化北屯、西马坊和五寨县的李家坪为村代表,每年平均气温4℃到5℃,为谷子、春小麦、豆类种植区。

初霜冻一般在9月中、下旬,终霜冻在5月中旬,无霜期一般为120至130天。较暖区无霜期较长,平均为134天,90%保证率为126天。山区和一些风口地区,无霜区仅有80至90天。秋霜冻来临多为寒潮袭击,系平流加辐射降温所致。霜后一般还会有10天到半月好天气。春霜冻来临往往是西伯利亚蒙古冷空气范围南下所致。霜冻在各年中出现迟、早也不同。

当地年平均降水量在470至770毫米之间。在汾河和恢河流域的沿河境内段落,年降水量小于500毫米,森林区在600毫米以上,其余地区雨量在500至600毫米之间。年平均雨量干旱度在0.6至1.1之间,属湿润和半湿润地区。

二、战前的经济状况

晋西北根据地境内以山地为主。除大同盆地、忻崞盆地的一部分,物产丰富,人口稠密外,地处黄土高原的晋西北,沟壑纵横,十年九旱。虽然蕴藏有丰富的煤、铁、金、铅、锰、硝、硫黄、石膏等矿物,但由于生产技术落后,工矿业的规模较小,农业是当地主要的经济产业,农产有豆、谷、黍、莜麦、胡麻等五谷杂粮,森林、畜产、药材等也较丰富。

(一)主要粮食作物及产量。据史料记载,历史上晋西北主要产粮区,除河曲、保德、偏关三县粮产稍感不足外,其余各县的粮食每年往往外输销。离石、临县、兴县多输出到陕西各县。岚县、静乐、宁武、岢岚、五寨的余粮输入到太原销售,其余雁北各县的余粮则由平绥路输出。粮食的种类,在沿黄河各县,如兴县、临县、河曲、保德、离石、中阳各县的山地多为谷子、麻子、山药、黑豆及各种豆莜类,平地多种植麦子、高粱、玉米、荞麦、蓖麻等。在方山、静乐、岚县、岢岚、五寨、神池、宁武等县,气候特别寒冷,某些地区日照亦不足,所以主要农产作物,则以莜麦、山药

---

① 侯文正主编:《管涔山志》,山西人民出版社2003年版,第10－13页。

蛋、胡麻、荞麦为主,在高度较低地区,糜谷、豆菽类、高粱也可种植。在雁北主要的粮食也是莜麦、胡麻、山药。在忻县、崞县两平原地一带,主要的粮食作物则为高粱,次为谷子等,不过在平原其他杂粮也都可以耕种。

在粮食产量方面。除河曲、保德、偏关等县粮食短缺外,在正常年景其他各地的粮食均有剩余。临县每年能产粮食 40 万石,可以输出 10 万石左右(临县人口约 24 万)。岢岚能产粮 10 万余石,而岢岚人口仅有 35000,所以能输出的粮食更多。其他各县如岚县、静乐、宁武、神池、五寨等县丰年一年的产粮能供地方人口三年粮食。

(二)工业原料作物及畜牧业的出产

1. 棉——棉花的种植主要是离石、中阳等县,临县、兴县部分地区可以种棉,在交城、文水、汾阳、孝义、徐沟等县,历史上是山西的产棉区。

2. 麻——是晋西北的特产,尤其是临县、方山、离石一带,不但品质洁白,纤维细长,而且产量较高,水地每亩能收麻 60－100 斤,临县的湫水河川,方山、离石的河川水地均以种麻为主。麻产品也成为这些地方的主要输出商品。

3. 烟草——在晋西北各地均能种植烟草,兴、临、离石尤盛。

4. 植物油——是晋西北一大出产。胡麻、糜子、蓖麻、芸苔、黄芥在各地区种植均相当广,每县均有大油坊数十家。兴、岚、岢岚、河曲、保德,油坊均很普遍。

5. 森林和药材——晋西北是山西的木材产地,多属天然林,其中以宁武、五寨、岢岚、兴县等地为主。晋西北的药材亦为出名之特产,药材的种类有六七种,史载岚县、静乐、岢岚、五寨、神池、宁武、兴县均有大批药材出产,静乐的冬花、岢岚的麻黄、五寨的黄芩等均为当地名产。

6. 畜牧——晋西北是山西的一个重要的畜牧地区,牧草繁茂,牧地辽阔广大,气候适宜,为他处所不及。牲畜养殖的品种主要有牛、羊、骡、马、驴等。本地区农村历来把种植牧草和家畜饲养视为家庭副业。山地农家多养牛,农忙时耕田,农闲时放牧;平川、丘陵区农家多养驴,农忙耕作,农闲驮运。

(三)民间工业

1. 纺织工业——在晋西北种棉地区兴、临、离石等县,民间都有纺织业的基础。抗战前临县民间改良的手拉木纺织机就有 500 余台。临县的产棉区三交镇、碛口等地,能纺织的人家约有 8000 户,每年可织出土布两万匹。

2. 造纸——土法造纸,造纸的工业区,主要集中在临县,据统计,1936 年临县的榆林村有 25 家手工纸场,150 多名工人,在这种家庭作坊中,老年人、妇女、儿童均可以参加劳动,如晒纸、洗浆、看碾等。在兴县、保德、河曲也有土法造纸的手工业。

3. 皮毛作坊——因气候寒冷,畜牧业发达,并与陕西、甘肃、宁夏、内蒙古等交界,当地皮毛制作发达,皮毛制品运往北京、天津、上海等一带大都市贩卖。

4. 其他民间手工业。除了上述这些手工业外,在晋西北民间有不少的作坊或大小工业。如临县招贤镇的打铁工厂,可以说是晋西北的一个手工业区,战前有 20 余家铸铁厂,主要生产大小号铁锅、耕地用的犁铧及其他成品。民间的制瓷、酿酒、造粉等工业也比较普遍。

第二节　社会环境

一、民情习俗

抗战前晋西北物产相对丰富,但由于交通闭塞,旧政府的黑暗统治,以及军阀混战所引起的社会动乱,与山西其它地方相比,晋西北却是一个经济落后、人民生活贫困的地区,这必然引起文化、教育、卫生等方面的落后。据有关史料记载,在山区农村中90%以上的成年人是文盲,许多村庄中只有一两个人能识字记账。甚至不少山区村庄没有识字的人,过年过节、娶儿娉女要写一副对联还得跑几里路请人代笔;有的山庄过春节无人会写春联,只能以碗刷墨,托一副碗锅锅来代替。

与文化落后相伴随的则是封建迷信的猖獗,每个村庄都有三五个巫医、神汉,他们散布在农村中,骗人骗财,用各种骇人听闻的巫术折磨甚至残害百姓,致使群众在经济上受到不少损失,肉体上和精神上也受到严重摧残。由于不讲卫生的生活习惯,使流行病、传染病经常发生,并迅速蔓延,疾病传染比较严重。抗战前境内多次发生流行性传染病。据史料记载,1904 年、1907 年,岢岚县曾多次发生霍乱,1918 年,鼠疫由东北地区传入境内静乐、五寨、神池、岢岚等地。境内的传染病主要有鼠疫、霍乱、天花、白喉、伤寒、流脑、百日咳、麻疹、脊髓灰质炎、布鲁氏菌病、猩红热、炭疽等18种。境内的地方病主要有地方性甲状腺肿、布鲁氏杆菌病、地方性克汀病3种。

自然环境的恶劣,山河的阻隔,长期处于相对贫困和封闭落后状态,乡村居民大多过着"日出而作,日落而息"的自食其力的生活,形成纯朴、善良、老实、忠厚、务本求实、吃苦耐劳、勤劳简朴、爱憎分明的民风。若与人交往,则肝胆相见;效力公事,则竭尽全力;外出求学,则刻苦用功。但进取心和竞争意识不强,表现为小富即安,知足常乐,乐于安居故土,富不喜外,穷不嫌乡,且不善交际,合作性差。

二、社会秩序

抗战时期,晋西北的社会秩序既具有落后的封建军阀性、日军残酷的殖民侵略性,也具有中共的民族革命性,三种社会秩序交叉并存。直到抗战胜利,晋西北人民在党的领导下,才彻底摆脱了封建军阀的奴役和日军残酷的迫害,普遍建立了新民主主义革命政权,人民当家做主的社会秩序确立。

(一)阎锡山封建残余势力的延续

抗战前,统治山西的军阀阎锡山,1919年在全省实行"编村制",以便加强其政治统治和经济掠夺。但这一政策的出台,恶化了乡村秩序,晋西北人民遭受着地方官神恶霸的欺压。以晋西北兴县为例来说明战前晋西北社会的混乱状况。当时兴县有800多个自然村,分编为150多个主村,各所属村叫"副村"。主村设有村公所,每一个村公所设有村长一人,村副一人,书记一人,村警三至五人。各副村也设村副一人。主村和副村分设闾邻制,五家一邻,设邻长一人,二十五家为一闾,设闾长一人,组织颇为严密,层层节制,便于摊派。村长和村副都是县区指定的。1933年,阎锡山委派尹必有到兴县当县长。此人是大地主出身,他上任以后,在兴县重用了一批土豪劣绅充当村长、闾长。这些人凭借手中权力,随便给群众摊派粮款。什么"圪针钱"、"麦粘钱"等等苛捐杂税,名目繁多。只要当上几年村、闾长,霸地为王,就成了暴发户。比如兴县城关的白万桂,外号叫"笑面虎"。他是个善于投机,巧于言辞,最会欺压群众的伪君子。此人由经商起家,爬上政治舞台,当上村长后,在烟、酒、财、粮各种税务上私自提成3%-5%的附加税。遇上城关骡马大会,牲畜成交,每头要提取2%的解缰税。除此以外,每年还要摊派无限额的公杂费、招待费,这些费用除花销一部分外,全部装进了他的腰包。没几年他就成了兴县有名的大财主。

兴县廿十里铺的王海龙,从小游手好闲,无恶不作。原来是个"穷圪节",1933年当上村长,很快就发了大财。他进一次城就要摊一次差旅费,开一次会就要摊一次补助费,每月摊公杂费,每年要摊办公费,这些摊派一年不下数千元。直到1940年,兴县解放以后,搞"四项动员",在王海龙的家里搜出黄油三千斤,白酒十几瓮。

兴县苏家吉村的高述曾,出生在地主家庭,从小娇生惯养。1923年在兴县孟家洼联村当上村长,一直干到1936年。当了十几年村长,大量勒索民财。他在县政府领回印花税,不给群众往下发,说什么庄户人家没处贴。他把印花税钱分摊到各村,比原来的印花税加大了好几倍,留下的印花税票卖给了奸商。除此以外,派人不定期的查税,只要查出漏税,就要严加惩处,罚款大部分装了腰包。其次就是名目繁多的摊派款,他公开讲:这些摊派款就是他一年当村长的收入。有一次他摊了360块白洋,名曰工杂手续费。

兴县樊家圪塔村有个大地主,叫樊学迟。从小依仗权势,欺压群众。民国初年,他用贿赂手段,购买了一个"秀才"头衔,从这以后就成了谁也不敢惹的地头蛇。樊学迟有四个儿子,人称"四大阎王"。大儿子当县督学员,终年游手好闲,无恶不作;三儿子在岢岚县当区长;四儿子在河津县当承审员。樊学迟依仗这些权势,肆无忌惮地欺压、剥削农民。在樊家圪塔周围,他掠夺了二千多垧土地,方圆二十多个村庄都有他的佃户,每年仅地租一项就收二千余石。

在残酷的封建剥削压榨下,广大劳苦群众终年吞糠咽菜,不得温饱。1929年兴县沿黄河一带遭了特大旱灾,整整一年几乎没有下一场雨。大半土地没有下种。60%-70%的农作物没有收成。可是阎锡山政府硬逼着缴纳数不清的苛捐杂税,兴县各地妻离子散,家破人亡的现象比比皆是。兴县白家卯村有个贫苦农民叫白来生,全家八口人,租种地主的56垧山坡地。这一年一共收了七石八斗六升粮食。除交租和还外债外,剩下二石三斗一升粮食,全家人没等到过春节就"扣锅了"。全家老小饿得皮包骨头,在万般无奈的情况下,白来生的父亲喝了卤水而死。白来生的母亲带着两个孩子沿街乞讨,饿死在石沟里。白来生含着悲痛的眼泪,挑着一卷行李,领着两个弟弟,一个妹妹,一个童养媳,逃到黑茶山下的贾沟村。为了活命,他忍痛卖了两个弟弟和一个妹妹,他和自己的童养媳给地主当了长工,过着非人的生活。①

(二)日本法西斯殖民侵略扩张

抗战爆发后,晋西北沦陷区人民在继续遭受封建奴役的同时,又沦落为日军殖民统治的奴隶。从抗战爆发到结束,晋西北始终是日军侵略的重要区域。其中1941 – 1942 年是日军对晋西北最疯狂的侵略时期。据1942 年2 月统计,晋西北大小敌据点有160 多个,其分布情况是,静乐区:47 个,太原区:54 个,岢岚区:14个,临县区:31 个,雁北区:54 个。日军从军事、政治、经济、文化等方面,对统治区人民实行残酷的强化治安管制。

1. 军事方面

为加强对军民的控制,敌人活动区域以大队为单位,根据据点联络方便划分,对我军民采取驱逐、剿灭的方针。具体的控制措施有:一、增加据点,1941 年单在太原区就增加了20 个据点,封锁山口,扩张领域。二、扩大伪军,各县警备队一般都在五百人左右,为地方性伪军,此外,还有宪兵队、治安军等。如交城县有300人,文水、清源各有200 余,小的据点也有30 人上下,各据点内日军甚少,一般不过伪军半数,常有二三个日军率领伪军数十人,轮流巡视各村。三、整训伪军,洗刷"料子鬼",对敌忠诚的留下,做侦察工作,不中用的送回家去,另抓青年壮丁来顶替。四、修筑围墙,每村修筑6 尺高围墙,只留三四个出口,墙外挖沟,宽8 尺,深6 尺,以限制我军政民的活动,便于敌人包围和逮捕。五、活动平凡,在强化治安期间,日军往往昼夜不分,平均每日出动三五次,每日每村巡逻两次,在其认为已经治安好了的村子,每隔二、三日去一次,在有八路军行踪的地方,一日之内可能去六、七次。

2. 政治方面

加强特务工作,日军在汾阳设立山西总特务机关,经常训练大批特务,男女老少都有,充作其特务人员。每县均有特务工作队及宪兵队百余人,敌人在村中公开设置坐探,强令村中负责保护,建立秘密新民会,破坏我军地方工作。敌人派遣特务人员打入我军政民各系统,实行内奸活动。强迫各村设公开的情报员,每日按时报送情报,不送则火烧全村。

① 《兴县革命史》编写组:《兴县革命史》,山西人民出版社1985 年版,第10 – 12 页。

　　加强伪政权,严密控制村政权,每月举行村长会议两次,做政治报告,讲八路军的坏话,说八路军穷,不能成大事等。对某些村长采取诱惑的办法,如亲自点名,个别谈话,甚至请吃饭等。经过诱惑后,许多村长就动摇了,对敌所托之事不敢推诿。对农村抗日的村长则施以杀戮,喂狗吃、活埋等,1941 年以来汾阳村长被日军狗吃掉的在 20 人以上,交城寨子村长因为敌人向他要抗日区长,他拒绝交出,便被敌人毒打、灌辣椒水致死。①

　　对村中居民颁发身份证及居民证,贴上本人像片并摁上手印,写明本人身份面貌、居住地址、门牌号数等,限制活动。在伪新民会统一领导下,建立伪群众组织,如灭共自卫团、少年灭共团、兴亚妇女会、兴亚佛教会、安清道、哥老会、防共青年同盟、兴亚国术学会、俱乐部、合作社等。

　　提倡种植鸦片,大量贩卖毒品。收买流氓、地痞,调查抗属、强迫抗属写信诱其儿子脱离抗日军队;优待伪军家属,使其安心为敌服务。利用青帮、一贯道等秘密教首,收买落后群众。

3. 经济方面

　　实施残酷的剥削。敌人的正税只有钱粮,但正税外则用各种名目榨取百姓财物。诸如罚款,敌人到村以后,借口任何小事情,将村长带走,罚款数百元,再放回。应酬费,敌伪每次到村庄后,总要吃喝抽烟,花费甚多,单是纸烟,每村每个人至少得上缴 5 包以上。此外还强迫村里唱戏、举行赛马比赛等。

　　加强统治,封锁物资。禁止各种物资,特别是军用品出城,违者枪决。群众买东西需持有购物证,每人只许买布 4 尺,洋火 1 盒,煤油 2 两,但一般群众都很难领到购物证,如文水一个老百姓在城里买了半斤煤油,因没有购物证,被敌人查处后,当场杀死。交城一个妇女带了三尺五寸布和一些钱出城,敌人查出后,剥去全身衣服,吊在城门上,强迫行人观看后,才能通过。

　　管制粮食。敌人对其据点以外的村子,每户每人只能留下 3 斗粮食,其余都集中在据点里,谎称"皇军"代为"保存",吃完 3 斗以后,再向据点领取。个别地方还有 3 岁以下、60 岁以上不给领食粮的。

---

① 　共青团山西省委编:《山西青年运动历史资料》(晋绥革命根据地分册)第二辑,内部发行 1986 年版,第 18 页。

统制贸易。为控制贸易,强迫组织合作社,禁止据点以外的私人营业,令其移入据点内,否则勒令停止营业。甚至为封锁八路军的物资供应,强令所有商店停业。

打击农钞法币。1940 年以前,敌伪钞币不出据点,农村流通法币与晋钞,1940 年晋西北抗日民主政权创立后,晋钞垮台,而敌人则加紧打击法币与西北农钞。

直接破坏农村经济。下令所有民间织机、石磨等,全部移入敌据点内,否则破坏。民间大量纺纱机、织布机、熬盐厂都被破坏,如文水四区、汾阳五区的纺纱厂被敌人烧毁的很多。敌人在据点内,提倡种树植棉,但在据点周围,临近交通沿线的村庄里的树木则全部砍伐。

4. 文化方面

敌人用报纸、传单、漫画、路条、标语等,向民众散发反动言论。对有文化的小学教员,一方面提高待遇施以笼络,一方面则严加监管,严加防范,规定未经鉴定及未经训练,无三人以上保状的,不能做教员,如无上述条件,查出后即认为是私通八路的嫌疑犯,并施以残酷杀戮。

大量开办敌伪小学。规定有学童 20 人以上的村子必须开办学校,课程内容均不得涉及政治问题,各级小学则增加日语。要求据点内外村庄唱戏,闹秧歌,企图以此来粉饰太平,组织俱乐部,引诱青年赌博、嫖妓、吸食毒品。

5. 暴行方面

为彻底摧毁人民抵抗力量,日军对根据地人民施行惨无人道的"三光政策"。如 1940 年,敌人就对晋西北根据地进行了四次大规模的"扫荡"。第一次春季扫荡,2 月 23 日开始,4 月 1 日结束,共一个多月,敌人分六路,集兵力约七、八千人。攻陷岚县、方山、临县等地。第二次夏季扫荡,6 月 8 日到 7 月 7 日,共一个多月,敌分 19 路,兵力 2 万余,攻陷河曲、保德、方山、临县、兴县、岚县、岢岚。第三次秋季扫荡,10 月 25 日开始,11 月 10 日结束,历时半个多月。第四次冬季扫荡,11 月 10 日起,到 1941 年 1 月 15 日止,共一个多月,敌人分十八路合击兴县,所到之处实行放火、抢东西、杀人的"三光"政策。敌寇的反复扫荡,给根据地人力、物力、财力造成了极大破坏,如冬季扫荡,据兴县、方山、临北、临南、离石的统计,杀人 427、伤人 704、抓人 182、奸淫 2291 人,烧毁房屋 14878 间,抢掠粮食 100868 石,掠走牛1042 头、驴马 517 匹、猪 270 头、羊 649 只、鸡 3793 只,衣物损失折合白洋 4462 元,抢走白洋 3463 元、法币 7932 元、元宝 92 个。

（三）中共敌后根据地的创建

抗日战争爆发后,在日本帝国主义入侵,全民族面临生死攸关的形势下,毛泽东和党中央决定出兵山西,创建以山西为中心的敌后抗日根据地。1937 年 9 月底,根据毛泽东的部署以及中共中央北方局关于建立抗日政权和发展党组织的指示,贺龙率领 120 师主力在汾离公路以北同蒲铁路以西的地区开辟抗日根据地。10 月初,关向应、甘泗琪率领师政训处一部和教导团共 700 余人到达晋西北岢岚县,组成地方工作团,分赴各县发动群众开展抗日救亡运动。在中共晋西北临时省委和"牺盟会"、"动委会"的共同配合下,各县成立了农、工、青、妇抗日救国会。到 1937 年底,根据地的工作取得了很大进展,晋西北 14 个县已组织起自卫队和游击队 1.1 万多人,120 师也由东渡时的 8000 余人发展到 2.5 万人。

随着共产党的地方组织、主力部队和山西新军的日益发展壮大,阎锡山因惧怕抗日力量的增长,在 1939 年底撕去了联共抗日的面纱,制造了震惊全国的"晋西事变"。面对阎锡山对日妥协、积极反共、压制进步力量和抗日群众的恶劣行径,晋西北各级党政机构、武装力量和全体群众,不得不展开了抗日反顽的双重斗争。到 1940 年 1 月初,阎锡山在晋西北的反动统治被彻底摧垮,晋西北结束了两种政权、两种军队并存的局面。

1940 年初,晋西北抗日民主政权——山西省政府第二游击区行政公署成立,其行政区划包括 35 个县,完整的只有兴县、保德、临县等,其余均不完整。共分四个行政督察区,设专员四人。第二行政督察区包括有岢岚、保德、忻县、崞县、静乐、宁武、神池、五寨、河曲、偏关、代县等 11 县。第四行政区包括临县、方山、岚县、兴县、离石、中阳、石楼等 7 县。第八行政区包括交城、文水、徐沟、清源、太原、阳曲、榆次、太谷、祁县、汾阳等 10 县。第十一行政区包括朔县、左云、平鲁、大同、右玉、山阴、怀仁等 7 县。①

抗日民主政权的建立,标志着晋西北抗日根据地进入了一个新的历史时期。行署主任续范亭等 157 人于 1940 年 3 月 20 日联合发出号召,开展民主宪政运动,

---

① 晋绥边区财政经济史编写组:《晋绥边区财政经济史资料选编》(农业编),山西人民出版社 1986 年版,第 832 页。

并成立晋西北各界宪政运动促进会。

1940 年 9 月，行署召开第二次行政会议，通过了《山西省第二游击区村选暂行条例》和《村政权组织暂行条例》。1941 年 6 月，晋西北各地普遍开展了村选工作。经过发动宣传、调查户口、登记选民、划分公民小组和进行无记名投票等步骤，选举了各村公民代表大会和村公所村长，以及村公所民政、教育、生产、调节等 4 个委员会。在此基础上，1942 年接着进行了区政权的选举工作。

在晋西北的村选、区选中，认真贯彻了"三三制"政策。1941 年经过村选的 11 个县 55 个行政村的，主任代表内，中农占 44%，贫雇农和农村工人占 38%，地主富农占 18%；村长内，中农占 32%，贫农占 53%，地主富农占 15%。

1942 年 10 月 24 日—11 月 11 日，晋西北临时参议会第一次会议在神府县胡家庄村召开，参加会议的正式参议员有 145 人。其中，共产党员占 32.4%，士绅名流占 13.8%，抗日军人占 6.2%，中小学教员占 2.74%，中学生占 1.28%，新闻文化工作者占 2.74%，妇女占 6.9%，工、商业人士各占 3.44%，少数民族占 0.6%，国际友人占 0.69%，农民占 48.31%，区以上行政干部占 0.64%。大会选举林枫为议长，刘少白、牛荫冠为副议长。通过了《巩固和建设晋西北的施政纲领》《晋西北临时参议会和各级政府组织条例》《保障人权条例》《减租交租条例》等一系列政策法令。晋西北临时参议会的召开和选举结果，使晋西北根据地的新民主主义政治构成了完整的治理体系，对广泛动员各阶层人民加强对敌斗争、开展减租减息运动、促进各项建设都发挥了重大作用。

第三章

晋西北根据地人口与劳动力的变动

人口的数量、性别结构、年龄结构以及阶级结构对劳动力状况有一定的决定作用。与战前相比,抗战以来晋西北人口总量减少,男女性别比降低,人口年龄结构、阶级结构变动剧烈,劳动力总数中青壮年男子减少数额较大,严重影响了根据地的生产建设。

第一节 人口变动

一、人口数量变动

抗战爆发后,战乱动荡,晋西北阎锡山旧政府的机构几近瘫痪,中共新的抗日民主政权建立较晚,因此,完整的人口统计资料较少,比较详细的,有关人口统计资料是1942年张闻天在晋西北兴县二区十四个村人口、劳动力的调查报告。通过对张闻天晋北调查报告的梳理,发现高家村、黑峪口两村的人口统计数据较为详细,所以,以它们两村材料为例,来阐述抗战前后晋西北乡村人口变动情况更具有说服力。

兴县高家村,是中共晋西区党委机关报——《抗战日报》编印旧址所在地,据兴县县城约15公里。据史料记载:抗战前全村人口总数447人,到1941年减为412人,减少35人,即五年来减少的人口占战前总人口的7.8%。以1937–1941

年兴县高家村人口变化为例,来分析其变动的具体原因。①

变化原因	增加原因			减少原因						
	生育	娶入	移来	绝对减少				临时减少		
				死亡	嫁出	离出	移出	参军	从政	逃亡
	23	24	31	57	11	3	10	20	11	1
总计	78			81				32		

根据上表,可以看出五年来高家村人口因生育、娶入、移来共增加了 78 人,而因死亡、嫁出、移出、离出等原因绝对减少了 81 人,绝对减少人数与增加人数之差为 3,即在全村人口总数 447 人中,减少 3 人,这个数目看起来是非常微小的。但是,从增加原因与绝对减少对应各项比较:娶入大于嫁出与离出之和,移来多于移出,只有生育少于死亡,即死亡数超过生育数 34 人。死亡总数是 57 人,占战前人口的 12.75% ,这是一个惊人的数字。

依据死亡原因分析:五年来,敌人杀死 9 人,其中男 5 人,女 4 人。老死 7 人,即 60 几岁或 70 余,因一点小病不能抗拒猝死老者。死亡原因不明者 17 人。病死 24 人,此项又可分为:死于"出水痘"(又称伤寒)者 9 人(男 5 女 4);产后一二月内病死者 3 人(女);死于吐血 2 人(男);"倒血病"死者 1 人(女);死于痢疾者 1 人(男);死于"痨症"1 人(男);死孩子 2 人;病症不明者 7 人。

上述死亡数目中,除 1940 年冬季敌人扫荡时村人对其残酷暴行尚无足够认识与经验,致有几个老汉及老妇留在村中被敌人屠杀 9 人,以及老死 7 人外,绝大多数死于疾病。疾病对于群众是一个可怕的打击,随时都有,以每年四五月最为厉害。非但不能参加劳动,而且因无钱医治痛苦不堪。战前高家村本村还有一个"不大顶事"的医生,战后因本村没有医生看病,只有到附近邻村请医生。请一回医生要三五元白洋(相当三五斗小米),因此,除个别地主富农重病才就医外,一般

---

① 《兴县高家村调查材料》,山西省档案局,卷宗:A22 − 1 − 18。

老百姓是不请医生治病的。多数人得病后,静待自行好起来,少数人请神婆、跳跳神看病。常常有在静待自愈时,起初不知病情的严重程度而最后死去的不少。疾病对于贫农、雇农,由于没有必要的营养条件,更是一幅悲惨的场景。如雇农白耻儿的父亲,五十来岁,害伤寒三个月,自己受不住疾病的折磨,为了从痛苦中最后摆脱,于深夜乘家人熟睡时,自行偷偷爬至河边,投水自溺死去。

即使敌人杀死与老死的不计算在内,单病死的仍比生育的多。主要是经济文化落后,民众卫生常识与必要医药严重缺乏的结果。

若单纯从高家村人口增加与绝对减少比较,其差数为3,可以说人口数量变动微乎其微,但从临时减少一项看,减少人数32人,就是一个很大的数字。临时减少的第一项是参军,本村参军人数共20人,其中参加晋绥军(赵承绶骑一军突击团)7人,参加八路军方面的13人(如决死二纵队、游击队与抗大七分校等)。临时减少的第二项是从政,共11人,多是与战争有关的职务。

从高家村人口变动情况分析可知:战争(敌人杀死、参军、从政、逃往等)与疾病是人口减少的主要原因。临时减少数目很大,参军和从政人数较多,大多是青壮年男子,这是劳动力缩减的主要原因。

黑峪口,位于兴县城西25公里处,清末民初,晋陕两省许多重要物资集散的黄河渡口之一。1936年春,共产党领导的红军在此强渡入晋。抗战期间,黑峪口自然成为沟通晋绥与陕甘宁边区往来和储运战略物资的重要渡口。据史料记载,战前黑峪口共245户,1053人,每户平均四个半人。男多于女的十分之一。男子中青年(15-23岁)占16%,壮年(24-45岁)占34%,两者合计占男子总数的一半,占男女人口总数的26%。儿童(1-14岁)占全人口27%。

战后,以1941年为例,黑峪口共有200户,808人,每户平均4.04人,无论总数还是每户平均数都减少了。男女合计减少245人,约相当于战前总人口数的23%。男的减少的更多些,减少149人,约占战前男子总数的27%,女的减少96人,约相当于战前女子总数的18%。男子中青壮年也大幅减少,由战前的272人减少到166人,减少106人,约相当于战前的39%,1941年该村青壮年仅占男子总数的42%,占男女总数的21%多,不仅绝对数减少,相对数也减少了。儿童绝对数也减少不少,由战前的286人,到1941年减为259人,减少27人,相当于战前原有的9%。战争虽然使人口大大缩减,但男性青年的减少更加厉害。

战后黑峪口人口减少的原因分析表①

增　　加					减　　少								
生育	娶入	移来	买来	总计	死亡	嫁出	离婚	改嫁	移走	参军	敌杀	逃亡	工作	总计
119	33	24	2	178	116	39	11	14	165	24	34	2	18	423

从上表来看,战后人口的自然变化(生、死)和经常性的流动(如嫁出、娶入)无甚出入,对于总人口变动的影响,是十分微小的。战后黑峪口人口的剧烈缩减,主要是由于这样的原因造成的:首先是移出的人口远远超过移入的人口,移出 165人而移入 24 人,这中间缩减了 141 人;其次敌人杀死 34 人,这是绝对减少,再次是参加根据地工作和参军的共 42 人。这里明显地可以看出,战争的影响是黑峪口人口缩减的首要原因,除敌人残杀外,移出人口也主要是参军和外出参与抗战工作。

因人口统计资料的缺乏和战时根据地地缘的复杂变化,所以,无法对根据地人口做一个时空上完整的数量变动分析。抗战时兴县是晋西北根据地较稳定的中心区,高家村、黑峪口人口数量变动,虽然不能反映晋西北根据地人口数量变动的全貌,但足以说明战争对晋西北根据地乡村人口数量变动的影响。

二、性别构成变动

人口性别构成,反应的是男女两性人口数量的比例关系。它是由自然因素和社会因素共同作用的结果。在以传统农业生产为主的劳动体系中,家庭中"男耕女织"分工明确,男子为家庭中主要劳动力,女子仅视为辅助劳动力。因此,研究性别构成的变动,对于认识晋西北根据地人口、劳动力变化十分必要。

历史上,晋西北地瘠民贫,重男轻女思想严重,遗弃、溺死女婴现象普遍,女婴死亡率高于男婴,男女性别比例失调严重。据《岚县志》记载:人口的性别构成历来男多于女。民国元年,总人口 25699 人。男 14105 人,占 54.9%,女 11594 人,占45.1%,性别比例为 114.1。民国 15 年,总人口 114458 人。男 64024 人,占

---

① 《黑峪口村人口、劳动力、役畜调查材料》,山西省档案局,卷宗:A141 - 1 - 98 - 1。

55.9%，女 50434 人，占 44.1%，性别比例为 127。民国 24 年，总人口 50528 人，男 28763 人，占 56.9%，女 21765 人，占 43.1%，性比例为 132.1。上述数据说明，20 世纪初期，该县男女人口总数差距越来越大。①

抗战时期，男子大量外出工作或参军，死亡的概率比女性大，使性别比例不平衡现象有所缓和。兴县高家村，战前男多女少，男 248 人，女 199 人，男性占总人口的 55.48%，女性占总人口 44.52%。战后男少女多，男 201 人，女 211 人，男性占总人口 42.78%，女性占 57.22%。性别变化状况都是男减女增。② 兴县黑峪口镇，战前人口总数 1053 人，男 547 人，女 506 人，性别比为 108；战后人口总数 808 人，男 398 人，女 410 人，性别比为 97。保德县段家沟自然村，战前人口总数为 283，男 155，女 128，性别比为 121；战后人口总数 313，男 165，女 148，性别比为 111。兴县柳叶村，战前人口总数为 175，男 92，女 83，性别比为 111；战后人口总数为 189，男 96，女 93，性别比为 103。兴县瓦塘镇，战前人口总数 553，男 303，女 250，性别比为 121；战后人口总数为 590，男 302，女 288，性别比为 105。兴县任家弯村，战前人口总数为 195，男 103，女 92，性别比为 112；战后人口总数 184，男 96，女 88，性别比为 109。兴县赵家口村战前人口总数为 412，男 226，女 186，性别比为 122；战后人口总数 417，男 221，女 196，性别比为 113。兴县高家沟村，战前人口总数为 189，男 96，女 93，性别比为 103；战后人口总数为 194，男 88，女 106，性别比为 83。

从上述 8 个村镇的人口性别变化情况看，在总人口中，战后女性人口所占比例是上升了。抗日战争前，以上 8 个村镇人口总数为 3531 人，其中男性 1870 人，减去与女性相等的人数之后，还余无对偶男性 209 人，占男性人口总数的 11.17%。抗战后统计，总人口为 3372 人，其中男性为 1701 人，减除与女性相等的人数后，还余无对偶男性 30 人，占男性总数的 1.76%，与战前相比下降将近 10 个百分点。人口的性比例，更近于应有的自然结构。

抗战以前，晋西北性比例高的主要原因是溺女之风盛行。首先，战前封建的土地制度极不合理，不劳动的少数地主、富农占有大量的土地，占劳动人口多数的

---

① 康茂生主编：《岚县志》，中国科学技术出版社 1991 年版，第 147 页。
② 《高家村人口、劳动力调查统计》，山西省档案局，卷宗：A22 - 1 - 18 - 1。

贫农、雇农,却占有少量的土地。地主剥削农民的主要形式是地租,地主土地的73%以上租给农民。① 绝大多数农民不得不承受高额的租税。加之高利贷的盘剥,土地越来越集中在少数人手里,经济日益萧条,人民生活困苦不堪,"竭一人终岁勤劳之力,往往不能仰事附蓄",甚至"力难自赎"。② 在这种情况下,饥寒交迫又不甘坐以待毙的人们,必然想尽办法减轻人口压力。较为积极的是向外移民,如河曲、保德、偏关等贫苦农民纷纷奔走"口外",出卖廉价的劳动力,维持最低的生活。消极的办法就是溺婴。

其次,因晋西北农村妇女绝大多数较少从事生产劳动,人们往往视之为生活上的累赘,特别是受"重男轻女"封建宗法思想影响,认为男子是家庭中传家接代之人,是家庭延续的基本条件,女儿迟早要出嫁,是别人家的人,是"赔钱货"。出于家庭利益,再穷也要养活一个男孩,从而使女婴首当其冲、在劫难逃,成为溺杀的直接对象。据《怀仁县志》载:受重男轻女、男尊女卑的思想毒害,多有溺杀次女以下女婴的恶习。③ 可见,溺婴是晋西北性比例高的主要原因。

随着抗日根据地的开辟,根据地内从县到区、村各级妇女组织的建立,以及抗日民主政府贯彻实行男女平等、婚姻自由、保护妇女儿童等一系列政策,几千年压迫在妇女身上的"皇权、族权、神权、夫权"的封建枷锁被砸碎。特别是"战动总会"和"牺盟会"的妇女工作队,他们深入晋西北偏僻的山区,开展唤起民众的工作。讲解男女平等、妇女解放的道理。"战动总会"在晋西北专门组织了一个抗战宣传团,此团的成员在三个月内走遍了晋西北各县,撒下了团结抗战的种子,提高了广大妇女的觉悟,唤醒了妇女群众对抗日事业的关心,建立了区村妇女组织。晋西北妇运工作者,首先解决妇女的一些切身问题,如禁止买卖婚姻、收养童养媳和打骂妇女,讲解男女不平等的社会根源,以及妇女怎样才能求得解放等。经妇救会组织起来的妇女和男人们一起斗地主、斗恶霸,参加减租减息运动,特别是参加生产建设,改变了妇女的经济地位,从而提高了家庭和社会地位。男人们对妇女轻视的看法也发生了变化。

---

① 郭裕怀、刘贯文主编:《山西农书》,山西经济出版社1992年版,第129页。
② 乔志强主编:《山西通志》,中华书局出版社1997年版,第88页。
③ 周子君主编:《怀仁县志》,中国工人出版社1992年版,第101页。

此外,抗日民主政府建立后,推行了一系列保护妇女儿童的法律措施。如1940 年颁布的晋西北施政纲领规定:"依照男女平等原则,从政治经济文化上提高妇女之社会地位。奖励妇女参加生产。发挥妇女在经济建设中的积极性。实行一夫一妻制。妇女依法有财产继承权。实行孕妇及儿童之保健与教育。"①这些政策和措施都直接推动了根据地妇女的解放和对婴幼儿的保护,溺杀女婴的不良现象必然越来越少。据1942 年有关统计,兴县西坪村"男增加率为18%,女增加率为21%,共增加率为19%。男减少率为22%,女减少率为16%,共减少率为19%。这些数据表明根据地男女比例较抗战前发生了重大变化。②

抗战时期,晋西北根据地男女性比例下降的另一原因,是男子大量外出或参军,致使总人口中男性减少率大,因而性别比下降。如兴县高家村,据1937 年—1942 年的统计,男子参军的有20 人,从政11 人,逃亡1 人,共计32 人。而在此期间,女子嫁出的仅11 人,男子减少的人数几乎是女子的三倍。在黑峪口,男子参军的24 人,参加抗日工作的18 人,外出逃亡的2 人,共计44 人,占男子人口547的8%。参军打仗是男子减少主要原因。如1938 年4 月,战动总会在岚县召开新战士入伍动员大会,二万余名新战士补充了八路军、新军和国民党军部队。1940年,岢岚县全县三万人口,动员参军的青年3000 多人,占全县人口的十分之一。

在长期的战争中,男性人口确实是下降了,为战争的胜利付出了巨大的代价,男性青年投入战争多,牺牲人数大。据宁武县革命烈士综合统计,新中国成立前,人数共1076 人,全为男性,其中抗日战争时期参军的694 人,解放战争时期参军的239 人。而在抗日战争时期牺牲的就有450 人,占烈士总数的41.8%多,占抗战时期参军人数的64.84%。③

三、年龄构成变动

马克思曾说:"人口是全部社会生产行为的基础和主体。"④研究晋西北根据

---

① 贾维桢主编:《兴县志》,中国大百科出版社1993 年版,第556 页。
② 《兴县西坪村调查报告》,山西省档案局,卷宗:A11－1－89－1。
③ 王树森主编:《宁武县志》,红旗出版社2001 年版,第823 页。
④ 《马克思恩格斯全集》(第12 卷),中共中央马克思、恩格斯、列宁、斯大林著作编译局译,人民出版社1971 年版,第750 页。

地人口年龄结构的变化,能更清晰地反映出战争对农村劳动力影响的整体状况。人口年龄构成变动,即是各个年龄组人口在全体人口所占的比重的变化。

以抗战后晋西北兴县瓦塘镇、黑峪口、高家村、西坪、任家弯,赵家川口等六个村镇人口年龄分组结构的变动为例,分别按 1 - 7、8 - 14、15 - 23、24 - 45、46 - 55、56 - 60、60 岁以上,分为 7 个年龄组,作战前与战后的比较分析。

1 - 7 岁年龄段的变化。从 1937 年抗战爆发到 1942 年夏,上述六个村镇中,除瓦塘镇五年来增加 2 个儿童外,其余五个村的儿童都有所减少。这五个村战前 1 - 7 岁的儿童数,男 241 人,女 175 人,共 416 人。战后男为 167,女为 154,共 321 人。男童减少了 30.70%,女童减少了 12%。至于瓦塘镇,1 - 7 岁的儿童中,男童虽增加了 8 个,但女子减少了 6 个,即几年中增加儿童仅 2 个。西坪村战后总人口数 265 人,比战前仅增加 1 人,战前 1 - 7 岁幼童占总人口的 21.97%,战后占总人口的 17.73%,下降了 4.24 个百分点。1942 年晋西北行署在高家村人口调查后得出以下结论:从年龄看,1 至 7 岁级有较大的减少,与战前相比该村幼童绝对数减少 22 个,由战前占人口总数的 16.32%,降为战后的 12.34%。① 可见战后幼童占总人口比重有所下降。

这一变化主要是由于日寇屠杀掠夺所造成的。如对朔县城一次扫荡中,日军将城内居民不分男女老幼,刺死或枪杀。当年在晋西北从事抗日工作的老革命家姜宝珍,在其回忆录中叙述日军对五寨县的一次扫荡时,连六七岁的小女孩都不放过,多数女性遭轮奸后又被残酷地杀害,五寨县城所有的水井都填满了妇女儿童的尸体。日军在对崞县南怀化的一次"扫荡"中,一个两岁幼童被劈腿撕为两半,一个婴儿被挑在刺刀上开心,一名孕妇被剖开腹部,取出婴儿挂在树上,南怀化村一半人家被杀绝,全村 1020 人,幸存者仅 200 余人,其中妇女和小孩死的特别多。②

敌寇"扫荡"之后,又是各种传染病流行,如 1942 年,日寇大"扫荡"之后,在晋西北偏关一带,发生了烈性传染病鼠疫。当地群众称其为黑死病,妇女儿童染病

---

① 《高家村人口、劳动力调查统计》,山西省档案局,卷宗:A22 - 1 - 18 - 1。
② 山西省妇女联合会编:《晋绥妇女战斗历程》,中共党史出版社 1992 年版,第 103 页。

率高,死亡人数较多。① 此外,敌人的反复"扫荡",使人民流离失所,食不果腹,衣不蔽体,生活更加困苦,必然致使婴儿出生率降低,死亡率增高。

人口 15 – 23 岁、24 – 45 岁和 46 – 55 岁段年龄组的变化。战前黑峪口、高家村、西坪、任家弯、赵家川口五村,15 – 23 岁、24 – 45 岁、46 – 55 岁段人口,三组合计 888 人,占战前总人口的 30.34%;战后三组合计 662 人,占战后总人口的 23.01%,降低了 7.33 个百分点,减少 226 人,占战前总人口的 25.45%,即减少四分之一强。而战前与战后五个村庄的人口总数之差是 49 人,人口总数之差并不大。

据 1942 年晋西北行署对兴县黑峪口村人口调查统计,抗战前该村人口共 1053 人,每户平均约 4.30 人,男多于女的十分之一。男子中青年(15 – 23 岁)占 16%,壮年(24 – 45 岁)占 34%,两者合计占男子总数之半,占男女人口总数之 26%。抗战后,黑峪口村人口 200 户,共有 808 人,每户平均 4.04 人,无论总数和每户平均数都减少了。男女合计 245 人,约占战前总人口数 23%。男的减少更多些,减少 149 人,约占战前男子总数的 27%,女的减少 96 人,约占战前女子总数 18%,战后女多于男 12 人。男子中青壮年也大减,由战前的 272 人减为战后的 166 人,减少 106 人,约占战前的 39%,使得青壮年仅占男子总数的 42%,占男女总数的 21% 多。不仅绝对数减少,相对数也减少了。②

1942 年晋西北行署对高家村的调查结论是:18 – 23 岁级男子由 33 人减至 23 人,减少 10 人,24 – 45 岁级男子由 65 减至 49,减少 16 人,46 – 55 岁级男子由 32 减至 18,减少 14 人。三项合计减少了 40 人,即是青壮年及尚未衰老的男子中(共计 130 人)减少了 30.76%。③

与战前相比,战后人口总数略有增加是 8 – 14 岁、56 – 60 岁、60 岁以上的三个年龄组。8 – 14 岁年龄组,战前有 337 人,占人口总数的 11.52%;战后有 444 人,占人口总数的 15.43%。56 – 60 岁年龄组,战前 156 人,占人口总数的 5.33%;战后 174 人,占人口总数的 6.05%。60 岁以上年龄组,战前 201 人,占人

---

① 山西省妇女联合会编:《晋绥妇女战斗历程》,中共党史出版社 1992 年版,第 103 页。
② 《黑峪口镇人口、劳动力调查统计》,山西省档案局,卷宗:A141 – 1 – 98 – 1。
③ 《高家村人口、劳动力调查统计》,山西省档案局,卷宗:A22 – 1 – 18 – 1。

口总数的 6.87%;战后 237 人,占人口总数的 8.24%。从人的劳动体能来看,尤其是从事以体力为主的农业劳动,60 左右的男子只能从事一些辅助性的劳动。由此可见,即便 56 - 60 岁、60 岁以上两组人口较战前有所增加,但他们即将失去劳动能力,是边区无劳动能力的剩余人口。具有劳动发展潜力的仅是 8 - 14 岁年龄组,较战前增加了 107 人,说明人口发展潜力后劲十足,但总体上是青壮年年龄段人口总数减少。

俗话说"窥一斑而知全豹"。对以上几个典型村庄材料的分析,可以得出抗战以来晋西北根据地人口各年龄组结构变动的特点:战争对 15 - 23 岁、24 - 55 岁的青壮年男子人口影响较大,其减少的为最多。但总年龄结构仍有利于人口稳定发展。这也说明尽管 1 - 7 岁的幼童战后比战前减少了,但抗日民主政权着手改善人民生活,注重医疗卫生和发展妇幼保健等事业,儿童少年人口比重必然会有所增加,有利于促进根据地总人口数的增长。

四、阶级构成变动

人口阶级构成是人口社会构成的重要内容之一。"阶级在任何时候都是生产关系和交换关系的产物。"①可见,一个社会的人口阶级构成是由该社会的经济关系,其中最根本的是由生产资料占有关系所决定。

抗日战争爆发前,山西统治阶级的代表阎锡山,在农村推行所谓的"村本政治"和反共政策,对农民实行严密的政治统治。同时,不断增加军费、田赋、差役,滥发纸币公债,对农民进行无情的掠夺。地主阶级同军阀、官府勾结,高租重利对农民实行残酷的剥削,农民逐渐丧失土地,日趋贫困,农村土地日趋集中。根据晋绥边区行署对兴县、河曲、保德、宁武四个县十七个自然村调查统计,地主人口占总人口 8.25%,掌握全部土地的 31.7%;工人、雇农、贫农,连中农在一起,占总人口 80%,而所有土地,只有 48.7%;富农人口占总人口 8.25%,占有土地 18.8%。地主、富农不仅占有超数量的耕地,若以土地质量计算,所占比重将更大。由于土地兼并严重,致使所有权和使用权趋向分离。地主出租自己所有土地的百分之八十以上,富农出租三分之一。全部土地的三分之一,发生着租佃关系。农民遭受

----

① 《马克思恩格斯全集》第 20 卷,人民出版社 1971 年版,第 29 页。

的剥削相当残酷,一年辛勤劳动收获的一半以上被地主剥削去。川地、平地的租率一般是51%,最高有到60—70%的;山地质量差,产量底,平均在30—40%之间。此外,农民还须以高利形式,交出劳动所得之一部分。"借钱利率约在三分以上,借粮要另加利息,秋后归还,欠租隔年,做本盈利,到期不还,将利折本,扣地借债,过期作死,牛租、房租、草租,样样很多。"①残酷的剥削,加上租佃关系的不稳定,使农业生产处于衰微状态,农民多以山药蛋、莜面、糠菜糊口,常处于半饥饿状态。群众中流传"租的房、租的地,头顶人家天,脚踏人家地,没吃没喝难出息,还要五五加上利"的民谣,就是当时广大农民贫苦生活的真实写照。②

抗日根据地建立后,晋西北抗日民主政权为了坚持长期抗战,提高人民的生产积极性,实行减租减息、奖励垦荒等政策,调节了各阶级生产资料占有状况,尤其是对土地的占有状况。据1941年17个县的统计,减租17716石,12个县减息8842元。③ 1943、1944年在减租减息运动中,约10万户农民用减租退租、减息退息、增加工资等所得钱粮,买进和赎回土地140万亩;地主卖出土地5200余亩,富农出卖土地2000余亩。④ 随着减租减息、抽地、赎地等运动的开展,各阶级土地占有情况发生了较大变化:地主占有土地总量减少。如黑峪口战前地主占有全村土地总量的59.6%,1942年占有50.3%;碾子村地主过去占有全村土地的60.6%,1942年占有44.3%。富农占有土地总数各村有增有减,总的趋势是地主土地总数减少,中、贫农土地总数增加。⑤

在以农业生产为主的社会,土地是农民赖以生存的重要资源,占有土地数额的变动,必然引起阶级关系的变化。以晋西北河曲、保德等20个村庄,从1939 – 1945年各阶级总户数变化情况为例,考察战后阶级构成变动的历史状况。据统计,1939年河曲、保德等20个村中共有1197户,其中地主62户,占总户数的5.2%;富农107户,占总户数的9%;中农375户,占总数的31.3%;贫农486户,

---

① 晋绥边区财政经济史编写组:《晋绥边区财政经济史资料选编》(农业编),山西人民出版社1986年版,第3页。

② 山西省妇女联合会编:《晋绥妇女战斗历程》,中共党史出版社1992年版,第119页。

③ 李占才主编:《中国新民主主义经济史》,安徽教育出版社1990年版,第196页。

④ 马洪武主编:《中国革命根据地史研究》,南京大学出版社1992年版,第405页。

⑤ 张闻天选集传记组编:《张闻天晋陕调查文集》,中共党史出版社1994年版,第96页。

占总户数的 40.6%;雇农 105 户,占总户数的 8%;工人 23 户,占总户数的 1.9%;商人 25 户,占总户数的 2%;其他 14 户,占总户数的 1.2%。1945 年上述 20 个村共有 1327 户,其中地主 27 户,占总户数的 2%;富农 48 户,占总户数的 3.6%;中农 795 户,占总户数的 59.9%;贫农 408 户,占总户数的 30.8%;雇农 11 户,占总户数的 0.8%;工人 17 户,占总户数的 1.3%;商人 9 户,占总户数的 0.7%;其他 12 户,占总户数的 0.9%。① 通过对上述两组数据比较,可以看出各阶级的变化状况:

1. 地主分化没落,人数减少。1939 年,原有地主 62 家,占总户数 5.2%;1945 年减成 27 家,占总户数 2%。地主在户口中的比重,减少了 3.2%。

2. 富农阶层下降,人数减少。原有富农 107 家,占当时总户数 9%,1945 年,减少至 48 家,占总户数 3.6%。富农在总户数中的比重减少了 5.4%。

3. 中农人数增加,阶层大大扩大。原有中农 375 家,占当时总户数 31.3%,1945 年,增至 795 家,占 1945 年总户数的 59.9%。在总户数中,中农所占的比重增加 28.6%,全部户口中有 28% 强,转为中农阶层。就中农阶层本身而言,比原有户数增加一倍还多,成为农村最大的阶层。1945 年的 795 户中农里面,有 360 户,即一半以上,系由其他阶层转来的新阶层。

4. 贫农人数减少,阶层缩小。贫农原来是农村中最大的阶层,1939 年共有贫农 486 家,占当时总户数 40.6%,到 1945 年贫农仅有 408 家,退居第二位,占总户数 30.8%,贫农在总户数中的比重,减少 9.8%。

5. 雇农绝大部分上升,人数减少,生活改善。原有雇农 105 家,占当时总户数的 8.8%,1945 年减到只有 11 家,占总户数 0.8%。雇农在户口中比重减少 8%。在原有雇农里面,只有大约 5%,仍未变动;其余 95% 雇农,离开了原来的阶层。

6. 工人半数向农业转化,生活改善。原有工人 32 家,占当时户数 1.9%,1945 年减到 17 家,占户口总数 1.3%,工人在户口中比重减少 0.6%。

7. 商人大部分转向农业,数目减少。晋西北地瘠民贫,商品经济不够发达,商人数量少,且大部分是农村中挑担贸易的小商贩。原有商人 25 家,平均每村只有一户略强,占当时总户数 2%,抗日战争爆发后,大部分转向种地,减为 9 家,仅占

---

① 《晋绥农村土地及阶级变化》,山西省档案局,卷宗:A21 - 3 - 00014。

总户数千分之七,商人在人口中的比重,减少了 1.3%。

以上是抗战以来晋西北宁武、五寨、岢岚、临县、保德、河曲等县将近 20 个村阶级构成变动情况。各阶级变动的趋向,大体而言,整个地主阶级是向下的,几乎有三分之二降为富农、中农、贫农等,经济状况衰落,难以维持原状。富农绝大部分是向下的,成分下降者十分之九,能维持原状和稍有发展者十分之一。中农的三分之一以上得到发展,三分之一略多维持原状,将近四分之一向下低落。贫农绝大部分向上发展,只有个别贫农向下低落。雇农阶层全部转向其它阶层。工人和商人十分之八九转向中农和贫农,只有十分之一二维持原来的阶级地位。抗战前,二十个村的地主富农加在一起,占总户数的 14.2%,到 1945 年则只占 5.6%。战前,贫农曾是农村中的最大阶层,而中农所占的比重较小,但到 1945 年由于贫农经济状况的改变,贫农阶层缩小了,中农在阶级构成中比重增大,成为各阶层中占比最大的群体。①

可见,减租减息政策的实施,削弱了地主经济,限制了封建剥削,改善了农民的生活,提高了农民的经济地位。正是这种社会经济条件的变动,必然引起各阶级当中部分人口经济地位的升降变化。当然,战争对阶级构成变动也有一定的影响,因为敌人的烧杀抢掠,致使城市工商业遭到破坏,工人、商人不得不转入农业生产。一部分地主、富农也因敌寇的掠夺抢劫而家道衰败,落魄为普通农民。因此,农民阶级逐渐扩大。

第二节　劳动力变化状况

劳动力人口是总人口数量中的一部分,劳动力人口的变动不仅能反映人口数量、质量、迁移等变化情况,更能说明人口变化对社会经济发展的影响,因为人口既是生产者,也是消费者。

---

① 《晋绥农村土地及阶级变化》,山西省档案局,卷宗:A21 - 3 - 00014。

一、青壮年男子劳动力减少

抗日战争爆发后,晋西北根据地的农村青壮年响应党的号召,积极上前线参军或从事民运等脱离农业生产的工作,加之日寇疯狂屠杀、强夺,致使农村劳动力的数量和结构均发生了很大变化。如兴县赵家川口村战前男子劳动力 109 个,战后减为 73 个。保德县段家沟自然村,战前总人口为 283 人,1942 年总人口为 353 人,人口的逐年增多,伴随而来的应当是劳动力的增加,但实际情形是,18—55 岁的男子劳动力,由战前的 83 个,减为战后的 77 个。① 兴县西坪村战前劳动力 67 人,占战前人口 264 人的 25.3%。战后全劳动力 52 人,占总人口 265 人的 19%。②

上述事例说明,部分村庄在总人口数量增加的基础上,劳动力不但没有增加,反而减少了,减少的并且还是男子全劳动力。这种变化致使进入劳动年龄的人数,远远低于退出劳动年龄的人数,劳动力的减少,社会生产力呈现极度的衰疲。③

二、妇女劳动力增加

在男子劳动力减少的情况下,因受封建礼教束缚的占半数人口妇女却未能发挥其积极的作用,为此开发妇女劳动力成为迫切之事。为了动员妇女参加生产劳动,晋西北抗日民主政府实施了奖励妇女参加生产,发挥妇女在经济建设的积极性等措施。④ 各级组织大力宣传男女平等,实行保护妇女合法权益的各种法律,特别是通过减租减息,农民在经济上得到了显著的利益,尤其在普通的农民家庭中,妇女的生活水平有了相当提高,劳动观念得到更新,使妇女劳动力得到了进一步解放。因此,农民妇女参加农业生产的积极性大大提高,据统计,一般从事农业生产的人数占劳动妇女总数的40% – 50%,有的地区占70% – 80%。据崞县下合

① 《晋绥农村土地及阶级变化》,山西省档案局,卷宗:A21 – 3 – 14 – 3。
② 《兴县西坪村调查报告》,山西省档案局,卷宗:A141 – 1 – 89 – 1。
③ 晋绥边区财政经济史编写组:《晋绥边区财政经济史资料选编》(总论编),山西人民出版社 1986 年版,第 464 页。
④ 贾维桢主编:《兴县志》,中国大百科出版社 1993 年版,第 556 页。

河村记载,该村年龄在18到55岁之间的男女劳动力,抗战前有男子劳动力150人,女劳动力仅有2人。减租减息后,男劳动力增加到250人,而女劳动力却增加到134人,是战前的60倍还多,占总劳动力的三分之一多。①

为了发动妇女参加劳动,许多地方实行变工的形式,把广大妇女组织起来,加入劳动队伍当中。如兴县陈家庄,1942年,组织女变工组4组39人,买土机40架,快机1架,纺车17架。静乐县六区韩家沟,1942年,参加变工队的户数28户,参加劳动力64人,妇女26人,占总劳动力的40%多。1943年,宁武县张初元村的"男女老少,在张初元的积极领导下,组织了10个夏锄变工组,包括全村所有的劳动力,计59个男子,41个女人。"②

1943年中共中央在《关于各抗日根据地目前妇女工作方针的决定》中明确指出:"在日益接近胜利而又日益艰苦的各抗日根据地,战争、生产、教育是当前三大任务,广大农村妇女特别容易参加和应该参加的是生产。"③此方针成为抗日根据地妇女工作的新方向。晋西北抗日根据地积极响应党的这一伟大号召,加大扶持妇女从事生产的力度,晋西北行署发放贷款50万元,扶助妇女发展纺织事业,④为开发利用妇女劳动力创造了更为有利的条件,妇女纺织几乎普及到每个行政村和较大的自然村,仅河曲、保德就有12156个妇女参加纺织生产。为了发展纺织事业,河曲、保德两县采取了合作社无代价训练纺妇和织布工人,或由妇救会派人到区村训练的方法,共训练1819个纺妇,使纺织技术大大提高,1944年纺织妇女增加到4420个。⑤ 在临县,据不完全统计,全县纺织妇女已达到5.1万人,1944年,据17个县的统计,总共拥有纺妇7.12万人,织妇2.77万余人。1945年全区纺织妇女增加到13万人。⑥

① 《峄县典型调查材料》,山西省档案局,卷宗:A143-1-1-23-4。

② 晋绥边区财政经济史编写组:《晋绥边区财政经济史资料选编》(总论编),山西人民出版社1986年版,第261页。

③ 中共中央党校党史教研室选编:《中共党史参考资料》(五),人民教育出版社1970年版,第81页。

④ 刘泽民、张国祥主编:《山西通史大事年编》(下),山西古籍出版社1997年版,第1663页。

⑤ 《晋绥边区群众生产总结》(1944),山西省档案局,卷宗:A27-1-5-3。

⑥ 山西省史志研究院编:《山西通史》(卷八),山西人民出版社2001年版,第625页。

三、不务正业的"二流子"参加了生产劳动

"二流子"是晋西北的民间俗语,专门针对社会上游手好闲、不务正业,并多有不良行为者的一种俗称。抗战前,二流子人数较多,且一般不从事或很少从事生产劳动。抗战后,党和各级民主政府对二流子进行说服教育,解决其生活和生产困难,使其参加生产,增加了根据地的劳动力。如兴县由二流子转变为劳动英雄的贾怀德,在政府的教育扶植,村民亲友的劝说帮助下,彻底转变,自己耕种十五垧地,打下十七石粮,三十六口袋山药蛋,有吃有穿,并当选为全区的劳动英雄。岢岚劳动英雄魏在有,1943 年共改造了十三个二流子,进行这一工作之前,他首先克服了在某些干部及群众中认为二流子不能改造的思想,召开群众会议,让大家研究讨论谁是二流子,会后,耐心说服动员具体解决困难,组织二流子进行生产。河曲劳动英雄刘板汉,1943 年用说服教育解决困难等办法,共改造了三十二个二流子。岚县劳动英雄何成义,他除动员说服外,设法给二流子调剂剩余土地,并把二流子编插在变工组内,在劳动中进行具体的领导和教育,夏锄时,没有人雇佣二流子锄地,他先组织了八个人的扎工队,后来发展成廿十一人。神府劳动英雄刘德如,1943 年改造了八个二流子,兴县劳动英雄刘有宏,从有钱人家里发动些旧衣服给乞丐穿,然后代找工作,采用这种方法,改造了许多二流子。其中,有的二流子转变后,在生产中非常努力,如河曲二流子刘有文转变后,不仅自己勤劳致富,过上了幸福生活,并担任了变工组的副组长,后来又参加了民兵,当了班长。这种改造社会上不务正业、游手好闲二流子,使其从事生产,不仅为根据地增加了劳动力,而且对稳定社会,发展生产起着很大的作用。

四、儿童成为重要的辅助劳动力

儿童是一支抗日的后备力量,受到特殊的爱护和保养。儿童工作在晋西北比青年工作还早,最初由战动总会、牺盟会等团体领导。1937 年底在晋西北部分县已组建了儿童团,如兴县有七个民族革命小学,所有的民小学生,大都是儿童团员,1938 年 6 月团员总数发展到八千八百七十四人。岢岚在 1938 年 5 月成立了抗日儿童团临时总团部,团员发展到一千五百人。静乐在 1937 年 12 月组织了七十多人的儿童救护队,1938 年 11 月成立了县和区镇儿童团,有儿童团员二千二百

六十人。1940年,晋西北抗日民主政权建立,中共晋西北党委首先注重抓国民教育的恢复和发展工作,并确定了教育方针和教学内容,提出了教育必须与抗战、生产、社会、家庭相结合的办学要求。从此,各地小学教育都实行了这"四结合"。儿童入学人数迅猛增加,在抗战生产中均发挥了重要作用。

战后晋西北劳动力结构变化的特点是,男子劳动力中,青壮年劳动力因参军和参与抗战相关工作大大减少,其他劳动力群体,如妇女、儿童、老年等原为辅助性劳动力不仅数量上有所增加,在劳动强度和承担的具体劳动任务上逐年加大。战前一些不务正业的"二流子",也在政府的改造下从事了以农业为主的生产劳动。

第四章

晋西北根据地的国民教育

为提高群众反抗日本帝国主义侵略的民族觉悟,解除封建伦理道德和迷信邪术对广大人民群众的毒害,晋西北根据地党和各级民主政府确定了民族的、民主的、大众的、科学的教育方针,结合战争和生产的需要,开展了干部教育、社会教育和学校教育,培养了一批新式革命干部,解除了封建迷信对人民的束缚,特别是广大农村妇女摆脱了"三从四德"的精神压迫,积极参与社会生产劳动,成为根据地的生产主力军。

第一节 国民教育的恢复与重建

一定数量和质量的人口是提供充足劳动力资源的基础,也是恢复经济,发展生产的基础实力。抗战前,晋西北地区经济落后的主要原因之一,就是文化教育事业落后。据岢岚县教育志记载,民国初期,岢岚无中等教育,1917 年建立了有史以来第一所女子国民小学,但仅有 8 名学生。1918 年全县有初级国民小学 33 所,学龄儿童 5791 名,入学的仅有 435 人,未入学的有 5356 人,入学率仅为 7.5%。晋西北的一些偏远山村,一字不识的文盲在 90% 以上。如保德下流碛行政村,人口 992 人,没有上过学的文盲有 918 人,占 92.5%。兴县石岭村,人口 380 人,文盲 374 人,占 98.4%。农村中的文化生活落后而贫乏,迷信活动盛行,保德下流碛一村,254 户人家,家家户户供神,有 4 个神公神婆。抗战爆发后,晋西北不少学校被日军毁坏,师生逃亡,多数学校不得不停办,教育处于停滞和混乱状态。

晋西北根据地创建后,中共领导下的晋西北抗日民主政府,非常重视根据地国民教育。1940 年 9 月,晋西北党委书记林枫在第二次行政会议上提出政权工作的三个中心之一,就是教育问题,要求恢复战前的学校,加快国民教育的正规化。同时,利用农闲时间,开展社会教育。① 1941 年 5 月,以中共中央抗战建国纲领为指导,结合晋西北的社会条件,制定并正式颁布了晋西北教育宗旨及实施方针,指出文化教育政策的主要特征是:第一,民族的——从各方面提高民族的自信心、自尊心,培养民族气节;第二,民主的——首先诱导学生与人民走向民主的道路,和晋西北历史传统的不民主遗毒作斗争;第三,大众的——主要是提高人民的文化水平;第四,科学的——提高科学知识,开展卫生教育,进行反对落后的封建教育与反对迷信复古的思想教育。这些教育方针的制定和贯彻执行,大大推动了晋西北根据地文化教育事业的发展。为解决战争和生产的实际需求,各级政府主要开展了学校教育、干部教育和社会教育。

学校教育的对象主要是农村青年和儿童。从 1940 年起,根据地抗日政府一边领导广大群众与敌人进行军事斗争,一边开始恢复和重建学校。到 1940 年 9 月底,据对 19 个县的不完全统计,恢复完小 26 所,初小 1393 所,在校生共 61938 人,其中高小生 735 人,初小生 61203 人。原本教育落后的地区也有了一定的发展,如岢岚县初小由战前 60 所发展到 82 所,静乐县由 39 所发展到 62 所,文水县由 124 所发展到 147 所,河曲县由 40 所发展到 47 所。与战前相比,女生比例也大有增加,据宁武、偏关、朔县、离石 4 个县统计,共有学生 13456 人,其中女生 3574 人,占总数的 26.6%。

1941 年,晋西北根据地的儿童教育在恢复的基础上又有较大的发展。据对 21 个县的粗略统计,有完全小学 28 所,初级小学 1761 所,共有在校学生 74959 人,其中高小生 890 人,初小生 74069 人,女生占总数的 31%。小学的发展数量大大超过行署一个行政村一所小学的要求,平均一个行政村 1.4 所。1941 年冬,据 28 个县统计,有完小 34 所,初小 2102 所,在校生共 87980 人,其中高小 1174 人,初小生 8680 人。平均一个行政村有 1.8 所小学。1942 年,根据行署实行精兵简政的精神,教育也进行精简整顿。精简后,据对 24 个县统计,共有完小 26 所,初小

---

① 晋绥边区财政经济史编写组:《晋绥边区财政经济史资料选编》总论编,山西人民出版社1986 年版,第 237 页。

1520 所,高小生 1044 人,初小生 62362 人。①

1943 年,经过整风学习,纠正了不切实际的、学用脱节等办学倾向,重新确定了学校为群众服务,与战争、生产、社会结合的办学方针。教育从群众的实际需求出发,着重解决群众生产和生活中存在的实际问题。如朔县教员刘纯和、王国先发现群众不会记变工账、公粮账,他们就教儿童学珠算、记变工账和公粮账等;保德柳树沟学生徐良永学了珠算以后,回家帮助他父亲算好了从变工组分下的粮食。群众的实际问题解决了,对教育的观念也就有所改变,群众更愿意让自己的子弟上学。不少地方在变工互助的基础上办起了民办小学,它既节省经费开支,又使教育更适合农民的要求,因而发展很快。1944 年 8 月,晋西区共有小学 676处,到 12 月小学增到 969 处。1945 年 7 月,学校有了更大的发展,共计 1096 处。以 1945 年 7 月与 1944 年 8 月比较,学校数量增长了十倍。学生的入学率也达到历史最高,1944 年据临县、临南、离石、阳曲 4 个县的调查,学龄儿童 1.6 万余人,入学率达 71.1%。

干部教育的对象主要是从事农村工作的基层人员。他们是中共在乡村社会最基本的依靠力量和革命事业最主要的承担者。然而,由于历史因素和战争的影响,绝大多数农村干部没有受过系统的教育,文化水平很低。如偏关县妇救会九个妇干中有一个是高小毕业,粗通文字者一人,其余七人不识字。② 临县、岢岚、静乐、兴县、太原五个中心区县、区、村级干部中,县、区级干部共 224 人,其中中学7 人,占总数 3.12%,高小 47 人,占总数 20.96%,粗通文字的 132 人,占总数的58.93%,不识字的 38 人,占总数的 16.9%。中学和高小文化程度合起来仅有24.08%,而粗通文字和不识字者竟占 75% 以上。至于村级干部,据统计有 56% 左右为文盲,有 40% 多为粗通文字,仅有不到 2% 的干部上过高小。

由此可见,县区干部以中小文化程度占多数,村干部以文盲、半文盲居多,如此知识水平对于党和政府的各项政策的解读和执行显然有很大困难。例如,兴县赵村实验支部举行党员干部素质测验,接受测验的 4 人,分别是党小组长兼自卫

---

① 山西省史志研究院编:《山西通志》教育志,中华书局出版社 1999 年版,第 592 页。
② 晋绥边区财政经济史编写组:《晋绥边区财政经济史资料选编》总论编,山西人民出版社1986 年版,第 167 页。

队中队长、交通站长、农救组织委员、支部干事兼工会秘书,四人中有三人不知道党的政策,一人认为"老百姓就是共产党",支部干事则根本不知道"什么是共产党",至于"三三制"更不知所云。① 又如花园沟党支部支委向农民党员布置"整顿三风工作"时被问及什么是"整顿三风",回答是共产党三分之一、国民党三分之一。② 高家村干部在公粮收购时连同减租一起计算在内,由于数字计算错误很多,经会计反复涂改后,老百姓认为是任意增减公粮,颇具不满情绪。

为了提高干部的文化水平,晋西北根据地建立了各级各类干部学校。如抗大七分校、晋西北军政干部学校、成成学院、晋西北抗战学院、晋西北师范学校、青年干部学校、鲁迅艺术学院分院、西北艺校以及晋西北第一、第二、第三、第四、第五中学等。各党政机关也把提高干部文化素质作为一项主要任务,有的地区实行奖励办法,以促进干部学习。如岢岚一区奖励两个努力学习的村干部后,经过动员和鼓励,过去不愿学习的,也自己买纸买笔,主动学习起来。各县、区对提高干部文化水平极为重视,举办多期培训班。干部学习后普遍的感受是:过去不识字,通知命令看不懂,吃了大亏。

妇女工作比较特殊,多数干部不愿意从事妇女工作。为了提高妇女干部的文化素质和工作能力,多次开办妇女干部培训班。1938 年底据晋西北 11 个县的不完全统计,共开办妇女干部训练班 33 次,训练干部 624 人。这些干部返回住地后,又在各区开办训练班,建立和充实各级妇救会组织。1939 年 1 月晋西北妇救会筹委会举办全区妇女干部训练班,由各县保送妇女干部 50 多人受训。学习内容有妇女运动、妇救会工作、政治形势、统一战线、持久战、群众运动等。除妇女运动、妇救会工作由妇救会筹委会人员讲解外,其余课程均请有关方面的负责人讲解。这批干部经过一个半月的训练后,回到原所在县工作,成为各县开展妇女工作的骨干。③

抗战八年间,晋西北先后创办过 50 所党校和干校,培养出干部 1.1 万余人,为根据地建设事业的发展提供了干部保证。

---

① 《兴县支部赵村的了解》,山西省档案局,卷宗:A22 – 2 – 16。
② 《花园沟行政村支部材料》,山西省档案局,卷宗:A141 – 1 – 124 – 1。
③ 山西省妇女联合会编:《晋绥妇女战斗历程》,中共党史出版社 1992 年版,第 452 – 453 页。

社会教育的主要对象是成人,其阶级成分多数为农民。因为农民是抗战和生产的主力,因此,晋西北根据地从始至终都十分重视农民业余教育,不管战争环境多么艰苦,都从未间断。

1937 年卢沟桥事变发生不久,八路军东渡黄河,开赴晋西,一方面深入敌后开展游击战争,一方面配合晋西北县、区、村的“牺盟会”、“动委会”组织,深入乡村宣传党的抗日救国政策。宣传的形式多种多样,如保德、岢岚牺盟分会,借用乡村传统庙会,进行演讲或演出抗日小节目。河曲、静乐等县牺盟分会创办了《河曲民声》《晨报》和《抗日救亡》等小报,刊载时事动态、抗日新闻、统一战线、减租减息等政策。偏关、五寨、岢岚等县的牺盟会组织通过在农村开辟的“民革室”、“救亡室”对民众进行政治、军事、文化知识的教育。保德、崞县等动委会组织了流动宣传团,走村串户进行演出,演出的节目有《打回老家去》、大合唱《义勇军进行曲》《大刀进行曲》《流亡三部曲》《游击队之歌》等。通过广泛深入的宣传,使各阶层人士了解了民族危亡的严重和抗日战争的形势,明确了党的抗日救亡政策。

1939 年 12 月“晋西事变”后,晋西北人民驱逐了阎锡山的反动势力,1940 年初党在晋西北建立了独立的抗日民主政权。针对乡村文化落后的状况,提出了逐步消灭文盲,讲究卫生,破除迷信,提高民族文化水平与政治水平的社教方针。晋西北社会教育进入了空前的发展阶段。

首先是开展冬学教育。冬学是利用冬季农闲时间组织农民学习的一种方式,既不耽误农事,还便于组织农民。因此,晋西北行署把冬学作为社会教育的主要形式。1940 年 9 月行署召开第二次行政会议时,提出了兴办冬学的具体要求:一、每个行政村必须成立一所冬学。二、40 户以上的自然村要尽力设立冬学。三、小学所在村、各机关部队以及村公所所在村必须成立冬学。四、一个区必须创一所模范冬学。

由于成年人承担许多抗战勤务,如站岗放哨、侦察敌情、传递信息、查路条、写信记账等需要一定文化知识,也由于民众生活逐渐得到改善,对政治文化的要求也日趋迫切,所以群众学习的积极性日益高涨。1941 年,据对神池、岢岚、河曲、保德等 19 个县的统计,共创办冬学 3116 所,学员有 178182 人。① 有不少妇女也摆

---

① 正力:《晋西北教育概括》,《抗战日报》1941 年 9 月 30 日,第 4 版。

脱了封建思想的束缚,走出家门,参加冬学。据临南、离石等 20 个县的统计,在99552 名冬学学生中有 34428 名妇女,占学员总数的 24%。[1]

冬学教育普遍提高了群众的文化水平,就连一般妇女,识字四、五百的很普遍。离石一妇女在一个月内认识三百多字,学会了打算盘,在她的推动下全家人都参加了冬学。[2] 由于冬学和群众的实际生活、生产紧密结合,逐步发展成为农村综合性的教育组织。如学习宣传政府的政策法令,发动群众开展拥军、参军、优抗活动,实行劳武结合,开展大生产运动,改造二流子,破除迷信,开展文娱活动等。冬学还是农民解决纠纷、处理问题的中心。如保德县 1944 年四个区通过冬学解决群众土地问题 231 个、减租问题 224 个、公粮问题 102 个、婚姻纠纷 44 件、家庭矛盾 127 个、工资问题 182 个、其他问题 179 个,合计 1089 个。[3]

其次,是一般的社教组织。在冬学运动的基础上,晋西北抗日民主政府逐步加强了社教组织的领导工作,扩大了社教形式,建立健全了识字班、大众补习学校、民众教育馆以及黑板报、读报组、秧歌队、剧团等社教组织。其中民教馆是进行社教的实验机关,也是开展社教工作的有力据点。如兴县、临县的民教馆建立了大众黑板报,主要反映农民生产状况、卫生运动和宣传政府法令;设置了看书读报室,供民众阅览;组织领导民众剧团进行娱乐活动;组织领导读报组,定期给农民读报;建立民众代笔处,无偿的给农民写信、写契约、呈文等。1941 年,据晋西北行署不完全统计,十个县共有民革室 28 处,七县共有民众剧团 32 个,十县有大众补学学校 36 处,六县有识字组 154 个、识字班 394 个。[4]

晋西北根据地国民教育具有对象的模范性、内容的广泛性、形式的多样性等特点。

第一,干部教育的对象主要以乡村干部和劳动模范为主。因为他们是乡村政权的建设者、生产劳动的组织者和农民致富的带头人。

第二,社教的内容以党的政策为主导,同时注重解决群众的实际问题。党的

① 姜宝珍:《晋西北一年来妇女工作的回顾及当前任务》,《抗战日报》1941 年 3 月 8 日,第 4 版。

② 谢树中:《离石的妇女》,《抗战日报》1941 年 12 月 25 日,第 2 版。

③ 《保德县冬学工作总结》,山西省档案局,卷宗:A137 - 1 - 19 - 7。

④ 正力:《晋西北教育概括》,《抗战日报》1941 年 9 月 27 日,第 4 版。

民主政治和民生政策是调动群众生产劳动的"兴奋剂",在贯彻党的政策基础上普及法治、卫生等教育,开展劳动技能的培训,但在实际教育中把党的政策与群众具体问题相结合,增强农民的生产能力,推进社会经济、文化的全面发展。

第三,社教形式以适合民众需要以及民众所喜欢参加的活动为主。一是通过建立乡村文化馆、村民俱乐部、职业培训机构等文化教育活动中心,为农民群众提供文化活动的方便;二是通过群众喜闻乐见的民间戏剧、体育、庙会、秧歌等活动,寓教于乐,在弘扬优秀的传统文化过程中提高农民的思想文化素养。

第四,学校教育采取了教育与抗战、生产、社会、家庭相结合的形式。

第二节　国民教育的效应

由于抗日民主政府依据晋西北的实际社会状况,制定了"民族的、民主的、大众的、科学的"教育方针,执行了社教与战争、生产、培养干部、中心工作、改良社会等内容相结合的政策,因此,这一长达八年的国民教育,成效卓著,意义深远。

第一,提高了群众文化水平和政治觉悟,巩固了抗日民主政权

著名教育家晏阳初曾说:"文字是传播知识的工具,也是寻求知识的钥匙;欲传播知识,必先传播文字"。① 晋西北抗日民主政府在冬学、民校等社教组织中,一般都开设识字课,多数村庄还专门开办识字班、识字组等,组织群众学习行署编印的识字课本,并结合实际工作开展识字教育,如冬季征收公粮时,教"交公粮光荣",动员青年参军时,教"参军光荣"、"打日本"等生字。通过识字民众接受了新的事物与知识,懂得了抗日救国的道理。就连"年过半百的老大娘也认识到打日本,人人要出力,不识字不行"。②

抗日民主政府在贯彻文化教育的同时,特别注重思想政治教育,并与减租、赎地、反贪污、反恶霸等斗争相结合,经过教育扭转了群众对减租、征粮等政策的不正确认识,解除了民众对新政权的种种怀疑和顾虑。如神池县城关冬学初创时,

---

① 马秋凡、熊明安:《晏阳初教育论著选》,人民教育出版社 1993 年版,第 28 页。
② 山西省妇女联合会编:《晋绥妇女战斗历程》,中共党史出版社 1992 年版,第 43 页。

群众认为新政权不会长久,对减租抱着不好意思的态度,并自认天生命穷,减了也不顶事。冬学里抓住这个问题进行讨论,拿抗战中的事实说明了共产党、八路军的力量,证明共产党、八路军是不会推开老百姓的。经过讨论,群众普遍地认识到:穷不是天生命穷,是老财地主剥削的,共产党和八路军是帮助穷人翻身发财的。① 一年一度的征收公粮工作,大多是通过冬学开展的。如 1944 年兴县征公粮时,兴县李家村有一部分群众怕征过头粮,不愿报实产。冬学教员引导群众学政策,帮群众认识抗战与征粮的关系,从而提高了群众的思想觉悟,顺利地完成了征公粮任务,受到了县、区政府的表扬。②

根据地的减租减息、大生产运动,多数是经过冬学等社教组织对群众进行思想教育后发动起来的,在这些斗争与生产取得胜利后,群众获得了实惠,认识了党创立的新政权和压迫人民的旧政权的本质区别,积极响应党的号召,执行抗日民主政府的各项政策、法令,使党的政权深深扎根于广大人民群众之中。正如美国学者塞缪尔·亨廷顿所说:"如果农民默认并参与了现存体系,那么他就为该体系提供了稳定的基础。"③

第二,培养了一批优秀的乡村干部,促进了根据地的经济发展

抗战初期,根据地乡村干部文化水平较低,纯属文盲的约占 80% 以上,所以党的政策不能很好地贯彻落实。为提高乡村干部政治思想和文化水平,行署在《冬学实施纲要》中规定:教育对象要以村干部、劳动模范、生产队长、变工组长、劳动积极分子、民兵等为主。县、区专门选送有文化的干部去乡村帮助村干部提高文化水平,各村冬学、小学教师也是他们的义务辅导员。很多村干部利用战争、生产间隙时间刻苦学习,文化水平有了较大提高,成为生产劳动的组织者和带头人。如兴县劳模温象拴,积极响应政府"组织起来"的号召,把全村 50 多个劳动力组织起来,根据自愿互利的原则,组建了 11 个变工组,大搞开荒种地、精耕细作,使全村粮食总产量比战前翻了两番,耕地比战前增加了一倍多。④ 兴县二区桑湾行政

---

① 《神池县冬学工作总结》,山西省档案局,卷宗:A138 – 1 – 10 – 1。

② 《兴县革命史》编写组:《兴县革命史》,山西人民出版社 1985 年版,第 196 页。

③ [美]塞缪尔·P·亨廷顿:《变动社会的政治秩序》,张岱云等译,上海译书出版社 1989 年版,第 317 页。

④ 《兴县革命史》编写组:《兴县革命史》,山西人民出版社 1985 年版,第 205 页。

村,因旧干部思想麻痹,没有认真贯彻党的减租政策,几年来减租不彻底,群众在冬学中讨论后,要求调换干部,并培养了几个积极分子帮助工作。结果,群众抽回旧约 100 多张,全村 47 户贫苦农民,经过退租后,买回土地 974 垧,调剂土地 300 多垧。群众的生产情绪提高了,向政府贷款买回了耕牛、购置了春耕所需的种子等。①

第三,改造了不良习俗,推进了社会进步

晋西北根据地社会教育在改造社会不良习俗方面也可谓是空前的伟大奇迹。民间传统的"山神会"、"香烟会"被改造成发展生产、繁荣贸易、普及文化的新式盛会。如 1945 年 3 月临南罗峪村的"香烟会",分为文化、交易、骡马三市。文化市以一揽子宣传队为主,通过黑板报等形式,宣传了卫生知识,吸引和教育很多群众,民间剧团演出了自编的拥军、生产和对敌斗争等为内容的新剧,提出的口号是"和气生财"。文化宣传改造了群众落后、迷信思想和铺张浪费的不良习俗,提高了勤劳致富的觉悟,推进了贸易活动。本次"香烟会"中贸易额达到 500 余万元,出售农具 1700 多件。②

通过文化教育,曾经不务正业的二流子得到改造,成为自食其力的劳动者。如河曲樊家沟村是个典型的"神仙村",有 48 家神婆,这些神婆装神弄鬼欺骗群众,开场聚赌,不务正业。在冬学教育下个个毁掉神像,购买了纺车,主动参加变工组,过上自食其力的生活。③ 据 1944 年不完全统计,神府、岚县等 7 个县区的 6803 个二流子,70% 以上已得到改造。④ 社会上其他不良习俗如溺婴、赌博、妇女缠足等都不同程度得到了遏制。

总之,文化教育事业的普及,提高了根据地人民的思想和文化水平,有力地推动了减租减息、互助生产、交纳公粮、劳武结合、参军参战等各项工作,大大促进了根据地建设事业的飞跃发展。特别是改变了过去妇女不读书的社会风气,文化知识的提高,增强了妇女的工作能力和参政意识。

---

① 《群众买牛买地扩大生产》,《抗战日报》1944 年 4 月 8 日,第 1 版。

② 刘凤:《香烟会变成"文化市"》,《抗战日报》1944 年 5 月 14 日,第 2 版。

③ 《改造师婆破除迷信》,《抗战日报》1944 年 5 月 30 日,第 1 版。

④ 晋绥边区财政经济史编写组:《晋绥边区财政经济史资料选编》总论编,山西人民出版社 1986 年版,第 524 页。

第五章

晋西北根据地的减租减息

抗战时期的减租减息政策,是党解决农民最迫切问题的一项基本政策,也是抗日民族统一战线总政策的一部分。晋西北抗日根据地的减租减息运动,削弱了封建势力,打击了顽固分子,团结了各抗日阶层,改善了农民生活,提高了农民的经济地位,调动了广大农民的生产积极性,对根据地经济发展产生了巨大的推动作用。

第一节　减租减息政策的成因

一、政治原因

(一)日本侵华,民族矛盾成为主要矛盾

从1840年鸦片战争以来,帝国主义国家相继侵略中国,中国一步步地沦为半殖民地半封建社会。九一八事变是日本侵略中国的开始,此后日本便在中国实施其"如欲征服世界,必先征服中国;如欲征服中国,必先征服满蒙"的计划,妄图迅速地把中国变为它的独占殖民地。

1937年7月7日,日本帝国主义发动卢沟桥事变,中国守军奋起抵抗,全面抗战爆发。日本帝国主义的大举入侵,给中国人民,特别是农民带来了无尽的灾难。中国农民占全国人口的80%,是民族抗战中的主要力量,是抗日军队的主要来源,也是抗日所必需的物质生活资料的主要生产者。但是,严重的封建剥削制度使广大农村经济凋敝,民不聊生,人力物力都无法满足抗战的需要。同时日本帝国主义的侵略客观上使中日民族矛盾上升为主要矛盾,使共产党领导下的工人、农民以及其他革命民众同地主、资产阶级的矛盾降到了次要的和服从的地位。这种情况的变化,就需要中国共产党以民族利益为重,审时度势,捐弃前嫌,在坚持抗战、坚持团结、坚持进步的原则基础上,制定出一系列新的、适应抗战形势的方针和政策,来调整各阶级、阶层、政治集团之间的利益关系。正是为了适应这种需要,毛泽东在1937年5月召开的中国共产党全国代表大会上指出:中日民族矛盾的发展,使"中国的土地属于日本人,还是属于中国人"成为首先要解决的问题,既然要在"保卫中国的大前提下来解决农民的土地问题,那么,由暴力没收方法转变到新的适当的方法,就是完全必要的"。① 1937年8月,中共中央政治局扩大会议制定并通过的《抗日救国十大纲领》进一步明确地提出了以减租减息作为抗战时期解决农民土地问题的基本政策和战略口号,主动地将暴力没收地主阶级土地政策改为减租减息政策。

(二)抗日民族统一战线的建立

减租减息是在抗日民族统一战线内调节农民与地主这两个对立阶级之间相互利益和关系的最恰当的政策。在停止没收地主土地以后,党面临着一个如何改善农民生活,休养民力的问题。中国农民是抗日和生产的基本力量,如果改善农民生活的问题得不到妥善解决,就难于激发农民抗日和生产的积极性,抗日战争就不可能取得胜利。将没收地主土地的政策,改为减租减息政策,它一方面要求地主债主减租减息,减轻对农民的剥削以改善农民的生活,以调动农民抗日和生产的积极性;另一方面又要求农民在减租减息之后,向地主债主交租交息,照顾地主利益,保障地主的地权和财权,以争取地主阶级站在抗日人民一边。因此,减租减息政策是在中日矛盾成为主要矛盾的情况下,适当地调节地主与农民矛盾所应采取的一项正确政策。

此外,减租减息的土地政策也能够联合国民党共同抗日。1926年10月在国民党代表扩大会议上通过的政纲关于农民问题的部分中,规定了减轻佃农田租25%,1929年6月的国民党三届二中全会上,也通过了二五减租的决议案。这与中共提出的减租减息土地政策具有相似性,所以中共提出减租减息的政策不会遭

---

① 《毛泽东选集》第1卷,人民出版社1991年版,第260页。

到国民党的反对并且使得国共两党能够重新团结起来。

二、经济原因

经济是政治的基础。如果没有巩固的经济基础,便很难巩固晋西北根据地民主政权。抗日战争爆发前,晋西北是地瘠民贫、生产落后的地方,不仅近代工业近乎空白,农业生产也十分薄弱,而且带有浓厚的封建性,使整个农村生产力的发展受到严重阻碍。

(一)土地关系不平衡性

战前土地相当集中,分配不平衡。在兴县、河曲、保德、宁武四个县十七个自然村中,地主人口占总人口的8.25%,掌握全部土地的31.7%;工人、雇农、贫农,连中农在一起,占总人口的80%,而所有土地,只有48.7%;富农人口占总人口的8.25%,占有土地18.8%。将地主和富农加在一起,他们所有土地就要占全部土地的50.5%。①

据晋绥分局对晋西北兴县高家村、温家村、临县窑头、刘家圪垯、杜家沟等5个村的调查,晋西事变前,地主只占人口4.7%,而拥有的土地却占全部土地的30.3%,土地比重当人口比重六倍多。地主每户平均有地595亩,每口平均有地133亩。富农,在晋西事变前,人口占总人口的15.3%,所有土地占全部土地的24.8%,土地比重大于人口比重的40%,每户平均有地218亩,每口平均有地35亩。中农,在晋西事变前,人口占总人口28%,土地占全部土地27.5%,土地比重略小于人口比重。每户中农平均有地102亩,每口平均有地20亩略强。贫农,在晋西事变前,人口占总人口46.2%,而所有土地只占全部土地16.3%,人口比重约大于土地比重三倍。很多贫农没有土地,或仅有少数土地。每户贫农平均只有土地29亩,每口平均只有7亩略多。贫农使用的土地,大部分依靠向地主租种。雇农和工人,在晋西事变前,人口占总人口4.7%,所有土地只占全部土地0.85%,人口比重大于土地比重五倍。每户平均只有土地16亩,每人平均只有3.8亩。他

---

① 晋绥边区财政经济史编写组:《晋绥边区财政经济史资料选编》农业编,山西人民出版社1986年版,第84页。

们大部分没有土地,主要是依靠出卖劳动生活。①

据 1941 年对兴县、临县等 18 个县、100 多个行政村、近千个自然村的统计,占总户数 8.35% 的地主、富农,占有土地总数的 27.1%;占总户数 31.6% 的中农,占有土地总数的 45%;而占总户数 51% 的贫农,只占有土地总数的 25.5%。人均土地地主为 88.2 亩,富农为 33.38 亩,中农为 23.8 亩,贫农为 9.58 亩。即地主每人平均土地等于富农的 2 倍半、中农差不多 4 倍、贫农的 9 倍多。

此外,从土地质量上看,地主、富农占有的土地多是水地、平地,而贫农、中农占有的土地多是坡地、旱地。如兴县、临县等 11 个县、百余个行政村中,占总户数 7.59% 的地主、富农,占有 56.6% 的水地;占总户数 41.2% 的贫农,只占有水地的 11.68%。据兴县蔡家崖村 1941 年 12 月的统计,占总户数 27.7% 的地主、富农,占有 94% 的水地和 78.05% 的平地;而占总户数 70.6% 的中农、贫农,只占有 6% 的水地和 21.95% 的平地。②

由于土地占有数量的悬殊和好地坏地的占有不均,地主富农阶级便凭借其优势,自己不参加劳动,靠出租土地等方式剥削他人来生活;而缺少土地的农民,特别是雇农和贫农,不得不靠租种地主的土地被人剥削来维持生活。所以,封建主义的剥削关系十分明显。

(二)租佃关系不合理性

地少不足以耕种或没有土地,这是晋西北农村普通农民的基本情形。所以,无地或少地农民除"走口外"、赶脚或从事零星的商业活动以外,谋生的路向十分单一,他们为了生存而只好租种地主的土地,租佃关系因之自然较为发达。也就是说,土地的所有权和使用权之间存在着明显的分离。

晋西北农村土地主要集中于地主富农之手,甚至商人和店员每户土地平均占有额亦超过了贫农,至于雇农、佃农和贫民土地占有量更少。1942 年富农平均每人占有土地 8 垧以上,富裕中农则为 3 垧左右,中农则为 2 垧余,贫农只能达到 1.5 垧,同时各个阶层在占有土地的质量上有很大的差别。各个阶层除店员外,土

---

① 晋绥边区财政经济史编写组:《晋绥边区财政经济史资料选编》农业编,山西人民出版社 1986 年版,第 114 – 115 页。

② 山西省史志研究院:《中国共产党山西历史》1924 – 1949,中央文献出版社 1999 年版,第 480 – 481 页。

地使用量均超过了土地占有量。若以1942年人均使用土地量计算,大约富农每人7.5垧,富裕中农为7.4垧,中农2.9垧,贫农2.4垧,佃农3.1垧,贫民1.4垧,商人1.8垧,小商贩1.6垧,店员2.6垧,而佃农则还不到1垧。

农民既然使用土地量超过占有量,说明租佃关系必然存在。据调查,晋西北段家沟村土地使用来源主要是城关地主,其集中了大部分的土地,农民要想获得土地来耕种,只有向其租佃一途,所以这里租佃关系很普遍。但该村存在着两种截然不同的租佃关系,一种是土地的占有属于地主,由佃户直接向地主租入而耕种;一种是农民为向高利贷者借贷而不得已将自己的土地契押给债权人,作为担保,然后自己返回来再出一定的租额将地租来耕种(土地的占有权仍属于本人),如此则债权人可以获得双重利润,此乃一种变相的高利贷盘剥形式,亦为一种特殊的租佃形式,而这种形式在该村是比较多的。这里的租佃方式除了普遍的定额租外,还有一种叫"伙种"的方式,即地主与佃农按照春季播种时商定的条件分享实物收成,一般有对半分、四六分和三七分三种(四六分地主六,三七分地主七,但通常以生产条件来商定实物分配),伙种过程中所使用的农具、肥料、畜力和种子全部或一部分由地主负担。至于租额,定租一般每垧租米梁地三升至一斗半,塔地一斗至两斗半。该村租佃关系在各阶层中以贫农乃至于中农或富裕中农构成主体,其在战前涉入租佃关系的66户中就占了32户,在1939年的67户中占了38户,1942年的67户中占了45户。从总的趋向观察,战时中农、贫农和佃农租佃数量均在增加,租佃关系在1940年仍然呈现出发展的势头,并成为普通农民解决土地问题的重要途径。沉重的租佃使农民失去了生产的积极性,因为"当农民负债十分沉重,致使他实际上为放债人劳动时,债务就会对产量产生不利影响。许多国家的农民负债十分沉重,以致他们无法偿还每年的利息和到期的本金。于是放债人除了农民所必需的口粮外,拿走了农民生产的一切。处于这种状况的农民,对于改进耕作毫无兴趣,因为他们的全部或者是大部分收益都会落入放债人的私囊"。①

① [英]阿瑟·刘易斯:《经济增长理论》,周师铭、沈丙杰、沈伯根等译,商务印书馆2005年版,第151页。

(三)借贷关系较普遍

借贷关系是中国乡村主要经济关系之一。在晋西北地区,由于经济落后,农民生活十分穷困,半数农民举债度日。如保德县地主傅燕威、张付来二人就共有债户 138 户,债务 358 宗,合计白洋 6926.4 元,粮食 87.13 石。兴县樊学迟等 5 户地主,即有债户 644 家,租息 1377.9 石,白洋 24800 余元。借贷形态主要有两种:一种是钱的借贷,一种是粮的借贷,即钱债或粮债,这两种借贷都要履行一定的手续。具体形式有:

1. 借约与抵押品。借款一定要写借约。有的只写借约,找一个至三个保人,就可借款。有的除借约外,还须有抵押品:地产、房屋、物品等均可。有抵押品的借约,如抵押品系地产,有的把地契连同借约一并交债主保管,"质地借钱",有的只开"四至"(指明耕地四周界线的文件),不交地契。这均叫"捉地"。土地的使用权,仍属原主。约上注明,如到期不能交付利息,则抵押品即归债主使用。

2. 限期借贷与不限期借贷。限期借款,即是在一定的期限内必须将本利清还;不限期者,即是只要对方能交付利息,借贷关系可长久继续下去。

3. 押产、押地。借贷到期不还本利,或不付利息时,无抵押品唯保人是问。有抵押品者,则占有抵押品。在占有作为抵押品的土地时,就叫押地。在押地期间,债主即以押地收益代替利息。债务人将来有钱时,在清付过去所欠的本利后,即可将土地收回。押地数量与贷款的比例,大约为押地收益,足以支付贷款利息为准。押价均在地价一半以下。

4. 还有一种典地借钱的形式。这叫作"钱无利,地无租"。这分为两种:一种叫活典,及约上规定:"钱到回赎,无钱永远营业",回赎期无限制。一种叫死典,即约上规定,限年回赎,如"过期不赎,即做卖绝"。

1930 年阎锡山的省钞倒台以前,晋西北乡村借贷关系尤为兴盛,地主、富农和商人构成债权方主体,农民和小手工业者等社会中底层阶级则是不可忽视的重要补充,不过,陷于极度贫困的绝大多数中贫农和雇农则是借债主力军,至于那些不具备偿付能力又无抵押之物的人只能算作潜在的负债阶层。①

借债的利息,大致分为月利、年利两种。月利最高为 5%,最低为 1%,普遍为

---

① 　张闻天选集传记组等编:《张闻天晋陕调查文集》,中共党史出版社 1994 年版,第 119 页。

2.5% 左右,个别地方也有高达 10% – 30% 的。利息的计算,大多是"复利",即"利滚利",也叫"驴打滚"。如到期还不清,就得利上加利。还有"倒扣利"、"押青苗"、"扣文契"、"接天计"等等。在这种高利贷的盘剥下,农民债台高筑,有的还债还了几代,不仅没有还清,反而越还越多。如临县大川农民辛万美,只旧债就有1090 元和黑豆 13 石。在晋西北的河曲、保德等地流传着"河曲保德州,十年九不收,男人走口外,女人挖野菜"的民谣,就真实地反映了农民生活极度贫困的状况。据统计,临县从 1927 年到 1936 年的 10 年中,全县 1.8 万户中有 9000 余户倾家荡产,妻离子散。

上述种种情况,使得农村阶级关系十分对立,农民不但在经济上受着沉重剥削,而且在政治上受着残酷的压迫,生产积极性受到严重压抑,农业生产力受到严重破坏。作为抗日雄厚的基本力量的农民,生产的热情和抗日的积极性自然得不到充分发挥。因此,抗战爆发后减租减息成为战时解决农民问题的基本政策。晋西北根据地党政军及各级民主政府为此做了长久的不懈努力。

第二节 减租减息的过程

一、减租减息的初步展开

早在抗战初期,晋西北通过"牺盟会"、"动委会"各抗日组织初步发动了减租减息运动。因为他们的主要任务是动员工作,所以在他们的全盘工作中,改善人民生活问题被提到相当重要的地位,而具体改善农民生活的办法,除执行合理负担、提高农民文化水准外,便是减租减息。1937 年,战动总会从太原出发,到离石、汾阳时,就开始减租减息的宣传,用粉笔和红白泥土把改善农民生活的各种口号写在街道的墙壁上,如:"减租二成五"、"利息不得超过一分"、"取消高利贷"等。

不过,当时发起的减租减息运动并没有真正实施,其原因:一是农民难以相信这样的好事,因为"在他们的经验中从来未有过这么一回事,慈悲对他们是生疏的,而欺骗却在他们传统的生活中踏下了很深的脚印",一般的农民,"在古老的生活中多养成了善良的'良心主义者',当农会号召他们减租减息时,他们倒反会怀疑地说:这太对不起自己的良心了!"①二是晋西事变前,晋西北处于两种政权并存的局面,多数政府机构的权力仍被阎锡山的顽固分子把持,他们对于这一政策的执行,表现出了不太热烈的情绪,有时候他们还有意歪曲。三是一些久居荣耀尊贵地位的富户绅商们,对于这一政策和广大农民的要求,表现出异常的歧视,他们觉得这和他们的生活经验是相冲突的,在他们的生活经历中不曾有过任何人损害过他们的利益,没有任何人敢伸手到他们尊贵的生活圈子内,去掏出一些已经属于他们生活中的东西。四是也存在一些客观因素和特殊现象,如河曲,地脊粮重,一般租地者多为富户,租出者(及地主)则多为穷人。

因此,减租减息初期,在晋西北并没有深入开展,而主要是提出减租减息的政策、口号,并进行广泛宣传。各地不仅在会议上、口头上提出二五减租、三七减租,对半减租的号召和政策,有的农会,还下达了文件,出了布告,对减租减息提出了具体要求和具体规定,特别是晋西北农联专门在减租减息方面做出了一些决定,如:原则上二五减租是一律的,但根据具体环境可以有所增减;禁止高利贷,利息不得超过一分;保障农民的租地权,不得无故或借故收回土地。但由于各级领导对减租减息的重要性认识不足,加上国民党及地主阶级的阻挠,仅限于口头宣传或"纸上谈兵",并没有付诸实践。

晋西北抗日民主政权建立后,为了发动广大群众,积极支援对敌斗争,迫切要求进一步解放生产力,巩固发展农村抗日民族统一战线,于1940年4月20日颁布了《减租减息条例》,特别提出:地主不依法减租者,一经查获和告发,除退还多收之地租外,并将多收部分,按期交付农民利息。农民减租后,不依法交租者,地主有权收回土地,并追回欠租。农民当年无力交租者,明年补交。但因灾害减产无法缴纳租额者,可订借约。重申普遍实行减租25%,并取消一切附加,而且"剥皮利"、"臭虫利"、"印子钱"等高利贷一律禁止。

但是,该《条例》在试行过程中,开展缓慢,也产生了诸多问题:其一,地主债主威逼利诱,采取更隐蔽、更曲折的剥削方式,加之群众对法令了解不够,地主债主依旧讨便宜,佃户债户吃哑巴亏;其二,造成了敌对僵持局面。地主债主暂时不收租收息,佃户借户暂时不还租还息;其三,债主乘机收回本息,将资金窖藏,影响了

---

① 《战地总动员》(上),山西人民出版社 1986 年版,第 153 页。

农村中资金周转,给根据地经济建设带来了困难;其四,有部分农民对政策理解偏差,认为减租减息就是没收地主土地、废除债务而不交租交息或减得过重的过火行为影响了农村统一战线。

这一时期,由于国民党正面战场溃退,八路军 120 师主力师深入晋西北敌后发动游击战争,所以减租减息仅作为一个纲领性口号进行宣传,尚未普遍开展。加之减租减息是一项全新的工作,在短时间内还不可能制定出一套完整、具体的政策,所以,减租减息运动没有真正开展起来,但减租减息政策的公布、宣传和初步贯彻,在一定程度上减轻了佃农沉重的负担,削弱了农村封建经济,也为晋西北根据地普遍实行这一政策奠定了初步基础。

二、减租减息运动的深入进行

这一阶段是由对减租减息的宣传阶段到立法阶段。根据中央 1940 年 7 月《关于目前形势和党的政策的决定》的指示精神,1940 年 10 月,行署又制定了《山西省第二游击区减租减息单行条例》。这个条例的基本精神是根据统一战线的原则,以政治法律形式,维持租佃借贷的正常合理关系,使地主、债主与佃户、借户双方的利益都得到保障,民众生活得到适当的改善,农村统一战线也能顺利开展。

这个条例不但有"二五减租,一分行息"的规定,而且还具体地确定了各种不同类型的土地所缴纳的地租和减租比例。《单行条例》规定:一般照原租额、原伴种分配减租25% ,最高不能超过收获总额的 37.5% ;减息政策方面,规定债权人的利息收入,年利率不得超过 10% (一分利息),超过 10% 者应减为 10% ,不及10% 者依其约定,债权人不得因减息关系解除契约;现扣高利贷一律禁止。该《条例》的《附则》中还规定:减租减息后应实行换约或另立新约,如不换约或另立新约,旧约即作无效。本年以前之欠租欠息,如确实无力交还者缓交,俟有力时即得以本减租减息法交纳。如欠债人有力清理旧债时,应按年利率 1 分,一本一利计算清偿;其已付过之利息超过原本者停息还本,已付过利息超过原本两倍者本利皆停付。《单行条例》明确了租佃借贷的正常合理的关系,体现了共产党抗日民族统一战线政策原则。《单行条例》的贯彻实施,有相当一部分贫苦农民的负担减轻了。据 1940 年 20 个县的不完全统计,共减租 17716 石,17 个县的统计,平均每户减租 11 斗多。①

由于部分区、村农民对地主有过火行为，不少干部以强迫命令的方式开展减租工作，如临县一些县干部说："地主穷不了，穷人发不了"。为纠正减租减息中"左"的倾向，晋西北行署于 1941 年 4 月正式公布了经过重新修正的《晋西北减租减息暂行条例》，《暂行条例》增补的内容主要有：一、农民减租减息后，有能力交租而故意不交者，地主可以收回租地及伴种地；二、禁止地主随便提高地租和利息，禁止出现扣利、利滚利等高利贷。《暂行条例》推动了减租减息运动，晋西北除游击区外，绝大多数村中开展了减租工作，成绩较为显著。据兴县、临县、离石、保德、河曲、神池、朔县、阳曲、交城、交西等 10 个县的统计，一年内共减租 1002149 大石，减租佃户 17812 户，平均每户减租 5.7 斗。②

1942 年 9 月，晋西北行署颁布《晋西北减租交租条例》，条例的基本精神是保障地主和农民的地权，认真减租和交租，稳定租佃关系，调动农村各阶层的生产积极性。11 月，晋西北行署颁布了晋西北临时参议会修正通过的《晋西北减息交息条例》。从此，晋西北边区的减租减息运动普遍展开。如保德各地热烈执行这一条例，城南村佃户找地主，地主找佃户互相商量减租交租。参议员张映喧有 250 垧出租土地，主动找佃户商量减租交租额，对收成特别坏的地，主动退租或减低租额。临县县府总结实验村减租交租经验，各区、村召开佃户会、地主会、调解委员会、租佃联系会，确保和谐减租交租，各级干部深入基层，耐心的教育群众，防止明减暗不减甚至暗增的现象，规定一律换约，合伙种地亦需写约，彻底纠正某些干部对减租交租不够重视的现象。③ 这一时期，各县深入发动群众，通过说理斗争，清查旧租旧债，在各级干部的动员和组织下，群众按照条例规定原则，和地主、债权人订了减租交租、减息交息条约，重新确定租佃关系。

① 晋绥边区财政经济史编写组：《晋绥边区财政经济史资料选编》农业编，山西人民出版社 1986 年版，第 94 页。
② 山西省史志研究院编：《晋绥革命根据地政权建设》，山西古籍出版社 1998 年版，第 434 页。
③ 《保德进行减租交租，临县总结实践经验》，《抗战日报》1942 年 12 月 19 日，第 2 版。

三、查减运动的普遍开展

1943 年春,晋绥边区各地普遍开展了"挤敌人"运动,根据地逐步恢复与扩大,为减租减息运动的进一步开展创造了良好条件。中共晋绥分局于 1943 年 1 月发出了《关于群众工作的指示》,要求各地发动普遍的减租减息群众运动。在根据地进行退约、换约、抽债约、赎地工作中,有的地主非法向佃户抽地加租。如河曲二区南园村地主韩芝,抗战前以每亩现租白洋四元,租给郭二仁水地 15 亩。因村农会彻底实行二五减租,韩芝托词自种要将租地收回,当时政府允许收回郭二仁转租给别人的 5 亩,其余 10 亩伙种。1943 年春,韩芝又要挟郭二仁将每亩租子加至 7 元,不然就要收回一半伙种地,郭二仁因无力缴纳重租,只好退回 5 亩,韩芝即将两次收回的十亩水地,以每亩 7 元银洋的租价租给另一新佃户赵焕。郭二仁经地主韩芝两次抽地,全家生活无法维持。①

针对农村中出现的个别地主抬高税额,非法夺地,致使农民失掉土地的现象,行署颁布了《防止非法夺地办法》,要求各级政府严格执行。办法规定,不准地主抬高租额,更不准夺回已租出伙种之土地,转租伙租他人;严禁假卖、假典、假雇人的伪夺地行为。晋西北行署在颁布这一办法时指出,制止非法夺地现象,是贯彻减租减息工作的关键。晋西北临时参议会常驻委员会给各地参议会员发出通知,要求各地参议员,对非法夺地行为,必须根据晋西北行署公布的《防止夺地办法》,切实协助各级政府进行解释和劝导,制止非法夺地行为,使地主与农民利益均沾,以期加强团结,坚持抗战,争取最后胜利。

1943 年 7 月,经半年来"挤敌人"斗争,晋西北形势明显好转。6 个月内晋绥军区主力、游击队和民兵共作战 711 次,毙伤日伪军 1300 余人,俘获日伪军 162 人,挤掉据点 50 多个,摧毁伪政权 827 个,535 个村建立或恢复了抗日政权,解放人口 8 万余人,并争取了 100 多个伪村政权为革命的两面政权。② 整个晋西北已由敌进我退的被动局面变为敌退我进的主动局面。根据地的困难局面也得到很

① 《保障租佃双方权益,不准违法抽地加租》,《抗战日报》1942 年 12 月 3 日,第 2 版。
② 山西省史志研究院编:《晋绥革命根据地政权建设》,山西古籍出版社 1998 年版,第 454 页。

大改变。

1943 年 10 月,晋西北人民在各级政府和农会的领导下,减租减息运动有了新的发展。各地减租运动分为动员和实施两个阶段。在动员阶段,政府和农会组织召开各种规模的会议,教育群众明了减租的意义,发动群众积极参与减租。实施阶段中,觉悟了的农民有领导地或自发组织起来与地主进行质问和说理斗争,迫使地主减租和退还土地。临县 39 个村 600 余名农民和兴县 90 余村 1500 余人,在农会的领导下,举行了规模盛大的减租保地大会,取得了斗争胜利。据对临县、临南、保德、宁武、离石、河曲、兴县、岢岚等县减租情况的统计,地主减租 17000 石,退还租钱银子 20 两,白洋 19200 余元,农币 32 万元;农民通过积极斗争,迫使地主退回非法夺地或农民重新赎回土地 12300 余亩。临县大川农民在农会领导下开展减租运动,召开减租大会,10 个自然村农民赎回土地 138 亩,窑洞 24 孔,撤销旧债、抽回债约 247 张,收回地主未减的租粮 12.96 石,租款银圆 475 元。①

1944 年 1 月,中共晋绥分局书记、边区临时参议会议长林枫,提出晋绥边区 1944 年的三大任务是对敌斗争、减租生产、防奸自卫。林枫要求各级党政领导要发动群众、组织群众,以扎实努力的工作完成三大任务。为更深入地发动群众减租减息,发展经济,支援前线,8 月 28 日晋绥分局发出《关于今年普及减租运动深入群众的工作指示》,要求各地党组织进一步发动群众,对未实行减租地区彻底减租;对于减租不彻底地区,启发农民深入进行减租减息的斗争;对于减租减息较彻底的地区,尽快督促减租减息兑现;对减租减息基本结束的地区,发展巩固农会组织,改造基层政权;在新解放区清算汉奸恶霸的罪行,逐步开展减租减息。

10 月 20 日,行署又颁发《关于减租工作的指示信》,信中提到"赎地办法仍按照去年指示,去年赎地指示的要点是未赎回的典地押地,凡活地契及因累债折产或被迫做绝的死地契均可回赎,但已按公平价格成立买卖关系及年代太久者可不回赎"。② 随着减息工作成为群众运动,尽管有地主借口契约丢失企图逃避检查,经过群众斗争,过去旧账大部分都清理了。如兴县赎地 916 垧,偏关赎地 12132

---

① 山西省史志研究院:《晋绥革命根据地史》,山西古籍出版社 1999 年版,第 280 页。
② 晋绥边区财政经济史编写组:《晋绥边区财政经济史资料选编》农业编,山西人民出版社 1986 年版,第 43 页。

垧,临县三十个区赎地 4727 垧,临南四个村赎地 677 垧,朔县三十个村赎地 1800 垧。[1] 兴县奥家滩行政村村民在减租保地大会中,回赎土地 6 件,赎地 138.5 垧,抽约 130 多张,仅地主高文德一人就清算出 88 石粮食,1680 多元白洋,还有许多铜钱。[2] 12 月 21 日,兴县六区近千名群众召开减租大会,大部分地主都依法退钱、抽约,仅地主樊学迟一人,退息 24800 元,120 两白银,抽约 723 张。

1945 年,随着解放区的不断增加,晋绥分局发出《在新解放区继续发动群众完成减租减息任务的指示》,特别强调要继续广泛的查租,保证农民既得利益不受侵害。交东西冶川群众自 1944 年 12 月起掀起减租清债运动,200 名群众与恶霸地主王廷章清理旧债,共计退出粮食 23.4 石。[3] 交东麻会村在一次查租过程中,清理旧债本币 5000 元,砖瓦 10000 多块,小米、莜麦 700 多斤。[4] 五寨 65 个村子减租清债后,据不完全统计,赎回土地 744 垧半,旧债退出粮食 6594 石 1 斗,白洋 300547 元。农民们有了钱、地,就能买牛扩大生产,还能给民兵买枪抗战。[5] 五寨某村为新解放区,依照减息法令清理了多项债务,为保卫胜利果实,群众积极要求参加农会和民兵组织。据晋西北 18 个县的不完全统计,到 1945 年秋,减了租的农民有 56175 户,减租 50977 石,赎回土地 1220484 亩,买地 165259 亩,每个佃户从减租和退租中平均得粮 1 石。受剥削的农民的生活境况有了大大改善。[6]

第三节　减租减息对生产的推动作用

减租减息运动保障了人民的切身利益,改善了人民生活,增强了农民的生产积极性,提高了政府和农会在人民群众中的威信,对推动根据地经济建设起到了

---

[1] 晋绥边区财政经济史编写组:《晋绥边区财政经济史资料选编》总论编,山西人民出版社1986 年版,第 408 页。

[2] 《兴县奥家滩行政村减租胜利准备生产》,《抗战日报》1944 年 1 月 20 日,第 2 版。

[3] 《交东西冶川群众开展减租清债运动》,《抗战日报》1945 年 2 月 8 日,第 2 版。

[4] 《交东麻会村彻底清债减租》,《抗战日报》1945 年 3 月 23 日,第 2 版。

[5] 《五寨六十五个村子群众买牛二百余头》,《抗战日报》1945 年 4 月 20 日,第 3 版。

[6] 山西省史志研究院编:《晋绥革命根据地政权建设》,山西古籍出版社 1998 年版,第 454页。

积极效应。

第一,农民经济负担减轻,生活得以改善

减租前,因地租高额和自然灾害袭击,多数农民过着极端贫困的生活。根据
地减租政策实施后,租率逐年下降。如兴县 8 个自然村的租率,山地战前为 30%,
1941 年降为 21% 上下,平地战前租率为 50% 上下,1941 年降为 43% 上下,1943 年
全县实交租额占 1942 年实交租额的 50% 上下。① 据不完全统计:1940 年,20 个县
共减租 1.77 万石,17 个县平均每一佃户减租 1.1 石多;1941 年,16 个县共减租 1
万石,平均每一佃户减租 0.5 石多。② 截至 1944 年,据对晋绥边区 19 个县的初步
统计,减租的农户有 56175 户,减租粮 50970 石;清债的农民有 10890 户,获粮
185510 石、农币 250081 元、白洋 1520112 元,赎地 1220484 亩,买地 165259 亩。仅
兴县一个县,地主共退出租粮 3842 石、农币 277300 元、棉花 651 公斤;销毁旧约
11990 张、旧账 393 本,其中包括欠粮 122960 石、白洋 15313 元、铜钱 8484 吊、白银
1739 两;佃户赎地 2880 亩、窑洞 52 孔。通过减租减息运动,全县有 1200 多户农
民在经济上翻了身。兴县一位农民在清理旧债后,激动地说:"这一下把祖宗三代
的老根子也抽了,过去咱头上压着千斤重的一疙瘩石头,摇也不敢摇,如今可搬
去啦!"③

临县某村在战前,共有耕地 3600 余亩,其中水地 800 亩,平地 1500 亩,山地
1400 亩;住户 120 家,地主 4 户,富农 7 户,中农 9 户,贫农 90 余户,雇农 15 户。当
时各阶层的生活悬殊很大,地主终年衣食均好;而 100 多户的雇农、贫农却一年辛
苦所得,尽被地主和高利贷剥削了,终年吃的尽是黑豆和苦菜。抗战初期,由于政
治没有改善,人民痛苦更是有增无减,加上敌寇多次摧残,地主、富农生活均下降,
贫苦农民则连黑豆都吃不上,离乡别井,沿门乞讨者,比比皆是,田地尽皆荒芜。
抗日民主政权建立后,实行了减租减息,发动生产,减轻负担以后,生活逐渐超过

---

① 晋绥边区财政经济史编写组:《晋绥边区财政经济史资料选编》农业编,山西人民出版社
1986 年版,第 97 页。

② 山西省史志研究院:《中国共产党山西历史》1924－1949,中央文献出版社 1999 年版,第
499 页。

③ 晋绥边区财政经济史编写组:《晋绥边区财政经济史资料选编》农业编,山西人民出版社
1986 年版,第 98 页。

战前水平,逃亡群众都复归故土,开荒筑坝,购买土地、耕牛,生产情绪空前高涨。至 1943 年 9 月,较战前共增加耕地面积 44% 强。全村有五户中农变成富农,18 户贫农和 1 户雇农变成了中农,9 户雇农变成了自耕农,人民生活也大为改善,全村 70% 以上的人,吃穿有余。中农可吃 10% 的白面,50% 的汤捞饭和窝窝头,40% 的杂粮。贫苦人家可吃到 30% 的汤捞饭以外,一年可吃到三五十次面食,由于工资的增加,雇农也可经常吃到汤捞饭,窝窝之类的食物,全村 70% 以上的人都换上了新衣服,逐渐走上丰衣足食的生活。①

第二,优化了土地资源的配置,解决了农民的土地问题

减租减息以后,因买进、典入和回赎土地,农民的土地日渐增加,地主的土地则日趋减少,土地由高度集中逐步走向分散,优化了劳动力与土地资源的配置。兴县刘家曲村居民 30 户,耕地 1000 余垧。减租前耕地中有 600 – 700 垧为城内白姓和孙姓两家地主所有,其他外村小地主占有 100 垧,本村有地者不过 10 几户,仅占 100 垧左右。经过历年减租后,白、孙两大地主之地已全数出卖,而村中家家户户都有了土地。兴县固贤村,居民 100 余户,耕地 3000 余垧,两家地主即占有 1000 余垧,无地户在 60% 以上,多租种土地,自减租以来,佃户都翻了身,全村百姓都有了土地。而两家地主则卖出大部分土地,仅留 10 垧自耕。②

据晋绥分局对兴临两县高家村、温家寨、窑头、刘家圪垯、杜家沟等 5 个村的调查,自 1939 年十二月事变前到 1944 年 6 月,地主拥有的土地由占全部土地的 30.3% 下降到 9%,富农由 24.8% 下降到 17.5%;中农则由 27.5% 上升为 49%,贫农由 16.3% 上升到 23.5%。地主、富农分别减少土地 245 亩和 38 亩;中农、贫农、雇农则户均分别增加土地 23 亩、15.5 亩和 7.5 亩。全部土地的 30%,从地主、富农手中转移到农民手里。③

第三,劳动力资源充分发挥,促进了根据地经济发展

通过减租减息,广大农民的生产热情日益高涨,不仅积极扩大耕地,而且增加生产工具、兴修农田水利、组织变工互助。兴县温家寨温向拴就是翻身农民的代

---

① 《临县某村大部人民吃穿有余》,《抗战日报》1943 年 9 月 14 日,第 2 版。
② 晋绥边区财政经济史编写组:《晋绥边区财政经济史资料选编》农业编,山西人民出版社 1986 年版,第 100 页。
③ 《晋绥分局对兴临两县 5 个村的材料调查》,山西省档案局,卷宗:A21 – 3 – 4。

表。他过去租种地主的 58 亩山坡地，每年仅租子就要交 15 石，加上牛租、利息，拼死拼活干一年，到头来还得饿肚子。通过减租减息，他起早摸黑劳动，每年除交租外，还能节余十几石粮食。苦干了几年，买下 17 垧土地，喂养了一头大犍牛，日子越来越富裕。1944 年被评为全边区农业劳动模范，光荣地出席了晋绥边区群英会，获得了特等奖励。①

在减租减息运动中，晋西北响应中共中央的土地政策，在保障农民的人权、政权、地权、财权时，又保障地主的人权、政权、地权、财权，团结了不少开明地主。交城过去外逃地主士绅 20 余人，深感抗日民主政府各种政策之正确实施，完全顾到了各阶层人民的基本利益，于 1941 年 7 月主动返回根据地。河曲城关外移富户王秉义、王文志、王文广、米丰等四家，1941 年 7 月先后返回根据地，并表示今后愿在抗日民主政权领导下，积极参加建设根据地的工作。不少地主逐渐放弃吃租获利的思想，积极参加劳动。兴县杨家坡村一地主过去游手好闲，终年不参加劳动。自减租以后，他自己耕种了 60 垧土地，每年能产 30 多石粮食。据兴县二区 18 个自然村的调查，有 130 户地主，减租以前全靠出租放账为生，自己根本不参加劳动。通过减租减息，有 78 户地主参加了劳动，逐步变成自食其力的劳动者。

在新民主主义政策领导下，根据地不仅农业得到较大发展，减租减息还为边区工商业发展准备了条件，据临县、离石 48 个自然村统计，131 户地主中，有 77 户参加农业生产，30 户投资纺织，16 户投资商业。农产品产量的增加，农民购买力的提高，也给工商业的发展创造了良好的条件。

第四，减租减息运动中涌现出一批劳动英雄

减租减息法令的执行，改变了边区整整一代农民的命运，在生产劳动中还涌现出许多劳动模范。晋绥边区特等农业劳动英雄康三年出生在保德县康家滩村一户贫民家庭。康家祖宗三代都是小贩兼雇工，家里只有 2 亩薄田，生活主要靠肩挑贩卖。穷人的孩子早当家。康三年十来岁就开始帮母亲干杂活、卖豆腐；15 岁挑起货郎担子随父亲到河曲、爬苛岚、走"口外"。他卖过蔬菜，贩过水果，掏过甘草，从小练就了结实的身子骨，养成了吃苦耐劳的精神。他虽然是康家滩村数得上的好受苦人，但依然过得是少吃没穿的穷日子。

---

① 《兴县革命史》编写组：《兴县革命史》，山西人民出版社 1985 年版，第 121－122 页。

　　康三年的家乡康家滩,在保德来说是个比较大的村,抗战前有 170 户人家。村里绝大部分土地被地主、商业高利贷者少数人占有,90% 以上的村民没有耕地。少数人家租种土地务农,大部分从事商业、做工、走口外、当船夫。有 30 多户靠卖水果、蔬菜、豆腐维持生活。有的被生活所逼,只好远走他乡。到"晋西事变"时全村减少到 81 户,失业人数更多了,绝大部分人家生活在饥寒交迫之中。

　　地主、恶霸、商业高利贷者一直统治着全村,在村民们极度困难的情况下更是杀人不眨眼,刀下不留情,迫使不少人家卖房卖地,家破人亡。

　　1940 年康三年由一区干部张行宪介绍加入中国共产党,担任了康家滩村党支部书记,被村民们推选为村长。后来又担任了一区区委委员、郭家滩行政村党支部书记。康三年担任村长后,积极发动和带领村里贫苦村民进行反恶霸、反贪污和减租减息斗争,打垮了恶霸和高利贷者。村民们在政治上、经济上初步翻了身。

　　与此同时,康三年从本村实际出发,带领群众发展各项生产,尽快解决人们的温饱问题。1943 年春天,他响应晋西北行政公署关于"开展军民大生产"的号召,首先在村里成立变工组,合理利用劳动力,掀起轰轰烈烈的大生产运动。1944 年12 月,他被评为晋绥边区特等劳动英雄。群众为歌颂他的先进事迹,特意编了一首山曲:劳动英雄康三年,大公无私走在先;领导合作社做水烟,改造二流子禁大烟。①

　　兴县温家寨农民温象拴是翻身农民当了劳动英雄的典型代表。温象拴出生在一个贫苦农民家中。他的父亲长年累月辛勤劳动,难以养家糊口,温象拴刚出生时,家里穷得没有一粒米,他父亲跑遍半个村子,借不下一升米,只好给他熬的喝点苦菜汤充饥。1935 年后,和他父亲租种 100 多垧地,光租子就交 82 石,还需出牛租、利钱等,青黄不接时只有勒紧裤带饿肚皮,一年到头还是不够吃。

　　1937 年,抗日战争爆发后,由贺龙、关向应率领的八路军 120 师挺进敌后,在晋西北创建了抗日根据地,发动群众开展减租减息运动。饱受封建剥削的温象拴积极响应党的号召,投入到减租减息的斗争中。经过减租减息,温象拴一次从地主手里算回 15 石粮食,加上他父亲所赚的工钱,在温家寨买下了 90 亩山坡地。1942 年温象拴带领全家老小,生产各种粮食 37.7 石,达 11300 多斤,除自家吃以

---

　　① 　王治民:《劳动英雄康三年》,《抗战日报》1944 年 10 月 28 日,第 2 版。

外,给政府捐献了 5.8 石粮食。1943 年 11 月,温象拴响应"组织起来"的号召,把全村 50 多个劳动力组织起来,编成 4 个常年变工队,从春播到秋收,都在一起劳动,解决了一些人因天灾人祸而带来的某些困难,有力地推动大生产运动的开展。在他的带领下,1944 年通过变工互助生产,温家寨农业生产获得了前所未有的大丰收,粮食产量比历史上任何一年都高,棉花生产亩均全县第一。就在这年温家寨交公粮 325 石,按人均全县夺魁。他也荣幸地被群众推选为边区特等劳动英雄。①

像康三年、温象拴这样的穷汉,翻身后带领群众积极劳动的劳模,多不胜数,如临南劳动英雄张德奎,把全村 47 个劳动力都组织起来变工秋收,功效提高一倍;宁武劳模刘补焕,组织全村 20 户人家参加变工,从春耕到秋收都互相调剂帮助。宁武劳英张初元组织全村民兵,创造性地开展"劳武结合",使游击区农村生产得到保障。这些劳模提高了群众生产的积极性,启发了农民的组织性和创造性。

历史表明,党的减租减息政策是完全正确的,它所发挥的作用是巨大的,不仅把广大农民调动到了神圣的民族革命战场,同时将地主阶级也团结到抗战的阵营中。据不完全统计,1942 年晋西北 13 个县开荒 20 万亩,8 个县增加水地 1.6 万亩,棉田比 1943 年扩大 2.4 万亩;15 个县牛、驴、马等增加 7000 头。这些看似简略的数字,却足以证明晋西北根据地减租减息运动的伟大胜利和光辉业绩。②

---

① 中共吕梁地委党史研究室编:《吕梁抗日丰碑》,中共党史出版社 1995 年版,第 307 – 310 页。

② 山西省史志研究院:《中国共产党山西历史》1924 – 1949,中央文献出版社 1999 年版,第 501 页。

第六章

晋西北根据地的大生产运动

抗日战争时期,晋西北根据地开展的大生产运动是在特殊历史条件下进行的一次生产自救运动。面对严重自然灾害与人口的急剧减少,敌人的军事包围和经济封锁等一系列不利因素,根据地人民在党的领导下,通过开垦荒地、兴修水利、推广植棉、奖励畜牧和组织劳动互助等措施开展大生产运动以发展经济。这不仅为抗日战争的胜利奠定了基础,同时也给长期以来趋于破败落后的晋西北农村带来了新的生机,使其在经济、社会方面发生了深刻的变化。

第一节 开展大生产运动的起因

晋西北根据地是抗日战争时期中国共产党领导的八路军和敌后抗日军民创建的重要解放区。1940 年 11 月,中共中央正式成立晋西北军区。军区东起同蒲路北段,与晋察冀北岳区相接;西至黄河,与陕甘宁边区隔河相连;南至汾(阳)离(石)公路,与晋军驻区毗邻;北至清水河,与大青山区连接。特殊的自然地理环境和历史时期决定了晋西北根据地开展大生产运动势在必行。

第一,严重的自然灾害与人口的急剧减少。晋西北地区属于黄土高原的一部分,该地区大部分为黄土沟壑地貌,山多田少,土地贫瘠。又因为其所处纬度较高,春冬气候寒冷,是典型的大陆性气候,一年四季,干旱少雨。恶劣的地理环境和气候使该地区历史上自然灾害就很频繁。抗战以来,自然灾害更是频发。从1939 年到 1941 年,边区遭受了旱、涝、霜、冻等灾害。尤其是 1942 年至 1943 年的中原大旱灾更是波及范围之广,危害严重,致使农产品连年歉收,边区的物资供应严重匮乏。除了水旱灾害外,根据地还时时遭受蝗灾的袭扰。1944 年,边区有多个县遭受蝗灾,损失粮食多达几十万石。在灾荒的袭击和日军的扫荡屠杀下,灾区人口损失严重。1940 年,根据地人口有一百五十万,到了 1942 年减少到七十万。饥馑引起的人口死亡和向其他地方的移民潮,导致了劳动力流失,造成农业生产资源的毁损和生产的停滞。使人民的生命安全和军队的供给得不到保障,这都对党和军队进行抗战造成了巨大的困难。

第二,敌人的军事包围和经济封锁。抗日战争进入相持阶段以后,日本侵略者把军事打击的重点放在了敌后各解放区,不仅对各解放区进行疯狂的扫荡和惨绝人寰的屠杀,而且在经济上对根据地实行严厉封锁政策,严禁日用品及一切军用物资进入根据地内,对根据地的物资进行大肆掠夺和破坏,企图在经济上困杀我抗日军民。而与此同时,国民党实行消极抗战,积极反共的政策,加紧对解放区包围和封锁,不断制造反共摩擦,掀起反共高潮。致使边区一度陷入极端困难的境地。毛泽东曾说:"最大的一次困难是在 1940 年和 1941 年,国民党的两次反共摩擦,都在这一时期。我们曾经弄到几乎没有衣穿,没有油吃,没有纸,没有菜,战士没有鞋袜,工作人员在冬天没有被盖。国民党用停发经费和经济封锁来对待我们,企图把我们困死。我们的困难真是大极了。"①如经常遭到敌人"扫荡"和血腥屠杀的兴县,从 1941 年到 1942 年,兴县的劳动力比战前减少了三分之一,耕牛减少了十分之六,骡马和毛驴减少了十分之八九,猪羊减少了一半。全县大片土地荒芜,粮食总产量减少了将近一半。②

第三,响应党中央发展经济的号召。针对当时解放区存在的财政经济的严重困难,毛泽东提出了"发展经济,保障供给"这一经济工作的总方针,并发出了"自己动手,丰衣足食,自力更生,艰苦奋斗,克服困难"的伟大号召。1943 年 10 月,毛泽东在《开展根据地的减租、生产和拥政爱民运动》的指示中,要求"一切机关部队学校,必须于战争条件下厉行种菜、养猪、打柴、烧炭、发展手工业和部分种粮"。③1943 年 11 月,毛泽东又作了《组织起来》的讲话,号召一切部队机关学校的力量,

---

① 《毛泽东选集》第 3 卷,人民出版社 1991 年版,第 891 页。
② 《兴县革命史》编写组:《兴县革命史》,山西人民出版社 1985 年版,第 136 页。
③ 《毛泽东选集》第 3 卷,人民出版社 1991 年版,第 911 页。

一切男女老少的全劳动力半劳动力,只要是可能的,就要毫无例外地动员起来,组织起来,成为一支劳动大军。这样,在党的号召下,晋西北根据地军民积极开展大生产运动的热情更加高涨。

第四,争取抗日战争胜利的需要。经济的独立是政治、军事独立的前提条件,而生产运动是实现这一目的的基本方法。从当时的客观形势来看,抗战的主要任务必然要落在共产党所领导的人民军队的肩上。为了能够持久地抗战并赢得最终的胜利,根据地军民不仅要打退日本侵略者对解放区残酷的军事进攻,而且还要在极其艰难的条件下保证充足的物资供给,使得经济条件满足战争需要。随着抗战的持续深入,日寇对我们实行经济军事封锁,加剧了财政经济的紧张局势,我们又不得不增加根据地内民众的负担,以至于人民生活水平降低,这直接影响了我们党和军队与人民群众的关系,影响到了抗日民族统一战线的稳固。此时,除了自己动手克服困难之外,别无他法。这正如1939年春毛泽东在中共中央直属机关生产动员会上所讲的:"饿死呢? 解散呢? 还是自己动手? 饿死没有一个人赞成,解散也是没有一个人赞成的,还是自己动手吧!"。① 在此情况下,根据地内进行经济建设,开展大生产运动便很自然地提上了议事日程。唯其如是,才能保障前线和后方的物资供给,减轻人民负担、改善人民生活,最终才能将民众团结在我们党的周围,团结一心打退日本侵略者。

第二节　大生产运动的开展

从抗战爆发至1940年日军三次"扫荡",晋西北经济受到严重破坏。为恢复晋西北经济,晋西北各级抗日民主政府在党的领导下,首先注重大力发展生产。1940年2月21日行署召开会议研究了春耕生产,讨论种子、农具、粮食等困难的解决办法,制定了发动群众春耕的具体措施。2月23日成立了晋西北春耕委员会,调查农村情况,推动春耕生产,解决农民春耕中的实际困难。各机关、团体、军区部队都成立了生产委员会,负责机关生产的组织领导和帮助群众春耕。1940年

---

① 中共中央文献研究室编:《毛泽东文集》第2卷,人民出版社1993年版,第460页。

6月8日,中共中央对晋西北工作发出指示,指出:"财政经济问题是晋西北的生死问题,财政出路的中心是加紧生产与建设,以求自给自足。"①为此,在第二次行署工作会议中,纠正了过去对生产建设的错误认识,借鉴延安、晋察冀边区的生产建设经验,把开展生产建设确定为工作的中心之一。但由于日军的"蚕食"、"扫荡"与经济封锁,晋西北根据地经济进一步恶化,为了渡过难关,1941年3月,晋西北行署召开财经工作会议。会议决定,依靠广大群众,在现有的物质基础上,自力更生,广泛发展生产事业,以达到自给自足。会议明确提出了以农业为主发展生产的方针。贺龙在会上指出:"现在的问题是群众没有饭吃,没有衣服穿,没有房子住。我们必须解决这些问题,这是一大中心工作。党政军民一致努力,各级领导要深入实际,下决心把生产建设工作做出成绩来。"②会后,晋绥边区由行署、军区、抗联、青联等联合成立了晋西北春耕委员会,全区开展了轰轰烈烈的春耕运动,机关、部队也投入了开荒生产。这标志着晋西北根据地大生产运动的正式展开。为保证大生产运动的顺利进行,晋西北边区政府制定了以下发展生产的政策和措施。

第一,奖励垦荒。由于敌人的封锁扫荡,使晋西北地区的农村劳动力、畜力和农具大量减少,再加上该地区自古就地广人稀,造成了大量土地荒芜及粮食产量的降低。据1941年3月19日《抗战日报》上一篇社论报道:"1940年晋西北荒地数目平均达到20%,最大者超过43%。"③为了鼓励农民开荒,扩大耕地面积,增加农业生产,边区政府于1942年颁布《晋绥边区开荒条例》,规定:生荒开垦后免征公粮三年,熟荒开垦后免征公粮一年,滩荒开垦与淤坝成田后免征公粮五年;开垦他人荒地,除按规定免征公粮外,生荒开垦后免交地租五年,熟荒开垦后免交地租三年,滩荒开垦与淤坝成田后免交地租十年至二十年,且开垦人有永佃权,地主未取得开荒人同意前不得随意拿回。

一些县区还制定了地方性的特殊奖励措施。如宁武规定,若有开荒多者,政

---

① 中共山西省委党史研究室等编:《晋绥革命根据地大事记》,山西人民出版社1989年版,第137页。

② 中共山西省委党史研究室等编:《晋绥革命根据地大事记》,山西人民出版社1989年版,第157页。

③ 《认真领导春耕运动,增加农业生产》,《抗战日报》1941年3月19日,第1版。

府供给莜麦种子。兴县政府为鼓励人民积极开荒,予以粮食、贷款相助,激发了群众的积极性,全县民众一个月开荒6136坰,某村共28户,家家开荒,人人种地,合作开荒。① 由于淤坝地内的农业产量要比普通土地上的产量高,晋绥边区行政公署1943年鼓励各专署各县组织淤坝地。经军民几年间的大开荒,耕地面积大大增加,据统计晋绥边区从1940年到1945年6年间,军民共开荒1956685亩,就耕地面积来说,等于创造了一个兴县或三个保德县,只兴县的耕地面积,就增加了五十万亩。②

第二,兴修水利。水利是农业的命脉,晋西北地区干旱少雨,十年九旱,因此发展农村水利至关重要。为鼓励人民兴修水利,晋西北署颁布了兴办水利条例:凡利用自流水新修水地者,上水后第一年按旱地计算收入,征收公粮;凡新修水地用吊杆水车等浇地者,二年内按旱地计算收入,征收公粮;凡利用洪水淤地坝地者,按原产量计算收入,征收公粮,奖励一年。兴办水利如工程过大,需工料甚多,得呈请当地县政府设法指导与协助;水利合作社投资其股本与利润,均不计算负担。在此政策的鼓舞下,据19个县的统计,1941年比1940年多了26526.4亩水地。1945年五寨新解放区在25里长的平川里新修水渠漫地20000坰,每坰约增产5斗,合计共增产粮10000多石。③

第三,推广植棉、奖励畜牧。抗战时期,需要大量的棉花保证军民的穿衣问题,而晋西北地区由于气候原因,种植棉花很少。为了推广种植棉花,政府于1942年1月颁布《晋西北行政公署奖励特产暂行办法》,其中规定:在征收公粮时,棉花可以代交公粮,向未种棉之地区,如河曲、静乐、保德等县,奖励试种,其所有种棉收入均不计算公粮,试种之家经村公所登记者,如试种失败,其所有损失,由政府补偿其半数,春旱时期奖励人工引水种棉,凡用人工担水种植者,经过村公所登记查明,每担水一天的记工可免去抗战勤务一个。除此之外,还在具体实践中指导农民种植方法。在这样的奖励提倡下,到1945年时,晋西北抗日根据地已有17县种植棉花175552.35亩,产棉1659635斤。各县种棉的亩数、产量都有很大的增

---

① 《政府贷给粮款,兴县农民互助开荒》,《抗战日报》1943年6月6日,第1版。
② 穆欣:《晋绥解放区鸟瞰》,山西人民出版社1984年版,第100页。
③ 晋绥边区财政经济史编写组:《晋绥边区财政经济史资料选编》农业编,山西人民出版社1986年版,第809－801页。

长,仅 1944 年神府县就下种棉田 2250 亩,收获棉花一万五千斤左右。①

在小农经济的条件下,农业生产需要以牲畜作为辅助工具。而在抗日战争时期,边区耕畜遭到掠夺和屠杀而大量减少,对于农业发展极为不利。为此边区政府除禁止宰杀母畜,鼓励贷款买耕畜外,并规定新生牛、驴、骡、马一头,奖金 10 元;从边区外买回牲畜一头,奖金 20 元;专事经营繁殖牲畜为业者,其资本收入,全不负担公粮;春季交配时,并免征抗战勤务。在多种奖励生产措施的推动下,边区牲畜逐渐发展起来。据 1944 年上半年统计,在耕畜方面,仅神池、五寨两县,即买进 224 头,由敌人手里夺回了 106 头,岢岚增加了牛 910 头,驴 190 头,偏关增加了牛 423 头,驴 289 头,以上四县共增耕畜 2142 头。在家畜方面,仅河曲岢岚偏关三县,半年内羊增加 25994 只,占原有数额的 30%,猪增加 12260 头,占原有数额的 101%。②

第四,组织互助变工,改造二流子。抗战爆发后,边区劳动力较战前减少了三分之一,且分布不平衡,为了提高生产效率,发展生产,政府号召组织劳动互助以调剂劳动力。首先是组织"变工",即采取人力合作、畜力合作或者两者相混合等形式进行生产。党中央广泛号召在机关、军队、农村中大力开展变工活动,使妇女、知识分子、老人等都广泛参与,进而促进了生产发展。例如,兴县孟家坪村,在劳模赵贵治的带领下,全村分为二十四个变工组,将其中的二十多个老弱病残组织起来,做一些轻微的力所能及的工作。其余的青壮年主要负责开垦荒地,大搞生产,通过一年的生产,粮食增了产,做到了耕三有余。③

二流子游手好闲,靡费财物,为扩充劳动力资源,1943 年 12 月晋绥边区行署颁布了《关于四三年发展农业生产的指示信》,信中指出:对每个二流子应该在行政上分配干部抓紧教育监督检查,组织其到适当的互助小组中去;典型的二流子可以在大会上批评斗争,或强制生产或派抗战勤务;各区村必须普遍进行改造、严格检查,使其无藏身之地,只能走上生产的道路。经过政府、群众的改造,二流子成为农业生产的重要力量,不仅不再需要政府救济,反而创造了不少财富。更有

---

① 《神府县推广植棉的一些经验》,《抗战日报》1945 年 2 月 7 日,第 2 版。
② 晋绥边区财政经济史编写组:《晋绥边区财政经济史资料选编》农业编,山西人民出版社 1986 年版,第 534 页。
③ 《兴县革命史》编写组:《兴县革命史》,山西人民出版社 1985 年版,第 150 页。

的成了劳动模范。例如,兴县某村的贾怀德不务正业,经常聚众赌博,整天东游西逛。在开展改造二流子运动中,他接受帮助,通过努力种了五垧熟地,产了五石粮食,因其生产积极,还被选为生产劳模。组织变工和改造二流子等措施,使劳动力得到了优化整合,避免了浪费,也有利于开展劳动竞赛,提高了群众的劳动热情。

在党和政府的正确指引下,广大人民群众满怀激情投入到这场生产运动之中。通过大生产运动,晋西北根据地耕地面积扩大了,粮食产量逐年增加,农工商业均有了很大发展。

第三节　大生产运动的效果

开展大生产运动是抗日战争期间中国共产党做出的一项重要决策,其历史功绩和影响都是巨大的。运动的开展触动了长期以来陷入发展停滞的晋西北农村社会,改变了破败落后的农村面貌,给晋西北农村的发展带来生机和活力。

第一,推动了经济发展,改善了人民生活。大生产运动是在面临严重政治经济形势的条件下展开的。大生产运动的开展,使根据地居民依靠自己的力量粉碎了敌人的经济封锁、战胜了日寇的扫荡和自然灾害的侵袭等严重困难,充分利用了农村的各种社会资源,挖掘了边区潜在的生产力,促进了晋西北根据地生产的发展,尤其是粮食产量的增加。根据地党政军民基本上实现了生活必需品的自给或半自给,有力地保障了抗日战争时期的物资供给。这一时期,粮食棉花产量大幅度上升,家畜家禽数量急剧增加。全边区从 1941 年到 1943 年,三年来羊的增加已达到原有数一倍以上,驴骡增加都在三倍以上。据 1944 年统计,全边区由于开荒增加的粮食十一万大石,其中群众开荒增产八万二千余石,兴县 1944 年全县粮食总产量达到二十二万石,比 1941 年的总产量八万石翻了一番还多,超过了抗战以前全县粮食最高产量。甚至连过去十年九不收的河曲、保德两县也做到了全部食粮自给还绰绰有余。① 随着粮食问题的基本解决,农业、纺织业、畜牧业的顺利发展,根据地军民的生活水平大大改善,他们胜利地度过了抗日战争的最困难时

---

① 景占魁:《晋绥革命根据地的农业浅探》,《晋阳学刊》1983 年第 3 期,第 81－82 页。

期。保德县劳动英雄袁谦为群众解决了生产中全部困难,组织群众变工、开荒和创办工矿、作坊、运输及家庭手工业相结合的合作事业,使世代贫困的村子飞跃地富裕起来。1944 年全村增产粮食 634 石,粮食总产量达到 1100 多石,可供全村一年半的宽裕衣食花用。除一户雇农外,全村 23 户贫农全部翻了身。[①] 交城县麻会村经过大生产运动,全村 1/2 以上的群众都翻了身,有 30 多家贫农不再愁自己的吃穿。宁武细腰村群众,在敌人统治期间多半过着衣衫褴褛,赤身露体的生活,用一尺布,一根线都很困难。1944 年春,敌人被赶走后,在民兵英雄邢四娃宣传员下,有 11 个妇女参加了纺织小组,全村男女老少结束了衣衫褴褛的悲惨生活。兴县某村妇女马改风,其丈夫在敌人“扫荡”中,跌成了残废,房子也被烧毁,原先的一架土机也被敌人毁坏,全家六口人,有一垧坡地,为解决她家的生活问题,政府给她一架快机,贸易局给她购买棉花和纱线,她一天织布,赚钱一百多元(农币),赚的钱足够养活全家。与此相对照,国统区大后方农村生活的困窘则更显示了大生产的作用。1940 年后,国统区的粮食供应陷入困境,国民政府拿不出行之有效的解决办法,只是一味地对粮食进行管制。虽然渡过难关,但导致土地大量荒芜,人民的生产积极性受到挫伤,粮食产量下降,农村经济一落千丈,国统区人民生活在饥寒交迫中,惨不忍睹。

　　第二,消除了恶风陋习,解放了人民思想。大生产运动不仅改善了人民的物质生活,而且改变了农村的社会面貌,深刻地影响着人们的思想观念。它涤荡着农村几千年来的旧思想、旧习惯与旧道德,孕育着新的思想、新的观念,使长期封闭的农民逐步走向开放,给长期落后的农村送来了春风,注入了新的生机与活力。近代以来,饱受磨难的晋西北农民根本看不到任何生活的希望,在一次次努力失败后,他们彻底丧失了对生活的希望和勇气。“劳动下贱”、“穷是命里注定”、“干好干坏一个样”等宿命论主宰了他们的思想。在这种情况下,不仅巫婆、鬼神等迷信大肆风行,还衍生出一个特殊的社会群体二流子,抽大烟、赌博等现象屡见不鲜。但在边区的政治动员和生产组织下,边区人民重新燃起了对生活的信心和勇气,懒汉越来越受到人民的鄙夷,勤劳的人则获得广泛尊敬。边区政府大力表扬劳动英雄模范的运动,又给他们树立了一个个榜样,使他们坚定了劳动致富的信

---

①　陈珞:《大公无私领导群众翻身》,《抗战日报》1944 年 10 月 28 日,第 2 版。

心。劳动下贱的思想已经被劳动光荣所取代。

与此同时,大生产运动也改变了人们对女性的态度与观念。抗日战争前,晋西北乡村妇女仍处在封建宗法制度束缚之下。在社会和家庭中,男尊女卑的观念根深蒂固,社会以男性为中心,妇女没有独立的社会地位,甚至不能有自己的名字、不能参加祭祀祖先。在家庭中她们不仅是丈夫的奴隶、生育的工具,还是全家的仆人。抗日战争爆发后,由于劳动力的锐减,边区政府鼓励妇女参加生产,各级组织大力宣传男女平等,实行保护妇女合法权益的各种法律。随着妇女在生产中作用的凸显,人们对女性的态度和观念也逐渐发生了变化。允许妇女外出参与劳动生产,给予一定的自由等。这些都大大解放了人民的思想,改变妇女地位,使社会形成平等、团结的良好社会风尚,促进根据地社会的和谐发展。

第三,重塑了社会结构,促进了社会和谐。在边区政府各种经济、政治手段的有力调控下,边区出现了财富平均化的趋势。地主的人数减少,经济地位削弱。下层农民人数增加,经济实力发展迅速。在大生产运动前,农村中的社会主体是贫雇农,往上依次是中农、富农和地主。开展大生产运动后,下层贫雇农的经济生活有所改善,基本生活得到了保障,数量减少。而中农的数量则猛增,这样,农村阶级结构发生了明显变动。主要表现为农村阶级两极差距缩小,中农阶层明显扩大。这种新型的社会结构是农村健康发展的结果,地主、富农的减少有利于缓解阶级矛盾,有利于社会的稳定与和谐。而对二流子的成功改造,也是社会结构的一个重大变化。二流子在晋西北农村中是一个普遍存在的群体,他们整日游手好闲不务正业,沾染社会不良风气,宣传迷信、赌博吸毒等,成为一大社会问题。大生产运动开展后,边区发起了改造二流子的运动。通过改造,使这一群体由流浪无产者转变成农业劳动力,改变了不良风气,消除了社会的隐患,稳定了社会秩序,促进了社会的安定团结。

第四,合理整合劳动力资源,提高生产效率。抗日战争期间,由于人口锐减,导致农业生产停滞。因此,如何合理开发和利用劳动力就成了边区政府要解决的主要问题。为此,政府组织劳动互助,解决了农民在生产中特别是农忙季节里人力、畜力和农具不足的问题,促进了社会生产力发展,提高了劳动效率。如在开荒方面,提高1-3倍,耕地提高20%-35%(包括人力畜力),送粪提高1-2倍,打柴提高 50% – 100%,修水利提高 33%,运输提高 20% – 50%(包括人力畜力)。①
大量二流子改造后,由潜在的劳动力转化为现实的劳动力,弥补了劳动力的不
足。他们不但不再需要政府的救济,大大减轻了政府的财政负担,而且也成了
物质财富的创造者。此外,安置移难民,帮助其生产,也是充分利用劳动力资源
的方法之一。边区政府制定安置移民难民的办法,调剂食粮,借贷粮款,解决其
土地、种子、工具困难,使其从事生产。1944 年岢岚一县移、难民安置 1200 户,
移民贷款 194190 元,贷粮 161 石 2 斗 4 升。他们在政府的帮助下,积极从事农
业生产,建立起自己的新家庭。通过移民,不仅解决了土地紧张的问题也使这
些移民能更好地发挥自己的力量来发展生产。同时,政府发出号召要求机关部
队、团体积极参与生产,妇女从事与家务相联的辅助性劳动,如制作军鞋、军帽、
军衣,照看部队伤病员,为部队士兵加工面粉等,使她们成为后勤服务的骨干力
量。通过整合这些劳动力资源,使他们充分发挥了自己的能力,极大地发展了
社会生产。

　　第五,群众广泛参与,体现了民主和平等。1937 年爆发的抗日战争给晋西北
人民带来深重的灾难。在这一特殊时期,面对经济政治上的严峻形势,为了争取
抗战的最后胜利,党号召开展大生产运动。在运动中,人民群众齐心协力开展互
助合作,改变了旧的生产关系,吸收广大群众(包括雇农、佃农、贫农、中农、富农及
个别地主、妇女、老人等)参加变工,减少和降低了生产中的剥削关系,改变了社会
阶级结构,发展了社会生产。通过对二流子的改造,将其整合到生产建设中,不仅
消除了坏人坏事,还增加了劳动力。动员妇女、老人、儿童、民兵、机关干部、军队
等参与生产运动,将生产与武装斗争相结合,在生产中教育了广大群众,激发他们
保家卫国的爱国情怀。有助于增进军民团结,建成牢不可破的统一战线,形成吃
苦耐劳、艰苦奋斗的优良品质,这一切都有利于抗战的胜利。

　　总之,晋西北根据地有组织、有计划、有目的的大生产运动,使我党我军在极
为艰苦的环境中克服了经济和财政方面的严重困难,打破和粉碎了日本侵略者和
国民党反动派的经济阻挠与军事封锁,有力地保障了抗日战争时期的物资供给,

---

① 晋绥边区财政经济史编写组:《晋绥边区财政经济史资料选编》农业编,山西人民出版社
1986 年版,第 239 页。

极大地改善了抗日军民的生活。同时,通过共同努力、协作生产也密切了官兵、军民、军政之间的团结与友情,既为抗日战争的最终胜利奠定了坚实的物质基础,也为此炼就和形成了坚不可摧的精神长城。

第七章

晋西北根据地安置移难民的社会效应

抗战爆发后,晋西北根据地党和政府为了解决河曲、保德、偏关等人多地少的
矛盾,采取了合理的移民政策和措施,鼓励当地农民去人少地多的岢岚、兴县等开
荒种地。此外,因战争的影响,敌占区和阎统区的人民,因不堪忍受敌人的迫害和
阎锡山的反动统治,自发地逃往根据地,党和政府对来自敌战区和阎统区的难民
也给予特殊的照顾,解决他们最基本的生产和生活需求,支持他们投入生产。对
移难民及时合理的安置,充分利用了本是剩余的劳动力资源,具有稳定根据地社
会,推进生产发展的重要作用。

第一节 移难民流动情况

战前,晋西北地区的经济形态是封建地主土地所有制下的个体小农业生产,
这种生产方式使人口分布凝固化,严重束缚了人口迁移。然而在统治阶级的横征
暴敛和不可遏制的土地兼并下,河曲、保德、偏关等耕地较少几个县,贫苦农民无
地可种,因为生活所迫,背井离乡,到"口外"谋求生活出路,有去甘肃凉州的,也有
去内蒙古段沙河、王子地、达拉底、中关等地从事挖干草和打短工谋求最基本的生
活条件。至今,晋西北民间流传着"河曲保德州,十年九不收;男人走口外,女人挖
苦菜"的民谣,这既是抗战前晋西北贫苦农民流亡到甘肃、内蒙古河套一带谋生的
真实写照,也反映了抗战前晋西北地区人口流动状况。

抗日战争爆发后,受战争影响走口外谋生的人数减少,由于根据地境内自然
地理和历史条件的限制,加之经济发展的不平衡,因此人口分布很不均衡。河曲、

保德、偏关等县人稠地少,约有三分之一的农业剩余劳动力,而岢岚、兴县等地区是地广人稀,荒地有 300 多万亩,且气候温暖,降雨量多,适合于农业生产,因此,调剂劳动力和人口,便是当时农业经济中的重要工作之一。为此,晋西北根据地抗日民主政府,制定了奖励移民垦荒的政策条例,有计划有组织地移民垦荒,把河曲、保德、偏关等剩余的劳力在政府的动员和扶助下迁移到岢岚、兴县等人稀地广的县区。如 1943 年,保德二区动员无地可耕的贫民一百户,到岢岚开荒四千垧到六千垧,藉以调剂河曲、保德等人多地少,岢岚地多人少的不平衡现象。[1] 1944 年春,保德一区两批移民到岢岚开荒,第一批男女四百八十三人,第二批七十多户。[2] 1945 春,保德县组织大批人、牛上岢岚开荒,共有 382 个青壮年劳动力。从 1943 年 2 月到 1945 年 6 月,据不完全统计,从河曲、保德迁往岢岚的就有 2223 人,170 多户(户数和人数是并列的)。移出地和移往地的县区村,在移民工作上均作了很大的努力,帮助移民解决居住、用具、种子等各种问题,这些移民扩大了根据地的耕地,发展了畜牧业、手工业和商业,整个根据地呈现出生机勃勃的繁荣景象。

除了发展生产动员移民外,晋西北根据地党政军民还发起了"把敌人挤出去"的移民运动。由于日寇对晋西北根据地疯狂的"扫荡",实行所谓烧光、杀光、抢光的"三光"政策,并在占领区实行"强化治安",致使根据地面积和人口大大减少,人口由最初的 150 万减少到 70 万左右。1942 年 10 月 3 日,毛泽东电示林枫,望其检查如此迅速缩小之原因,并指示发动群众,开展游击战争,把敌人挤出去。在此动员下,各地军政民当局,为了粉碎敌人的"强化治安"运动,派遣有力干部联合敌占区工作队,深入敌区,开展群众对敌斗争工作。敌占区民众因不堪忍受日寇压迫剥削,在工作人员动员下,对敌斗争情绪日益高涨,在我军政民工作队动员组织下纷纷向我根据地迁移。[3] 从 1943 年春到 1944 年 8 月,根据地周围宁武、五寨、神池等县区共有 446 个村庄居民,5 万余人携带生活和生产必需的粮食、种子、牲畜等在民兵和军队的护送下移往根据地,敌寇所推行的"强化治安"在我军民密

---

① 《大举移民调剂劳动力》,《抗战日报》1943 年 2 月 19 日,第 4 版。

② 《保德一区两批移民到岢岚去开荒》,《抗战日报》1944 年 5 月 4 日,第 2 版。

③ 《敌占区人民痛苦万分》,《抗战日报》1944 年 10 月 12 日,第 2 版。

切团结一致打击下,终于成为泡影,根据地面积不断扩大、人口不断增加。

以上是晋西北抗日民主政府有组织地在根据地内外进行的人口迁移。另外还有大批民众因不堪忍受阎锡山和日寇抢粮抓丁等暴行,渴慕根据地自由民主的生活,自发地迁入晋西北根据地移民。

在阎锡山统治的晋西南地区流行着这样的顺口溜:"'兵农合一'聚宝盆,聚来聚去没有人,种地的人走了,地荒了,打仗的人少了,跑光了","十亩地里九亩草,留下一亩长黄蒿,老百姓受死吃不饱,就是给阎锡山闹个好。"①这一方面是人民对阎锡山"兵农合一"暴政的讽刺,另一方面也是阎锡山统治区人口外逃的主要原因。据史料记载,阎锡山对晋西南人民在政治上实行严密的控制,不让人民逃跑,凡是 18 到 48 岁者,都办理身份证,如没有就拉去充军,老百姓出门不能超过一天。每个自然村有闾长、副闾长,设闾据点,下面又分小组,妇女由军服指导员管理,每班七人,设班长一人,给军队缝衣服、做军鞋。村公所由指导员、村长、秘书队长、队副特派员、村警五人组成。人民差务繁重,不是给阎锡山打粮,就是送粮修碉堡,48 岁到 65 岁的男子也要支差,每月给军队支差 5 天,做饭和洗衣服。因差务繁重,影响了农业生产,大量土地荒芜。人民承担苛刻沉重的田赋,每一个田赋要出粮八石四斗,另外,闾长要"存仓粮"八斗,优军粮二石五斗、棉花十斤。②

晋西南人民因不堪忍受阎锡山的反动统治,而逃往晋西北抗日根据地的不计其数,有的几乎整个村庄搬走。如"马家塔十八家走了六七家,石楼小松村七十二家走得只剩下七家,土家塔廿六家,走得只剩下五家,还是孤儿寡妇,不能走路的人。"③据不完全统计,仅 1945 年春逃亡到晋西北根据地的交西难民三百多户,离东有三百多户,汾阳也有六十多户。

在敌占领区,日军在所占领地区实行保甲制度,对人民进行严格管制,凡人口、器物、性口等,均须调查登记。以管理和掠夺人民的财产,其中夺取粮食更是敌人最主要的、也是最重要的目的。④ 1941 年伪山西省署颁布通令,在各地专门成立了"贮粮委员会",强迫各村定期交纳粮食,并限制人民食用。规定从本年起

---

①　山西政协文史委员会:《阎锡山统治山西史实》,山西人民出版社 1981 年版,第 102 页。

②　王宝珠:《难民痛诉阎锡山暴政》,《抗战日报》1944 年 10 月 27 日,第 2 版。

③　何为:《吃人的"兵农合一"》,《抗战日报》1943 年 10 月 12 日,第 1 版。

④　《敌区人民生活日益恶化》,《抗战日报》1941 年 10 月 12 日,第 2 版。

各地田赋加征一倍,使敌占区同胞遭受一种无法负担的负担。① 清水河是一个三十八户人家,二百左右人口的村子,年产粮二百石左右,而一年对敌负担就须白洋一千三百五十元。在这样的榨取掠夺之下,一般人民生活日益陷入饥寒交迫的状态之中。敌寇的掠夺,加上灾荒经常发生,人民生活一般都是吃榆树皮粉拌和黑豆面、糠皮做成的硬饼子。春天,群众连下种的种子都没有,只能让土地荒芜。② 由于日寇大量地掠夺和控制人民的日用粮食和财产,统治区经常是物价飞涨,伪钞暴跌,给人民生活带来巨大的灾难。1943 年 3 月在离石敌占区,以三月底与三月十五日相比较,小米涨价四倍,小麦涨价三倍半,高粱涨价达七倍半。好多商号相继倒闭,商人逃走他乡,农民成群结队搬迁到根据地,仅一区某行政村三个月内即有四百余户,一千二百余人迁入。此外,敌寇在各根据地附近,抓捕壮丁,以扩充伪军及苦力,限年龄在十五到四十岁之间的青壮年,一律参加"清乡青年队",并给敌据点附近各村规定具体数目,致使各地青年纷纷逃往根据地,并自动报名参加抗日军队。

许多沦陷区青年学生,因不满在日寇统制之下那种地狱般的生活,也纷纷逃亡晋西北根据地。以汾阳中学为例,全校大权操纵于日本人青木千鹤男之手,对二百余师生稍不合意,就处以打骂罚跪或送敌司令部,并任意侮辱女生,强迫学生做苦工。③ 由于八路军等人民武装对敌斗争的胜利,以及政治攻势的影响,沦陷区的青年学生,主动来根据地上学的也占多数。当时晋西北根据地内的实验学校就有来自伪太原一中、伪太原职工学校、伪雁门道崞县中学、太谷农业学校,以及许多伪新民高小的学生。④

晋西北根据地初创时,由于国民党顽固派和日寇的反动宣传、引诱,也因抗日民主政府在政策的制定和执行中犯有"左"的错误,导致一些地主、富农和中农迁往沦陷区。据不完全统计,二行政区逃亡了 608 户,五行政区 200 余户,八行政区

---

① 《敌战区人民将被搜刮净尽》,《抗战日报》1941 年 3 月 10 日,第 3 版。
② 《忻静宁土地荒芜人民流散》,《抗战日报》1943 年 5 月 15 日,第 2 版。
③ 《大批青年逃来解放区》,《抗战日报》1945 年 4 月 16 日,第 2 版。
④ 《沦陷区青年学生大批来根据地上学》,《抗战日报》1945 年 5 月 3 日,第 1 版。

79 户,临县 53 户,临南 252 户,方山 41 户,岚县 65 户,兴县 7 户。① 但随着抗日战争的发展,中国共产党的各项抗日民族统一战线政策逐渐完善,特别在减租减息斗争中纠正了"左"的倾向,在政治上实行团结开明地主士绅的"三三制"政策,抗战初期逃离根据地的地主士绅等,深感抗日民主政权各种政策之正确实施,完全顾到了各阶层人民之基本利益,是真正为广大人民谋利的政府,又纷纷返回根据地,而抗日民主政府"则将过去没收之财产全部归还,因之,归来之地主士绅,莫不表示竭诚拥护政府"。②

伪军是协助日本军队、维护傀儡政权的一支汉奸军队。但多数伪军是受日军强征,被迫参与的,他们并不是死心塌地为日军服务。抗战进入相持阶段后,因生活恶化,遭受日军的凌辱虐待,以及抗日政府实行正确的优待政策,伪军逃跑反正者与日俱增。如神池县一伪警备队,有时连续几个月不给发军饷,士兵吃莜面时连盐汤都吃不上,甚至有时连饭菜都没有,所穿衣服都是几年一套,破烂不堪。③ 1944 年春,五寨敌寇把抢到的莜麦、小麦等都用汽车运往太原,住在五寨的伪军,每人每月发给黑豆或谷子 45 斤,谷子又不让碾成小米,强迫连糠磨成糠面捏窝头吃,在三四月份一个半月内,逃亡 30 余人。常常因生活较过去更加困苦,导致好多敌据点内的日伪,逃跑得无影无踪。此外,1943 年,日军为打通"大陆交通线"发动了豫湘桂战役,从华北南调大量军队,因敌军南调,晋西北周围各敌伪官兵中引起极度恐慌不安,害怕南调作战,逃亡、反正、投诚事件愈发增多。④

第二节　安置移难民的政策和措施

晋西北抗日民主政府在党的领导下,把移难民的安置作为根据地建设和发展的一项重要政策,对于移难民的生活和生产非常关注。其主要的安置措施,在生

---

① 晋绥边区财政经济史编写组:《晋绥边区财政经济史资料选编》总论编,山西人民出版社 1986 年版,第 329 页。

② 《外出地主士绅纷纷返回根据地》,《抗战日报》1944 年 7 月 16 日,第 3 版。

③ 《伪军生活恶化逃跑反正日多》,《抗战日报》1942 年 9 月 22 日,第 1 版。

④ 《害怕南调作战敌伪军逃亡反正》,《抗战日报》1943 年 5 月 29 日,第 3 版。

活方面:第一,移民在迁移途中的困难由政府帮助适当解决,敌占区难民由政府负责保护,并认真解决其沿途困难,所有移民,政府负责安置到适当的地区。第二,尽量发动借用当地旧窑,或让老乡挪用,房租秋后交付;敌占区难民当年免租,政府代交或帮助变工打窑洞。此外,行署还专门制定了救济敌占区难民的办法:凡由敌占区逃到根据地的难民,到县公安局登记,县政府应予以慰问招待,安置救济;对逃来之难民尽可能地使其转入农业生产,并向指定的移民区域转移;被指定为移民区的县区村各级政府,应帮助难民取得荒地、熟地、租地及住处等。敌占区难民向指定移民区迁移时,如果特别困难路费也无法解决时,沿途路费可由政府帮助,并发放一定粮食。

在生产方面:政府有计划地代租土地,移难民开垦荒地时依照垦荒条例三年不交公粮、五年不变地租。凡难民到移民区生产,三年以内不纳公粮。各级政府无偿提供给移难民粮食与种子,移动时如果家有存粮,政府帮助出售,到达移民区后,再帮助其购买;敌占区难民,政府贷款贷粮,根据地内移民真正困难者可酌情代粮,并发动老户借贷,政府作保证,确保移难民能正常生产。对于生产必需的牲畜和农具,发动本人尽量携带,并采取互助变工,如果真正困难者,政府可贷款购买,春耕贷款尽可能先贷给贫苦移难民。移难民愿出卖劳动力者,政府帮助寻找职业,妇女纺织或作其他副业时,政府酌情发放给贷款。

对移难民的具体安置,始终以政府为主,而且形式多样。据晋绥边区历年救济粮款统计,救济粮:1941 年 91575 石、1942 年 773 石、1943 年 573 石、1944 年 3226 石、1945 年 913 石,共计 97060 石。救济款:1941 年 154298 元、1942 年 24640 元、1943 年 2000000 元、1944 年 12850630 元、1945 年 2952350,共计 17981918 元。[1] 各级政府除粮款救济外,还有贷粮贷款、减免公粮、设难民工厂,收容难民,以工代赈、设立难民委员会等形式。

因移难民的数量较大,单靠行署和地方各级政府难以解决生活和生产中的困难。为此,各级政府发动群众之间互帮互济,动员富有者拿出余粮,低贷或无利借给难民。群众救济之物有移难民生活、生产各种所需。如 1942 年,保德一区城南

---

[1]　《晋绥边区历年救济粮款统计》,山西省档案局,卷宗:A90 - 2 - 184 - 8。救济包括移难民及灾情,粮食以大石为标准。

村群众捐出农币一千多元,棉裤、碱、盐和火柴等,帮助了六十一个移民;后会村村民给移民送枣十五斤,炒面二十斤,小米十斤。1943 年,岢岚一县群众互济粮食多达 1900 石以上,兴县二区杨家坡一村互济粮食 25 石。① 1943 年河曲县三、五区因春荒严重,除行署特发公粮 150 石外,各地政府发起群众互济运动,解决当前贫苦移民耕种的粮食问题,开明地主富农多自动地将粮食借出,帮助移民生产,兴县群众借给移民笸帚、镢头、犁等各种生产用具,并教给移民妇女纺织技术,合作社供给棉花,使其纺花织布,或进行其他副业生产,赚取生活费用。② 以下是 1944 年根据地内兴县、临南、宁武、岢岚等县群众自发安置移难民统计数据。

县　名	移难民户数	移难民人口
兴　县	84	213
临　南	279	1090
宁　武	117	409
岢　岚	1115	4320

数据来源:晋绥边区行署 1944 年安置移难民统计,山西省档案局,卷宗:A90—2—183—4。

随着抗战局势的变化,由敌占区逃往根据地的知识分子与伪军反正的人数不断增多,如:1943 年因敌寇掠夺无法生活,平遥、徐沟等地居民,有 200 余户逃来晋西北根据地,其中有某县平川知识分子 25 人。③ 1943 年 8 月,离石伪警备队,见敌人败局已成,异常动摇,逃跑反正人数不断,张家山敌据点伪军逃跑不断,清水河伪军焦得清率部 20 余人,携枪十余支全部反正,被编入清水河游击队后,多次参加对敌斗争。④ 1945 年忻县展开夏季对敌政治攻势后,各据点伪军伪组织人员纷纷逃跑反正,伪军中队五月份逃跑 11 人,奇村敌密探 2 人反正,总计五月份内逃跑反正者不下 40 余人。⑤ 与普通平民百姓移民相比,敌占区知识分子和伪军数

① 《历年救济工作概述》,山西省档案局,卷宗:A90 - 2 - 183 - 1。
② 《和移民互助生产》,《抗战日报》1943 年 7 月 1 日,第 1 版。
③ 《平川难民知识分子继续逃来根据地》,《抗战日报》1943 年 5 月 29 日,第 2 版。
④ 《伪军生活恶化,逃跑反正日多》,《抗战日报》1943 年 9 月 22 日,第 1 版。
⑤ 金兴:《忻县伪军逃跑反正》,《抗战日报》1945 年 6 月 14 日,第 1 版。

量较少,但他们成为根据地的特殊移民,各级抗日民主政府对于他们的安排办法,一般是利用和发挥其长处,鼓励知识分子参加专署工作或转到后方学习,动员伪军参加抗日军队,编入八路军或当地游击队。

第三节　移难民安置的社会效应

通过政府救济和群众互助,晋西北抗日根据地对移难民的安置,起到了积极的社会效应,调剂了人力与土地资源的不合理配置状况,解决了兵民穿衣吃饭问题,为战胜日寇和推动根据地社会经济发展起了重要作用。

第一,推动了农业生产发展。农村和农业是晋西北根据地政权的经济基础,也是战胜日本帝国主义的根本保障。抗战爆发后,晋西北的农业生产遭受严重的破坏。劳动力减少约三分之一,耕牛、羊等减少百分之六十,驴、马、骡减少百分之八十至九十,猪减少百分之八十多,耕地面积减少为百分之十六,山地粮食产量减少三分之一强,棉花产量减少百分之九十七。针对这种情况,晋西北抗日民主政府颁布各种奖励生产的政策法令,政府发放春耕贷款,农会发动群众互助互济,解决贫苦农民生产和生活的困难,在自愿参加的原则下,组织变工互助等措施。但这些措施不能从根本上解决根据地农业的发展问题。因为当时晋西北的经济仍然是一个相当落后的农业经济,主要的工具是镢头和犁,牲口则是农业劳动的动力和运输力,加之一家一户的生产方式,晋西北根据地的农业劳动生产力很低。农业生产的发展,靠天吃饭,侍人力而为,依靠调动人的生产积极性。为此,抗日民主政府采取了移民政策,奖励移难民发展生产,调整人口和土地资源分配极不合理的结构。这一措施的实行,不仅增加了劳动力数量,合理调整了劳力和土地资源,更为主要的是调动了广大移难民的生产积极性,逐步改变了农业生产的面貌,耕地面积扩大,粮食产量增加。1942 年,据 25 个县的统计:移难民开荒三十万五千亩,到 1944 年,移难民共开荒 149 万余亩,增产细粮(小米)约 16 万大石。就个人收入而言,以保德后会村王保善为例,迁移一年后,买了三十垧地,一头牛,种地比往年增加了三倍,产量也比往年增加三倍。① 移难民劳动力的增加,推动了植棉业迅速发展,棉纺品供给有余。1941 年,棉花种植面积为三万二千亩,1942年,推广到五万六千亩,1943 年,推广到七万一千亩。在政府奖励种棉,提倡纺织的情况下,解决了根据地几百万人民和军队穿衣吃饭问题。

　　第二,形成了互助互济的良好社会风气。安置与帮助移难民,单靠政府力量是有限的。在移难民安置过程中,根据地行署为解决移难民的实际困难,帮助移难民转入生产,尽量勿使有坐食山空的剩余人力,除政府大力救济外,还宣传动员群众开展互助互济运动。在政府宣传动员下,群众的思想觉悟都有所提高,本地人与迁入移难民亲密团结,相处融洽,亲如一家。有的村民听说有难民来到,排队到村边迎接。难民一进村,全村人都帮忙,打扫房屋,糊窗户纸等,有的把盆儿、罐儿、铁锅及其他日用家具送给难民。② 在临县柴家沟、胡家圪垯等村当地群众借给移民谷草、笤帚、镢头、犁等各种用具,而当地群众也向移民学了棉花的种植与纺棉技术。特别是由村干部和农会会员对富户的动员后,好多地主、富农都主动地把余粮借给贫苦农民,在乡亲关系上,逐渐以人情为重,淡薄了过去以获利为主的金钱观。

　　第三,促进社会关系的变动。抗日战争后,晋西北抗日根据地广泛地开展了减租减息运动,抗日民主政府的法令规定:地租按原租额减少25%,利息减为月利一分,并废除一切额外剥削,限制地主非法夺田。从 1941 年春开始,开展了群众性的“清债、退押”。减租减息运动,在经济上削弱了封建剥削,在政治上解除了对农民的统治,鼓舞了农民抗日与生产的积极性。但并没有消灭封建制的土地关系。在晋西北根据地,每户地主平均占有土地的数量仍为贫农的七倍,土地问题远没有得到解决。晋西北抗日政府对移难民在生活和生产方面的安置,鼓励他们开垦荒地,并具体规定:三年不征、五年不变,发给农民土地证,以法律的形式确定农民对土地的所有权。③ 这不仅解决农民的温饱问题,使他们经济上翻了身,更重要的是移难民彻底摆脱了地主和富农阶级的剥削,成为最早独立经营土地的自耕农。可见,中国共产党在根据地移民政策的实行,客观上还起到调整阶级关系

---

① 《保德区两批移民到岢岚去开荒》,《抗战日报》1944 年 5 月 4 日,第 2 版。
② 《安置六百多户难民生产》,《抗战日报》1945 年 4 月 16 日,第 1 版。
③ 《安置难民帮助生产》,《抗战日报》1944 年 3 月 11 日,第 2 版。

的作用,而这种阶级利益关系的调整,不仅没有伤害地主、富农阶级的利益和感情,而受到他们的大力支持和甚至无任何附带条件的帮助,又合理地调配了人力与物力资源,解决了贫农、雇农缺少土地的难题,并起到了积极效应,推动了根据地社会全面和谐健康的发展。

第四,孤立和瓦解了敌人。从 1941 年到 1942 年两年间,日寇对晋西北根据地大小"扫荡"三十余次,历时总计四百余天。敌人在频繁"扫荡"的同时,又实行了残酷的"三光政策"、"蚕食政策"。在此期间,蒋介石暗中与日寇勾结,发动了第二次反共高潮。驻守晋西南的阎锡山,也与日寇勾结,积极进行反共反人民的罪恶活动。在日寇和国民党的夹击下,晋西北根据地的形势日益恶化,接近敌区的地主、富农,有的公开投敌,跑进敌人的据点;有的或明或暗向敌人"维持"。根据地面积日益缩小、人口减少,人民生活日益严峻。根据地的缩小和敌人的破坏,不但使晋西北的军民处于困难的境地,更为重要的是党中央所在地总后方陕甘宁边区也受到了威胁。毛泽东和党中央在调查和总结情况后制定出积极开展游击战争、把"敌人挤出去"的方针,其中一项具体措施就是把敌占区的群众搬迁到根据地内,无人"维持"敌人,使敌据点失去存在的依托,"叫鬼子喝西北风去,看他怎么办"。① 如被日寇强占的忻县蒲阁寨据点,在八路军主力部队和武工队、民兵掩护下,群众套上马车,赶上牲口,一夜之间,敌人炮楼周围几十里以内的群众,全搬迁到根据地,不给日寇留一粒米、一根柴,被围困的敌人,吃不上、喝不上,只能撤离。再如,八分区在我军掩护下,将岔口敌据点附近十五公里内廿余村庄的居民,二百多户人家,全部移居根据地,使岔口附近成无人区,敌伪组织不攻而全部瓦解。因当地居民迁移,敌人找不到老百姓供给奴役,迫令伪军及伪组织人员,每日打柴担水,供给敌军使用,因时常遭到敌军的打骂,伪组织人员极为不满,集体携家眷从敌据点逃出,向我根据地投诚。"因群众的移出,伪军组织人员的逃跑,敌人不得不亲自打柴挑水,敌军情绪非常低落"。② 这种搬迁群众,"挤敌人"的战术,挤掉了日军所占领的据点,摧毁日伪的村政权,建立抗日村政权,根据地人口又恢复到

---

① 山西省社会科学研究所编:《山西革命回忆录》第一辑,山西人民出版社 1983 年版,第 58 页。

② 《交西岔口附近居民二百余户迁内地》,《抗战日报》1943 年 4 月 2 日,第 2 版。

战前的 150 多万。

虽然晋西北抗日根据地对移难民采取积极的安置措施,但总因流动人口繁杂和战时各地形势多变,移难民问题也给根据地社会造成了许多消极的影响。

其一,土地分配混乱。移民和难民中有的原籍无地或少地,有的已经分过土地,但因多数是自发的流动,没有任何身份证明,当时有不少移难民在原所居住村庄已按户口分到应有的土地,这部分移难民经政府安置后有的又分得一分土地。虽然,分配土地的措施是:长住者给分地,暂住者给调剂土地。好多移难民抱着一种观望的态度,不一定长期移居:一部分是春天逃出来暂时度荒,秋后回去;一部分是出来看一看,如果安置的土地好,就全家迁来,反之就暂时渡荒。因移难民身份不明确,所居住时间长短难以掌握和控制,故重复分配土地现象也很普遍存在,导致了土地分配混乱。①

其二,人口流窜现象严重。移民和难民在迁移过程中随意流动性较大,流窜现象严重。如 1945 年春,兴县给岢岚介绍了 36 户,但岢岚仅安置了 10 户。临县给静乐介绍了 12 户,一户也未去静乐。尤其是好多由外省移来的难民大多随身携带路条,开的是"逃荒"、"雇工"、"受苦"、"讨吃"、"找农会"等,地点只写山西一带,没有明确的去向,除带家口拖累不动的,愿意随处安置外,多数带着家眷到处以讨吃为生。另外,有部分工匠,如弹棉花匠、石匠等多数为精壮男人,这些人不带家口,孩子都留在家里,只带路条,上面写着"逃荒"、"受苦"等,有活干就揽工做,没活做时沿村流窜,沿路要吃,他们有的在原籍分到土地,有的属于新解放区还没有分到土地。②

不过,在当时战争状态下,这些消极因素在所难免。值得我们反思的是,抗战时期人民积极参与根据地生产建设和抗日民主政府解决人民所面临的各种困难,大力支持扶助移难民生产,形成了人民政府想着人民,人民也想着政府这种自上而下和自下而上的关怀与体谅的互动局面,使整个抗日根据地党和人民凝聚成一种无穷的力量,战胜了来自日寇的疯狂侵略和历史上罕见的自然灾害,构建了和谐、发展的革命根据地。

---

① 《几起难民情形》,山西省档案局,卷宗:A90 - 2 - 183 - 3。
② 《难民移民安置情况总结》,山西省档案局,卷宗:A90 - 2 - 191 - 1。

第八章

晋西北根据地对二流子的改造

晋西北抗日根据地初创时,农业、副业方面劳动力严重不足,而社会上不事生产、不务正业的二流子却普遍存在,为数甚多,他们消耗着革命根据地已经短缺的物质资源,游离于主流群体之外,扰乱社会秩序,破坏社会风气,于个人、家庭、社会危害极大。为改造二流子,使其从事生产劳动,抗日民主政府从二流子产生的社会根源着手,主要采取感化教育、解决其生产生活困难等办法,鼓励他们积极参加劳动,发动群众帮助其走上发家致富道路。到抗战结束时,根据地内二流子基本消灭,绝大多数转入生产,过上自食其力的生活。二流子的转变,促进了经济发展,整个社会风气也得以好转。

第一节 二流子的成因及其危害

抗战初期,晋西北根据地的许多村落中有这样一个特殊群体,他们处于社会底层,游离于社会边缘,游手好闲、不务正业,当地民众通俗地称这些人为二流子。通过相关文献考察,二流子可细分为"二大流子"和"半二流子"。所谓"二大流子",是指那些不从事生产劳动,只靠不正当收入过活的人。如流氓、刮野鬼的、娼妓、小偷、赌博鬼、卖烟泡的等等。"半二流子"是指那些好吃懒做的臭民和贫民,他们生活来源虽不固定,但多半是靠正当收入谋生。① 晋西北地区贫穷落后,村

---

① 晋绥边区财政经济史编写组:《晋绥边区财政经济史资料选编》农业编,山西人民出版社1986年版,第339页。

落稀疏,人口较少,但几乎每个村庄都有二流子,少则几个,多则几十个。如方山县马坊村吃料面大烟者有 40 余人,全村游手好闲的二流子有 90 余人,占村民总数的 10%。① 岢岚县某村共有 61 户人家,就有 17 户二流子和"半二流子",有的赌博、吸毒,有的跳神拜佛。② 兴县罗峪口村有 32 个二流子、魏家滩村有 14 个二流子。③

据 1943 年晋西北行署对部分县区二流子数统计:神府 250 个、岚县 312 个、兴县二区 281 个、河曲 602 个、保德 522 个、偏关 862 个、神池 235 个、三分区 812 个、八分区三个县 521 个,总计 4397 个。另据 1944 年晋绥边区对兴县、保德、偏关、神池、宁武、静乐等 24 个县的不完全统计,共有二流子 10013 人。④

二流子的形成,有其深刻而复杂的历史原因。首先,封建剥削繁重,自然灾害频发,是二流子产生的根源。抗战前山西统治阶级代表阎锡山,为扩充势力,通过增加军费、田赋、差役,滥发纸币公债等形式,对农民进行无情掠夺。据《兴县革命史》记载,民国年间兴县人民除承担繁重的军费、田赋、差役外,还要缴纳牲畜税、牲畜庸、作坊税、烝酒税、粮食税、屠宰税、唱戏税、婚姻税、煤炭税、木料税、果木税、香税、锡税、烟斗税等十四种地方税。除政府层层剥夺外,农村地主阶级同军阀、官府勾结,采取高租重利对农民实行残酷剥削,农民逐渐丧失土地,日趋贫困,农村土地日趋集中。据晋西北兴县、临县等 9 个县 20 个村资料记载,地主富农占总户数的 14.12%,占总人口的 21.28%,却占有土地达 60.83%,而占人口49.37% 的贫雇农仅占有土地 10.99%。当时群众中流传着"租的房、租的地,头顶人家天,脚踏人家地,没吃没喝难出息,还要五五加上利"的民谣。⑤

历史上,晋西北地区也是自然灾害较为严重的地区,河曲、保德等一带流传着"河曲保德州,十年九不收,男人走口外,女人挖苦菜"的民谣。在繁重的封建剥削下苟且偷生的穷苦百姓,一旦遇有自然灾害,多数家庭无法从事生产,致使衣食无

① 林瑞恩:《方山新解放区积极改造二流子》,《抗战日报》1945 年 5 月 7 日,第 2 版。
② 和波:《魏在有改造二流子》,《抗战日报》1945 年 4 月 20 日,第 4 版。
③ 《兴县革命史》编写组:《兴县革命史》,山西人民出版社 1985 年版,第 153 页。
④ 晋绥边区财政经济史编写组:《晋绥边区财政经济史资料选编》总论编,山西人民出版社 1986 年版,第 542 页。
⑤ 山西省妇女联合会编:《晋绥妇女战斗历程》,中共党史出版社 1992 年版,第 25 页。

计,只是吃喝一天混一天,渐渐养成流氓习气,男子落魄为烟鬼、赌徒、小偷等;妇女却因生活所迫而沦为娼妓。二流子王玉宁,是兴县六区马乐村人,小时候家庭贫困,无地耕种,无奈之下,全家八口人流落到本县杨坪村,以租种土地为生。他年轻时劳动力很强,每年除交出十五石重租外,自家还够吃穿。几年辛勤劳动,家庭有了结余,又购买了几亩水地,刨闹的够个中农。在"民国"十九年起了大传染病,全家死的只留下他和他的儿子两人,那时他儿子才七岁,他很悲观,将生产缩小了。不幸的是,出卖土地和粮食所得的大洋,又被旧军抢光,他气愤不过,觉得再多刨闹下也不顶事,活一天算一天吧,同时在旧政权腐化堕落风气下,他也就腐化了,抽上大烟,一直吃了十二年,变成　个大家讨厌的二流子。①

其次,文化落后,不良习俗盛行,是"二流子"产生的主要原因。晋西北地区文化教育一直比较落后,民众十有八九是目不识丁的文盲,农民素质很低,迷信、赌博等不良习俗由来已久,非常盛行。由于文化落后,封建迷信意识异常浓厚,民众"因求生育、祛病、逢凶化吉、打赢官司等都要求神拜佛,至于占卜、算命、看风水等迷信活动更是流行。"②因此,社会上有不少说神道鬼、欺骗群众,不事生产的"师婆"、"神汉"。晋西北地区坡地、山地较多,气候冬春较长,夏秋较短,农闲时间很长,农民由于文化教育低劣而缺乏正当的娱乐方式,于是产生了许多陋习流弊。如在冬闲季节,农村赌博之风盛行,赌博中有的人上当受骗,输得债台高筑,倾家荡产,卖儿卖女,进而偷盗、抢劫,图财害命。③

再次,抗战后日寇残害,烟毒泛滥,是"二流子"产生的重要因素。抗战前烟毒、鸦片之风在晋西北有所蔓延,但吸食者以富家子弟为主。1937年日军占领山西后,"为了瓦解人民斗志,摧残人民身体,掠夺人民钱财,除准许公开贩卖、吸食鸦片外,还强迫沦陷区人民大量种植鸦片。"④晋西北地区的离石、方山、静乐、宁武、神池、五寨、岚县等部分地区被伪山西省公署划定为种植鸦片的专属区。如方山县农民在日伪强迫下,全县有4000余亩水地改种鸦片,占全县水地面积的80%

---

① 张志成:《二流子转变的模范王玉宁》,《抗战日报》1944年9月30日,第2版。
② 忻州市地方志编纂委员会:《忻县志》,中国科学技术出版社1993年版,第571页。
③ 五寨县志编纂办公室:《五寨县志》,人民日报出版社1992年版,第388页。
④ 《文史精华》编辑部:《近代中国烟毒写真》上卷,河北人民出版社1998年版,第175页。

以上,致使该县万余人染上吸食鸦片的恶习,约占种烟区成年人70%以上。① 敌人占领方山后,用各种办法制造着二流子,卖料面大烟,开赌馆,设妓院,把中国同胞害的不成样子。方山县马坊一个村吃料面大烟者四十余人,全村游手好闲的二大流有九十余人,占村民百分之十,张文德一家十六口人,就有两个男的,五个女的不务正业。村里有一个出名的女二流子,常跑到日军碉堡里抽料面,二流子李元英卖了自己的女子要抽料面。② 宁武县宁化堡村,抗战前全村有360户人家,战后在日寇的残害下仅剩80户,日寇还用料面、鸦片毒害群众,男女老少大半吸食鸦片,村中偷盗抢劫因之盛行。③

晋西北根据地建立于抗战相持阶段,比其他根据地建立相对较晚,在各种建设没有开展时,就遭受到日寇军事、政治、经济、文化的总力进攻。1940年当中,就有夏秋冬三次大"扫荡",加以惨无人道的"三光政策",都使晋西北人民与新政权遭遇到严重困难。而社会上那些不务正业、游手好闲的二流子,败坏社会风尚,扰乱社会秩序,影响人民生产情绪。更有一些二流子为生存所需,从事盗窃扒骗,杀人抢劫,甚至沦为汉奸,破坏抗战,加剧了本已严重的社会问题。

二流子的存在,阻滞着根据地经济的恢复和发展。受战争影响,晋西北经济遭到史无前例的破坏。1940年与战前相比,耕地面积仅相当于战前的84%,山地产量降低1/3以上,棉花总产量只有战前的3%,骡马牛羊等牲畜损失过半,民间纺织业全部停顿。④ 经济上遭到日寇严重破坏的同时,是农村劳动力锐减。如兴县高家村,从1937年抗战爆发到1942年,18-23岁的男子,由33人减到23人,减少10人;24-45岁的男子,由65人减至49人,减少16人;46-55岁的男子,由32人减至18人,减少14人。三项合计减少40人,约占本村青壮年及尚未衰老男子的30.76%。⑤ 当时根据地的中心任务是动员一切人力、物力、财力,尽快恢复农业生产,而约占人口总数1.50%、占劳动力总数3.44%的二流子,消耗着根据地极为短缺的粮食资源,也无疑使投入正常经济活动的劳动力减少,是被埋没的劳动

---

① 张玮:《日军在山西的毒化侵略》,光明网:http//www. gmw. cn/2007-12-15。
② 林瑞恩:《方山新解放区积极改造二流子》,《抗战日报》1945年5月7日,第1版。
③ 《人间地狱宁化堡》,《抗战日报》1945年6月10日,第2版。
④ 穆欣:《晋绥解放区鸟瞰》,山西人民出版社1984年版,第67页。
⑤ 《晋西北行署兴县高家村调查材料》,山西省档案局,卷宗:A142-34-3。

力资源。二流子从事迷信、赌博、吸毒等活动吸收、耗费了大量资金,这又使社会生产建设基金的积累受到影响,正常经济活动投资的增加受到限制。

第二节　改造二流子的措施

晋西北敌后抗日根据地有计划地进行建设是从 1940 年开始的。在 1940 春耕运动中,就已经提出:"懒汉懒婆姨最可耻"的口号,开始动员地痞流氓参加生产。特别是每当春耕农忙时期,政府都要发布动员和改造二流子的相关文件,如 1940 年 2 月 25 日,山西省第二游击区行署颁布《民国二十九年春耕办法》,其中第四项规定:春耕委员会,应调查及计划,组织广大之劳动力参加春耕,要求对游民实施强迫劳动。1941 年 3 月 24 日颁布的《第二游击区行署春耕条例》中规定:组织青年妇女、小手工业者及一切无职业之人民参加耕种,对无业游民实行强迫劳动。1942 年中共晋西区党委在《关于一九四二年春耕工作的指示》中指出:"抗战时期由于部队的补充,敌寇的屠杀抓丁,劳动力的减少是不可避免的事。但绝不能因劳动力减少,使我广大的可耕地荒芜起来。这就需要激发广大人民的劳动热忱,把过去不从事或不多从事农业生产的妇女、儿童、老年、游民都动员起来,使每个人民了解增加一升粮食,就是增加一份抗战力量。生产战线上的劳动英雄与前线的抗日同样光荣。"[①]因二流子的主体是农民,是党和人民军队依靠的重要力量,因此在改造过程中干部和群众主要采用了感化说服、解决困难和组织参加劳动的方法。归纳起来主要有以下几种。

第一,用说服教育和强制的方法

说服教育是根据地改造"二流子"的一种最基本的方法,多数情况以开大会的形式进行说服教育。如兴县黑峪口镇农会和村干部把全镇 58 个二流子集合起来,根据不同情况分组进行教育,经教育后多数"二流子"主动交出烟具,决心参加

---

① 晋绥边区财政经济史编写组:《晋绥边区财政经济史资料选编》农业编,山西人民出版社 1986 年版,第 148 页。

生产。① 临县二区一个自然村,经过村长的耐心教育,全村 12 个二流子中 9 个彻底转变,有的打短工,有的揽长工,有的买牛种地。② 方山县某村张文德全家 16 口人,就有两个男的,五个女的不务正业,二流子李元英卖了自己的子女要抽料面。方山解放后,民主政府为使这些被敌人糟蹋而堕落的人改邪归正,用感化说服的办法,使他们转向生产,张文德主动开荒种地,几个女二流子开始纺织,许多村民惊奇地说:"真怪,过去连自己衣服都要人缝的人,现在也纺起线来了,八路军改造二流子的方法真是太好了。"③

说服教育的一种主要形式是开大会。如神府直属乡于 1944 年 3 月召开了六百余人的生产动员大会,会议的主题是订出一半以上农户计划,实行变工互助,把种棉纺织搞好,做到没有一个二流子。在这次大会上二流子的转变比赛是最为生动的一幕。二流子温亮功坦白地说:"我实在对不起共产党,给我分下土地,恋爱了老婆,生下了娃娃,自己是吃大烟当二流子,我今天在毛县长号召下决心改过,参加生产,五十天内戒绝大烟,种棉一垧,山地三垧,和老婆纺纱十斤,希望直属乡二流子都改过,如我做不到愿给抗属锄地十天。"④温亮功的发言,激励了二流子刘买拾,他提出二十天内戒掉大烟,并找人保证,做不到时给抗属锄地二十天。温亮功、刘买拾的发言,激动了所有到会的二流子,他们争相表态,决心参加生产,在群众的欢呼声中,所有二流子被邀请到主席台上,当场都订出自己改过自新的计划。

在这次生产动员大会上,大部分二流子思想转变比较彻底,提出定计划,开展劳动比赛的要求。甚至一些向来不参加劳动的女二流子,如孟家沟、贺家川、温家川等村的女二流子,主动找抗联的女干部帮助她们订出纺织计划。二流子贺广生沉痛地说:"抽大烟是灰皮了的人,走到死路去了,我现在决心转变,努力生产,并和贾长有竞赛,看谁改正的快,"⑤二流子贾长有忙着应战,当场表态决心改过自新。与会群众对这场二流子自动参加生产和提出竞赛的热烈场景,感到无限的兴

---

① 《黑峪口 58 个二流子决心参加生产》,《抗战日报》1944 年 3 月 28 日,第 2 版。
② 《二流子大部分转变》,《抗战日报》1944 年 5 月 6 日,第 1 版。
③ 《方山新解放区积极改造二流子》,《抗战日报》1945 年 5 月 7 日,第 1 版。
④ 《二流子纷纷参加生产》,《抗战日报》1944 年 3 月 21 日,第 2 版。
⑤ 《神府直属乡二流子纷纷参加生产》,《抗战日报》1944 年 3 月 21 日,第 2 版。

奋,主动提出发起友爱互助,温守楠志愿无利息出借一千元本币帮助二流子做生产基金,薛立荣愿将余下的牛工无代价帮助一个二流子耕地,使他翻身。县上党政军为表示对二流子转变的欢迎和帮助,也将节省下的二石五斗食量帮助解决二流子生产的困难。

严格地说二流子并不是一个社会群体,有游手好闲、不务正业的共性,但各自不良行为和思想腐化的程度差异性很大,有的五毒俱全,有的仅是好吃懒做。因此,在改造二流子的过程中,大部分二流子是在教育说服下深受感动,改掉恶习,投入劳动生产。如临县二区一个自然村,经段村长耐心的教育,全村 10 个二流子九个已经转变,有的开始打短工,有的揽了长工,还有的买了耕牛准备种地。最有名的二流子李牛牛,在动员后,他一连给人送了 20 天粪,每天赚半升米,后来政府又贷给他两斗小米,他参加了段村长的变工小组,积极生产起来。

但是也有些比较顽固的二流子不大容易说服,干部和群众就用强制的办法,比如临县上西坡村的二流子薛全旺,一向调皮捣蛋,村中开始改造二流子时,他只计划种一垧地,态度非常消极,对干部和群众的教育,带有很强的抵制情绪。大家就想了一个办法,开会时宣布二流子不主动积极生产,就要给带牌子,这一下把薛全旺吓慌了,第二天他找到工会干事说:"我错了,人家一定给我带牌子,这真丢尽人了,我没干的、没吃的,该怎么办呢?"①村干部看到他有心改变,就让他参加了变工组,组里给他解决了六垧地,贷给他两斗种子,又商量了两个月的短工。又如离石某村二流子李通保,村干部和群众劝他转变时,他摇头不听,偷跑到陕甘宁边区,可是那里也在改造二流子,不让他闲住,就又把它"挤"回来,回来后没吃的,还是不想劳动,饿得也不像样,行政村民兵指导员,便抓住机会劝了他两三次,又帮他解决了荒地九亩,粮食二斗,他深深受到了感动,发誓要变成个好人。

第二,发动群众友爱互助,推动二流子参加劳动

二流子多数是贫困潦倒的农民,其本质是善良勤勉、吃苦耐劳,但他们常年日久形成的懒惰恶习,单凭村委开会教育,或采取行政强硬措施,一时难以彻底消除,要使他们真正改过自新,参加劳动,还得群众监督,并给予生活和生产的帮助。兴县温家寨有个"二流子"叫温初儿,常年不参加劳动,全家四口一年到头,勒紧裤

---

①　《二流子大部转入生产》,《抗战日报》1944 年 5 月 6 日,第 2 版。

带过日子。村劳动模范温向拴给他借了二斗高粱、一斗五升小米,还送他四百斤山药蛋,帮助他家解决了吃粮问题,并从多方面关心,促使他下决心参加劳动。1944 年温初儿起早贪黑,开垦荒地十二垧,打了三石六斗粮食,收了十几口袋山药蛋,他的妻子织了三匹土布,全家人生活有了保障。保德某村二流子张有才,在"村民亲友劝说帮助下,彻底转变,自己耕种十五垧地,打下十七石粮,三十口袋山药,有吃有穿,并当选为全区劳动英雄。"①神府乡 18 个二流子思想转变了,但生活没有保障,生产工具短缺,甚至没有春天播种的种子。村民温守楠听说后,主动借给他们种子,村民薛立荣用自己的牛犋给二流子耕种。②

　　兴县三区曹家坡行政村,共有 37 个二流子,经群众的教育并帮助解决他们的困难后,都愿意积极参加生产,并订出自己的生产计划。1944 年 37 个二流子种地四百七十八垧,其中种棉花二十五垧,还开荒地二十垧,植树一百五十苗,除四个人外都参加了变工组。二流子康老商,以前不愿动弹,每天饿着肚子等他婆姨讨吃要饭来养活自己,他还嫌饭食不好吃,打骂他婆姨。经干部和群众再三教育劝说,并帮他找下十垧地,村民康富多、康发颜也愿意主动与他变工。他婆姨也订出了生产计划,给合作社纺线,全家做到衣食自给,不再乞讨。对于个别贫困、散漫、长期被边缘化的二流子来说,回归群体,与群众共同劳动,平等相处,更胜于理性的劝化和物质上帮助。二流子温佩章改造前,总是受人歧视,与人交往常被排斥,参加变工队后,对大家说:"我要变工到底,鸡叫就起来,不用别人叫,还要叫别人,我做不到愿服一个月的抗战勤务,现在政府对咱这样好,不想翻身,再没有机会了。"③

　　第三,政府贷款,调剂土地,扶助二流子从事生产

　　晋西北根据地在财政问题上,与其他抗日根据地具有同样的特点,就是财政收入依靠着经济上比较落后贫困的广大乡村,支持军费和政府机构的需要,同时也有它独具的特点:根据地建立时间比较迟,在抗战进入相持阶段之后建立,而抗战在相持阶段中主要的困难是表现在财政问题上,同时敌人已经回师扫荡华北。

---

①　《改造二流子参加生产》,《抗战日报》1945 年 1 月 2 日,第 1 版。
②　《神府直属乡二流子纷纷参加生产》,《抗战日报》1944 年 3 月 21 日,第 2 版。
③　《全部二大流订出生产计划》,《抗战日报》1944 年 3 月 21 日,第 2 版。

1940 年抗日民主政权刚建立时,就遭受了春、夏、秋、冬四次"扫荡",给根据地的经济以很大破坏。尽管财政收入非常困难,但抗日民主政府本着一面向人民要,一面不忘培养民力的宗旨,即使是弱势群体的二流子也给予了极大的帮助。如 1943 年晋绥边区行署在关于发放农贷指示中特别指出:"对于积极参加生产、真正转变了的二流子,在农贷中应给予照顾。"①同年晋西北农行在兴县黑峪口等四个村发放贷款,贷款户共有 79 家,其中二流子有 9 家,所贷款项主要是用于生产事业。兴县口家滩是一个二流子较多的村,赌博、抽大烟的共有 32 个,1943 年春在县政府借给食粮、农具、资金,调剂土地等扶住下,都愿积极参加生产,经过他们自己一年努力生产,不仅粮食有余,还打下了自耕的基础。在一次改造座谈会上,一个二流子感慨地说:"旧政府给我们的就是坐牢子、侮辱、痛打,但在共产党八路军领导下,政府照管我们,给我们解决困难,真是我们的重生父母。"②1944 年兴县在春耕运动中,发起了动员一切力量参加生产的号召,在改造二流子上,仅两个区共改造 1111 个二流子,政府帮二流子代租土地 988 垧,借口粮 264 石,借农具 63 件。③

第四,组织变工组、扎工队,改造二流子

1943 年晋西北根据地响应党中央"组织起来"的号召,创造性地把组织变工和改造二流子结合起来,发动群众组织以劳动积极分子为中心,二流子和贫苦农民为绝大多数的变工组,来改造二流子。兴县魏家滩村把 14 个二流子分别安插在变工组中,并给他们制定了劳动计划,要求每人开荒两垧,种水地一垧,种旱地棉花两垧。为了带领这些人走正路,魏家滩党支部专门抽出一个干部劳模和他们一起劳动,一面给他们做榜样,鼓励他们下决心劳动,一面帮他们记工、评比,表扬劳动好的,批评劳动差的。通过耐心的思想教育,这些二流子的劳动积极性渐渐增高,劳动成绩突出,在冬季劳模评比时 14 个二流子有 8 人当了劳动模范,其中 2 人出席了全县劳模会。

---

① 晋绥边区财政经济史编写组:《晋绥边区财政经济史资料选编》金融贸易编,山西人民出版社 1986 年版,第 225 页。
② 贺志华:《一个村中二流子在转变》,《抗战日报》1944 年 4 月 29 日,第 2 版。
③ 晋绥边区财政经济史编写组:《晋绥边区财政经济史资料选编》农业编,山西人民出版社 1986 年版,第 226 页。

兴县温家寨村劳动模范温向拴,1944 年组织起耕地变工组、锄草变工组。9 个耕地变工组中 5 个小组带有改造二流子的性质。五个耕地变工小组的成员构成如下:

一组:四人,贫农三人,游民一人,共耕种一百〇六垧。有牛一头,为其中三家共同贷款所买,牛由一家独喂,其他三家出牛工。

五组:二人,地主一人,游民一人——伴种地主的耕地,春耕后给地主做伴工。有牛一头,是人工变牛工性质。

八组:二人,中农一人,游民一人——给中农打短工。有牛一头,共种地五十九垧,除变工外,余工三天顶一小斗粗粮。

九组:七人,中农六人、游民一人。六个中农中四人是亲兄弟,二人是其儿子,游民伴种其中一家的耕地。有牛二头,共种地一百一十八垧。

六个锄草变工组中,有四个具有改造二流子的性质,四个除草小组的情形如下:

一组:九人,中农五人,贫农二人,游民二人。五个中农都是叔侄兄弟关系,一个贫农给其中一家中农打月工,两个游民是由两个中农帮助改造过来的。他们之间团结得好,劳动比较积极,都能起早落黑,给谁锄地,谁就负责组织劳动。

二组:五人,中农四人——都是直系亲属,游民一人。共同锄地,吃饭时不分彼此。

四组:九人,中农二人,贫农四人,游民一人,地主一人,童工一人。其中二人是自然村干部,二人是堂兄弟关系。

六组:三人,中农二人——父子关系。游民一人,与中农是本家弟兄。

温家寨劳动互助组改造二流子、监督与帮助二流子生产的还有温国芝、温永森、郭某海等组织的变工组,他们分别改造了温某金,温某提,温寻吃等二流子。

据统计,在 1944 年的春耕运动中,兴县二、三、六三个区共改造了 546 个二流子,其中参加变工的 239 人,占二流子总数的 43%。全县 1681 个二流子,经变工组改造好的占 60%。

除变工组外,还利用扎工队的形式。主要是对那些耕地少、难改造的二流子,实行集体劳动、集体变工、集体改造。如朔县某村对特别难改的二流子,由农会贷给农币和生产工具,组织过集体生活,组成扎工队,帮助接近敌人村庄的群众春播抢收。① 兴县市原有二流子 68 人,经政府和抗联合力改造了 50 人。还有最难改造的 18 人,他们不会种地,做生意又怕亏了本,于是抗联向他们提议组织运输扎工队,给商人送炭,做泥工等。大家都同意,这样就组织起来了,选出正副队长,并找到两间窑洞,实行集体生活、生产、戒除烟毒。起初他们主要到炭窑背炭,来回 20 里,每人背 50 斤,一天背两次,赚的钱足以够吃。后来市民看他们还能吃苦,就雇他们背砖、背石头、担水、担土、帮助修房子等,他们就开始做包工或打短工,平均每人每天,除解决了自己的吃喝问题外,还可净赚二升半小米,他们赚下的钱和小米,按劳动分红,除了 5 人因劳动力太差或临时参加不顶股外,其余 13 人按劳动力强弱,技术高低五厘到一股分别计算,共合九股,分红确定三个月一次。他们对这种有组织的劳动生活很满意,多数能觉悟到抽大烟的危害,并下决心戒掉烟毒。②

第三节　改造二流子的效果

经过各级政府和广大群众的多年努力,到抗战结束时,晋西北根据地中心区的二流子基本上彻底改造,农业劳动力人数大增,社会风气好转,对根据地经济建设和社会发展产生了积极影响。

第一,为根据地生产建设提供了劳动力支持,促进了经济增长

据 1944 年晋绥边区行署不完全统计,在根据地河曲、保德、岢岚、神池等地共有二流子 4053 人,改造 3262 人,有 80% 的二流子得到改造。神府、岚县等 7 个县区的 6803 个二流子,70% 以上已得到改造。③ 到 1945 年春,根据地中心区二流子彻底改造,这意味着将近有 8000 多以前不务正业的懒汉、烟鬼、神汉、神婆等改邪归正,从事各种生产劳动。这些被改造的二流子,不仅自己衣食有了保障,生活得到改善,而且对扩展耕地面积,增加农业产量起到了积极作用。如兴县二流子高

---

① 石磊:《朔县某村改造二流子》,《抗战日报》1944 年 9 月 30 日,第 1 版。
② 《用组织运输扎工队办法改造二流子》,《抗战日报》1944 年 9 月 30 日,第 3 版。
③ 《晋绥边区生产会议材料之九——关于改造二流子》,山西省档案局,卷宗:D8—77。

宝同原是一个搞迷信活动的"神汉",被改造后,种三十垧地,当年收获十四石粮食,被群众推选为晋绥边区劳动模范,1945 年他买耕牛一头,扩大耕地四十八垧,全年产粮三十石。兴县募强村被改造好的 19 个二流子,种熟地一百九十八亩,开荒地六十七垧,种棉花二十一亩。尚礼村二流子李发尚、李贡止,两人种地四十二垧,还给人打短工。① 神府三区共有 71 个二流子,1944 年春耕中改正过来的有 60 个,新庄李登招转变最好,在政府帮助下,买了一头牛,开了六垧荒,共种地二十五垧,他热心参加变工队,还担任了小组长,被区政府评为二流子转变的模范。神府六区卫院沟村五十多岁的老巫神,改邪归正后,开了十二亩荒地。由于他的影响,附近十多个二流子都转入了生产。

第二,破除了迷信思想,改变了不良风气,稳定了社会秩序

二流子的种种不良习气,扰乱社会秩序,破坏社会风气,于个人、家庭、社会危害极大,其实质是一种社会问题。晋西北根据地党和政府经多年努力,帮助二流子解决生活和生产中困难,鼓励开荒种地,参加生产,二流子生活状况得到改善,也改掉了种种不良习气,社会上赌博、偷窃、好吃懒做、拨弄是非、宣传迷信等不良行为大为减少。

保德范家沟村原有 48 家神婆,每家都供奉"大贤"、"二贤"等神,每逢初一、十五、初二、十六,就要烧香、焚表、供奉鸡蛋、麻花等,每年还过公会一次,总计要浪费四万八千多元。神婆们时常跳神念咒,耽误许多事情,有的贪财谋利,到处害人,几家"老神婆"常借看运气降神鬼来欺骗别人,看见谁家有了钱,就说谁家有灾难,需要"立神"。樊四羊的老婆病了,请了一个神婆来看病,花了八千多元还没有看好,把一家人弄得没吃没穿,不能生活。一些受骗的妇女认识到神婆是害人的,于是全村妇女召开大会,有的妇女提出给神婆们发纺车,让她们纺线,再不要骗别人的钱财,并让她们交出"神位"、布围等物。当场 38 个小神婆和几个大神婆被迫交出神具,一个最老的神婆被大家质问的无言答对,最后也不得不屈服。这些神具被妇女们烧毁打碎。在会场上,妇女们热烈地喊着口号:"打倒大贤,多纺线"、"神婆欺骗人,妇女们不要听"、"有病赶快请医生,不要吃神婆的香面子"。范家

---

① 《兴县、神府各地大部分二流子彻底转变》,《抗战日报》1944 年 7 月 29 日,第 3 版。

沟村多少年来的迷信思想被彻底打破。①

在群众反对迷信,发展生产的影响下,一些多年从教的和尚,也还俗生产。如河曲县夏营村吕祖庙的横真和尚,因从迷信中觉悟过来,决心回家参加生产。这座吕祖庙多年来使当地群众不知送了多少冤枉命,不知花了多少冤枉钱。横真和尚就是被牺牲的一个:他八岁上因为"避病"在这个庙上当了和尚,30 年来受尽了老和尚的欺压,虽然久想"还俗",但因迷信神灵又不敢。农会主任反复向他解释破除迷信,加上群众生产热潮对他的刺激,使他决心离庙还俗,回家重整家业,过好日子。

兴县三区罗汉寺有五个坐吃山空的懒和尚,在政府号召和干部教育下,幡然觉悟,参加了生产。一个专管做饭,四个从事生产,喂了两头牛,种百余亩土地,还帮助邻村老百姓耕种。参加生产后都认识到当和尚没出路,对政府帮助他们参加生产非常感激,并打算参加邻村变工队努力生产成家立业。其中两个青年和尚还要求参加民兵打鬼子。1944 年秋,开垦荒地二十二垧。群众要成立一个织布合作社,他们也入股一千元。五个人组成一个生产小组,把罗汉寺改称为民盛村,给无房的老百姓居住。②

五专区程家塌有个二流子叫贾怀德,12 岁时父亲去世,母亲改嫁,留给他两孔窑洞,12 垧地。因无人管教,整天东游西逛,聚众赌博,不务正业,赌博输钱后,典窑卖地,曾多次被旧政府拘留,仍没有改掉赌博的坏习气。1942 年根据地掀起大生产运动,他也被卷入了大生产的浪潮,他和村里的七个农民组织起一个变工队,喂了两头牛,种了 145 垧地,还开了十几垧荒地,产粮十石零八斗,平均一垧地产粮五斗三升,在全县冒了尖,被评为晋绥边区劳动模范。1944 年中秋节,他主动拿出 40 斤白面,60 斤猪肉,285 斤黑豆去慰劳子弟兵。③

二流子浪子回头金不换的好典型,促使根据地形成了好吃懒做可耻,勤劳致富光荣的价值观念。改造二流子是在群众监督下,在生产劳动中进行的,个别顽固不化、不愿劳动的还要集中改造,专人监督或担保,这样二流子的一切行动都在

---

①　《改造师婆破除迷信》,《抗战日报》1944 年 5 月 30 日,第 2 版。

②　冯得周:《参加生产成家立业》,《抗战日报》1944 年 9 月 30 日,第 2 版。

③　《二流子转变后思想觉悟提高》,《抗战日报》1944 年 11 月 21 日,第 2 版。

群众的监视之下,二流子偷懒、做坏事的机会大大减少,社会秩序也就逐渐趋于良好。

第三,培养了一部分勤劳致富的带头人

将生产运动和二流子改造运动结合起来,既是当时根据地严重困难的客观环境决定的,也是晋西北根据地人力资源开发利用一种创造性的方式。通过劳动教育,二流子不仅成为自食其力的劳动者,更有的成为劳动模范。兴县二流子王五十八曾经是一个赌博鬼,把家里的东西差不多都折腾光了,村里人都叫他"败家子"。五十八的赌博行为,使他父母和老婆非常伤心,他的本家们为了使他走上正道,曾成群结队地到他家里集体劝说过多次。他的老婆苗芳女把枕头当成讲台,诚恳地劝说他。但他一离开家,仍然照常赌博。后来在村里工作的干部对他进行劝说教育,让他转变,并给他找了一个做长工的地方,向雇主预支了一部分粮食,并给他老婆就医治病。从此,五十八便劳动起来。当了一年长工,他感到有钱人是不把穷汉当人看待的,于是便下决心自己刨闹,妻子苗芳女成了他有力助手。头一年共种地十五垧,打的粮食讲究够吃。第二年种地二十二垧,打的粮食就有剩余,他买了一条牛,翻秋地二十二垧。1943 年他种地四十四垧,因为他在地里修了水道,上粪多,比别人多锄一次,每垧地比别人多产一斗。他常常天不明就起来担水拾粪,秋天积极翻秋地,他的积极行为,影响和带动了别人的生产情绪。于是五十八被选为劳动英雄,参加了晋绥边区第三届劳动英雄大会。村里人谁都说五十八变好了,由"败家子"变成"创家子"了。他成为二流子转变的模范,得到劳动英雄的称号,到处都受人尊敬。他自己也切身体验到人们对劳动英雄和对二流子的不同看法。从劳动英雄大会回来后,五十八更加积极了,天不明起来担水拾粪,向群众宣传扩大生产的好处,调查生产中困难,寻找变工对象,组织了四十八个人、二十四头牛的变工组。五十八为了组织生产,走遍了全村每一户人家,帮助订出全村生产计划。①

成为劳模后,王五十八的生活习惯也改变。往年冬天,他是选好的吃,1943 年冬天他实行节约办法,剩下的饭都掺在下顿饭里吃,别人撒到街上的粮食,他都打扫起来收拾干净,一冬天共节省了一石多粗粮。1944 年正月,赌鬼门又勾引五十

---

① 《王五十八转变前后》,《抗战日报》1944 年 4 月 29 日,第 4 版。

八赌钱,被他拒绝了。他还劝说赌鬼门下决心转变,向他学习,把脸上赌博灰尘洗净,当个劳动英雄。那些赌汉们都说:五十八原来是二流子头名,现在成了劳动英雄,以后要向他学习,参加劳动。

参加过第三届边区劳动英雄大会的劳模王焕洪,是一个二流子转变成的劳模。他住在临县三区某村,小时候劳动很好,父亲死后,没人照管,他就胡闹起来,不劳动,刮野鬼。1942年在村公所教育帮助下,他就逐渐转变。1943年给富户揽伴工,自己租种三垧地,又开了七垧荒,收了七石多谷米、一石多豆子、二十几担山药蛋。群众看他转变快、劳动好,就选他当劳动英雄。他从边区第三届劳动英雄大会回来后,生产情绪更高了,买了一条牛,领导四个变工小组。他在劳动英雄大会上听到张初元劳力和武力结合,回来后立刻照样做起来,把民兵编在变工组里。1944年他开垦十七垧荒地,租种十垧,共耕种二十七垧地,做到耕二余三,民兵的地保证和他的地一样耕种。①

第四,巩固了抗日民主政权的基础

二流子作为社会闲散人员,游离于革命秩序之外,隐含着对革命秩序的潜在威胁;更重要的是,二流子还控制着一部分乡村政治和意识形态资源。二流子群体带着极为浓厚的、保守的、迷信的、封建的与反动色彩的秘密结社组织以及帮会组织,如哥老会、一贯道等。它们在晋西北根据地乡村社会生活中,有较大的威胁性。晋西北抗日民主政府在说服教育和组织二流子参加生产劳动过程中,把无所事事、游手好闲的二流子转变为辛勤劳作、遵守政府法令的好农民。既利用了人力资源,也扩大和巩固了群众基础。

口家滩是兴县的一个大村庄,也是二流子较多的一个村子。全村共有14个二流子,18个半二流子。在响应毛主席"组织起来"号召下,村里的干部与群众用了很大的努力,计划在一年中,要改造这32个二流子和半二流子,使他们改邪归正,变为生产战线上的战士,变为好公民。这些二流子当中,大多是一无所有的穷光蛋,生活很苦,有时连饭都吃不上,有两个有老婆的,其他都是单身汉。至于半二流子他们有家庭,还有些地,也劳动一点,但不勤快,有的还赌博、抽大烟。

在进行改造时,用群众的力量说服规劝,并抓住较容易转变的进行个别教育。

---

① 王志武:《王焕洪当了劳动英雄》,《抗战日报》1944年4月29日,第4版。

帮他们解决一些眼前的具体的困难。特别是对 14 个没有家的二流子,由群众给他们解决住的房子问题,帮他们组织起来,住在一起。群众认为这不但对二流子好,对村里都好。二流子也感激地说:"在旧政府时代,谁来照管我们呢? 旧政府给我们的就是侮辱、坐房子、痛打;但在共产党八路军领导下,有人来照管我们,还给我们解决困难,共产党真是我们的重生父母,我们也一定下决心改变过来。"①

朔县某村在改造二流子中,经过个别的集体的谈话教育和说服动员,在绝人多数情愿下,组成扎工队,民兵队长、村长、书记、主任代表分别担任了扎工队的队长、主任、指导员、经济委员,村委贷给二流子农币一千元,镰刀十五把,二流子们说:"新政权是救人的,说的都是好话,叫咱们劳动是为咱们的。"②通过改造二流子的具体环节,中共对乡村动员、组织和控制深入到了乡村民众的政治活动、生产组织方式和社会生活模式,扩大和巩固了政权基础。

第四节　改造二流子的经验

一、以先进的劳模,改造落后的二流子

在开发劳动力资源过程中,涌现出不少劳动模范英雄,如保德的康三年、兴县的温象拴、宁武的张初元、离石的女英模张秋林等,他们都是由群众推选出来的先进,号召力强,思想觉悟高,都积极主动地教育说服和帮助二流子。边区甲等劳动英雄魏在有村,全村共有 61 户人家,就有 17 户二流子和半二流子。1943 年村里组织变工时,大家都不愿意要这些人,嫌他们不勤快,变起工来怕吃亏。大家说:变工容易,只要没有二流子,怎样也成。因此,变工没有组织起来。劳模魏在有看到这种情况后,主动劝大家:二流子能顶多少工,就算多少工,二流子多怕什么?他主动把 4 个二流子,5 个半二流子编在自己组里,组织起来以后,半二流子们家里,春上多少还有些山药蛋,勉强能解决自己的温饱;但 4 个二流子缺食少穿,连

---

① 贺志华:《一个村的二流子在转变》,《抗战日报》1944 年 3 月 29 日,第 4 版。
② 《过集体生活进行集体教育》,《抗战日报》1944 年 9 月 30 日,第 2 版。

基本的农具也没有。魏在有先把自己的粮食借给他们一斗,三个没有锄头,他把自己的两把借给他们,又由村主任家代借了一把。没有地的二流子,由农会每人给代租了两亩水地。变工组之外的剩余劳动力要被安排去开荒,其中有 3 个二流子是光棍汉,早晨不想起来,推托说饭没有做便当,他便把这三个二流子叫在自己家里,早上饭由他家里代做。他又帮 4 个二流子春上买了一匹布,让每个人都换上单衣,钱由夏锄的工钱中扣除。夏锄中,全村 11 个半二流子又没有吃的了。魏在有又把自己新打下的一石二斗草麦供给他们,让他们先吃着,秋后再还。为了鼓励他们劳动情绪,魏在有建议在春耕中,让二流子都顶全工,这样使这些初参加生产的二流子,情绪上提高一步。魏在有就是用这种"仁至义尽"的负责精神,热心的、耐心的改变这些二流子,使他们好好生产。①

晋绥边区特等农业劳动英雄康三年,是保德县康家滩人。康家滩离县城近,村风一向不好。该村不足 500 人口,男女二流子就有 30 多个,一般好吃懒做的人就更多了。这些二流子在村里抽大烟、赌博、串门子、搬弄是非,弄得四邻不安,村子乌烟瘴气。在众多的二流子中,康某某是最典型的一个。他原来本是个技术不错的泥匠,靠自己的手艺日子过得还算可以。自从父母去世后,就开始不务正业。两个儿子也整天游手好闲,一家 5 口就靠搞赌博、卖大烟过日子。他还经常走门串户,挑弄是非,经他挑拨、拆散的人家就有 10 多户。他同时又是个村盖子,谁也不敢惹,害人十几年。

康三年下定决心,彻底改变村风,挽救这些人,帮助他们走上正道。打蛇先打头。康三年召开群众大会,首先对康某某进行了批判。他在会上严肃地指出:你从前窝赌、卖洋烟,挑家不和、拆散人家,人们怕你,不敢惹你,因为那是旧政权。现在是新社会,人民当家做了主,你再敢胡作非为,非打死你不可!形势所迫,康某某只好低头认罪,表示洗心革面,重新做人。他在群众大会上发誓说:以后如果再做坏事,大家就把我拉得填了黄河。此后,他果真改邪归正。大儿子上岢岚山开荒,二儿子学习织布,他自己重操旧业,抽空还做些卖炭生意,全家 5 口人都参加了生产。批判了一个,教育了一大片。其他二流子见康某某都走上了正道,自己不改是不行了。他们纷纷痛下决心,开始戒赌戒烟、堂堂正正做人。康三年趁

---

① 和波:《魏在有改造二流子》,《抗战日报》1945 年 4 月 11 日,第 4 版。

热打铁,给他们继续做工作,帮助他们解决生产和生活中的困难。一年下来,康家滩大部分二流子都转变了,据统计,这些人一年就增产粮食50多石。

二、从教育入手,提高二流子劳动觉悟

地处黄土高原的晋西北,山岳纵横,交通闭塞,文化落后,经济以农业为主,封建思想浓厚,士农工商的等级观念普遍影响着民众。在乡村中士绅的地位最高,但人数极少,人数最多的是忠厚、勤劳、节俭、遵守封建道德的农民。作为一个农民,若能勤劳持家,坚守道义,在村中一般是受人尊重的。但游手好闲、不务正业者多数受人歧视,在社会交往中受到排斥。改造二流子的关键,在于牢固地确立劳动光荣,劳动有饭吃,劳动才能不被人轻视,劳动才能赢得尊重和权威等劳动至上的观念。

兴县黑峪口镇共有58个二流子,经过改造全部参加了生产。起初讨论改造办法时,有些干部说集中起来管吃纺线,有的说派干部将二流子集合起来专门管理。讨论结果,大家认为要改造二流子必须从思想上教育,使他们反省自觉转变才是办法。于是把全镇58个二流子根据不同情形,由农会召开了三天会,分组进行教育。经过教育后,有些二流子感到羞愧痛哭起来,他们觉悟后,自己订出戒绝抽大烟的办法,按自己烟瘾大小不同,分三批戒绝:三个月的,二个月的,一个月的,在戒烟期内不准开灯吸食,违背的第一次罚五个工的抗战勤务,二次加倍,三次送政府。限期满后仍没有戒掉的,要给抗属生产等。二流子刘少甦在大会上号召所有二流子不但戒掉不良嗜好,还要努力参加生产,积极拥军,并和50余个二流子商讨向赵家川口二流子挑战,群众都很赞成。二流子任良山说他过去爱游荡怕劳动,今年他要参加变工队,种熟地十五垧,开荒二十垧,产粮七石五斗,叫大家都要组织起来,完成生产计划。二流子李年喜说:"早十年有新政府,我婆姨不会卖掉来吸大烟,吸大烟的比人低一头,今后一定要劳动生产,改造成一个好人。"①

兴县某村有30个二流子,其中有10多个最难改造,农会首先召开二流子会议,说明二流子没有好下场,东门出,西门进,花的不腰痛钱,吃的百家饭,走的无人路,只要他们回头参加劳动,大家就帮助他们,当场有十几个吸大烟的自动拿出

---

① 《黑峪口五十八个二流子决心参加生产》,《抗战日报》1944年3月28日,第2版。

烟具,决心改正,计划开荒四十四垧,按时完不成计划,愿送公粮抬担架五次。二流子赵白女好吃懒做,吸大烟,家中没有吃穿,老婆因他不好好刨闹提出要和他离婚,经过干部耐心苦口的说服教育下,他觉得过去是不对的,在生产拥军大会上,当场将吸大烟烟具打碎说:这一辈子再也不吸大烟,并宣布种山地七垧、坪地一垧、开生熟荒地二垧,还要好好招待过往军人,运输抬伤兵一定要争先做好。二流子康卫东以前是个游手好闲,不务正业,吃大烟、赌博、打铺儿,在生产拥军大会上,他自动带上烟具到会,交给村主任,并说:咱要响应毛主席的号召,好好刨闹,改邪归正,做好抗战勤务。当众订出他的生产计划,种熟地十二垧,开荒三垧,参加变工组。兴县杨家坡的二流子杨四儿,最初干部用实际行动去感召他,他好了几天又变坏了。干部们生了气,发动群众斗争他,结果不但不生效,反而使他更加对立。最后还是采用说服的方法,使其改邪归正,便成为劳动积极分子。①

　　总之,抗战时期晋西北根据地抗日民主政府,对一向散漫、懒惰,游离于社会边缘的二流子,不是嫌弃和打击,而是通过感化教育和解决困难的办法,使他们感到党的温暖,感到群众的可亲可爱,将其整合到生产建设的伟大洪流中,实为党在抗战时期治理乡村社会的成功典范。它促进了根据地经济繁荣和社会风气转变,为夺取抗日战争的胜利,增强党的凝聚力起了重要的作用。

①　《兴县各地二流子纷纷转变》,《抗战日报》1945 年 3 月 30 日,第 2 版。

第九章

妇女劳动力资源的开发利用

抗战时期,在大批男子上前线的情况下,一向保守、落后、散漫,大门不出,二门不迈的晋西北乡村妇女,奋力挑起了后方生产的重担,她们不仅从事纺纱织布,编结缝制,养猪养鸡等家庭副业,而且克服体力上的困难,冲破旧的习俗观念,把过去主要由男子从事的开荒种地、上山植树、送粪施肥、锄苗收割等比较艰苦的田间劳动也全力承担下来,以自己的实际行动为抗日救亡做出了应有的贡献。妇女政治觉悟的提高,劳动观念的改变,均与党在抗战时期发动和保护妇女劳动力资源有很大的关联。正如毛泽东1939年3月,在延安"三八"妇女节纪念大会上讲话时所说:"妇女的力量是伟大的。我们现在打日本要妇女参加,生产要妇女参加,世界上什么事情,没有妇女参加就不成功。"①

第一节 抗战前晋北乡村妇女的生活状况

历史上的晋西北,主要以农业生产为主,而且生产力水平极低,直到抗战时期依然是传统的、落后的农耕方式,生产中常用的工具是铁锹、锄头、耙、镰刀、木插等,水利灌溉设施缺乏。种植的农业作物有莜麦、土豆、荞麦、胡麻等为主。在生产中男女分工比较明确,从事农业的劳动力主要是男子,妇女一般以家务为主,很少从事地里的生产劳作。落后的生产方式对妇女劳动力资源的利用极具束缚力。

同样,恶劣的社会生存环境,封建迷信思想的盛行,也成为妇女发挥聪明才智

---

① 中共中央文献研究室编:《毛泽东文集》第二卷,人民出版社1993年版,第167页。

的桎梏。战前,晋西北乡村妇女不仅受着广大贫苦农民一样的封建压迫,而且还受着"男尊女卑"、"三纲五常"、"三从四德"等封建伦理道德更深一层的禁锢与束缚。

妇女在政治上没有任何地位,没有独立的人格。妇女只是"养儿抱蛋、缝新补烂"的"东西",不能过问其他事情,更不能过问国事政事。在家庭中没有任何经济权利。即便是在贫苦农民的家庭里,妇女虽然参加了繁重的田间劳动和家务劳动,为社会和家庭创造了一定的财富,但家庭经济的支配权仍掌握在男人手里。妇女连买针线的钱也要向家长讨要。在一般家庭中,丈夫打骂妻子,公婆虐待媳妇成为天经地义的事。至于童养媳、地主的婢、妾等,更是不被当人看待。而许多妇女认为这是祖宗传下来的规矩,多数人逆来顺受,忍气吞声过日子。

妇女在婚姻上极不自由。除平川一带订婚时,父母还稍稍征求女子的意见外,一般地区完全是买卖包办。许多地方的婚姻通常按这几种方式进行:一是直接以金钱交易。有养三女卖一千之说。二是以嫁妆费、衣服首饰费等为名而支付礼钱,这多限于官宦、富豪之家。三是儿女换亲,贫苦人家多是这样。四是用耕牛、窑洞,甚至是猪羊换媳妇。由于贫苦人家一下子拿不出许多钱来娶媳妇,所以童养媳、奶媳妇的现象也很普遍,造成男女间年龄相差悬殊,有的甚至差十几、二十几岁。由于婚姻体现了赤裸裸的金钱关系,广大妇女处于"娶来的媳妇买来的马,任人骑来任人打"的境地。有钱人家娶女人更是"墙上的泥皮剥了一层又一层。"一个男人可以娶几个女人,而女子则只许休,不许离。只准"嫁鸡随鸡,嫁狗随狗",或者被男人休掉,而自己绝对不能提出离婚。许多妇女因为对婚姻不满意又无法摆脱而自杀。寡妇再嫁也受到人们的蔑视,主要障碍是社会上的封建舆论。例如,晋西北乡村社会中广泛流传着"好马不匹双鞍,好女不嫁二男"的信条。社会上传说,寡妇再嫁,死后会有两个丈夫分尸,这个女人就要受锯刑。还传说,谁为寡妇保媒,就要损德、折寿。这样寡妇再嫁就成了见不得人的丑事,要想再嫁只能偷偷摸摸的进行。在一些贫困山区,有个别农民因娶不起媳妇而"租妻""伙妻"。男子也可以随意买卖或典当、抵押自己的妻、女,而女子只有无条件服从。

妇女也没有受教育的权利。由于贫穷和"男尊女卑"思想的影响,农民认为女孩子早晚都是人家的人,用不着送她们上学读书,所以,除城乡极少数有钱人家,而且父母思想较开通的家庭,女子可以读书外,一般乡村妇女几乎都是文盲。

由于文化落后,妇女中的封建迷信意识异常浓厚,认为受苦是命中注定的。家中敬神敬鬼,求得心理上的安慰,有病求神不求医,妇女病非常普遍。此外,妇女还遭受缠足的痛苦。辛亥革命后,山西兴起妇女放足之风,但山西的"天足"运动并没有取得预想的效果,女子缠足恶习在山西各地依然盛行。在晋西北女子六七岁起就要用布把脚裹起来,裹得越小越好。这不但使妇女丧失了正常的行走能力,而且身心也受到极大损害。

晋西北乡村生活的贫困与重男轻女的封建意识相结合还造成男女比例失调等社会问题。生活贫困的家庭,在经济困难时期生了小孩,由于抚养问题,往往溺死女婴。而如果是男婴,则要想尽一切办法把他留下来抚养。原因是,由传统观念和乡村特殊经济因素长期影响造成的,当地农民一般都认为:男孩儿长大后既是劳动力又能"顶门壮户",无论在经济上还是在精神上都有价值。而女孩子长大肯定要嫁人,就成为自己给别人养育的"赔钱货"。所以在困难时期溺死女婴顺理成章。久而久之,贫困乡村社会人口总数中,男子的比例必然超过女子,这使当地本来就存在的娶妻难问题更加突出。

妇女的生活条件最为困苦。由于不是主要劳力,在家庭中,妇女总是承受最差最坏的物质条件。吃饭是男吃稠,女喝稀。穿衣就更困难,尤其是穷人家庭,该换季时没有衣服,妇女只好待在家里不能出门。许多家庭由于衣食无计或者其他原因倾家荡产时便卖妻鬻女。还有极个别妇女因生活所迫而沦为娼妓,含泪卖笑,忍受痛苦与欺凌。

由于阶级的压迫与剥削、封建礼教的束缚,由于在政治、经济、文化、婚姻等方面同男子处于不平等的地位,妇女几乎被剥夺了一切权利,精神上受到严重压抑和扭曲,以至她们相信穷富都是命中注定的,没有抗争的念头,只是听天由命地活着,形成了软弱、无知、自卑、狭隘和屈服的心理。总之,抗日战争前的晋西北乡村中的妇女虽然从表现上看,已经在"中华民国"的管辖之下,而且也有了许多看来先进的关于婚姻、家庭、妇女的法律、法规,但他们实际上仍然受着封建礼教和传统习惯势力的迫害和煎熬,她们的理想被扼杀、才智被禁锢、希望被泯灭、肉体被摧残,妇女中蕴含的那些能促进社会发展的巨大潜力完全被统治者们所压抑和抛弃,造成社会人力资源的巨大浪费。

第二节　开发妇女劳动力资源的政策措施

抗战爆发后,由于部队的补充,敌寇的屠杀抓丁,男子劳动力不可避免地要减少。"河曲即有过半的壮丁在绥远种大烟,有时在父亲年老后,便回至家中调换了儿子去。在他们的心中是想以此避免征兵和战争的危害。在临县,因几次在方式上不太讲究的征兵方法,使壮丁以草遮在身上,趁着月夜和繁星,偷渡黄河而去,在敌区则出大批的壮丁因合理负担之不合理,乱拉差役,及其他种种生活或政治的条件不妥流入到敌区中,所以,留在今日晋西北农村中的人,大半为老弱残废,或是软弱的传统不出门的妇女"。① 这是1938年秋战动总会成员在河曲、临县等地见到的情形。

但是,为了取得抗战胜利,巩固和壮大抗日根据地,又决不能因为劳动力减少,使广大的可耕土地荒芜,导致军民衣食没有保障。为了恢复发展农业,保障能满足军民生活和打仗所需,就必须动员妇女参加劳动。

在晋西北,最早动员妇女参加农业劳动是由战动总会于1938年春耕运动中发起和组织的,这也是抗战以来,晋西北首次发起的春耕运动,他们认为妇女是应该动员其参加田地工作,以补壮丁之不足,如缠足妇女不能参加田地工作者,可以作手工业,以交换其他人力或畜力。当时的妇女工作者们有一个共识:妇女参加生产是改善妇女生活,提高妇女政治经济社会地位的先决条件。但由于经验的缺乏,他们没有从妇女彻底解放的高度去认识问题、制定政策、进行改革,而只是想很快解决几个妇女受压迫的表面问题,如婚姻问题、虐待打骂问题等,来发动妇女参加劳动,结果引起好多群众的不满,只是在少数工作基础较好的县份组织了妇女代耕团、代收团以帮助抗属生产。

1940年,晋西北成为党领导的独立的敌后抗日根据地。党和各级民主政府十分注重改善占人口半数的乡村女性的生存环境,经党有目的、有组织地宣传、动员和教育,实施了维护妇女合法利益的政策和法律,为乡村妇女参加生产劳动创造

---

① 　刘德斌编:《战地总动员》(上),山西人民出版社1986年版,第31页。

了十分有利的条件,改变了妇女社会生活的家庭化、传统化、封闭化模式,使乡村妇女支援前线、参加生产劳动的比率不断提高。具体的政策和措施,归纳起来主要有以下几个方面:

一、实施民主法治,维护妇女权益

为解除封建礼教对广大妇女的束缚,晋西北抗日根据地建立后,进行了一场涉及政治、经济、法律、教育、文化等各个领域的全面改革,由此翻开了晋西北社会民主化的新篇章。其中与妇女关系最为密切的是,给予妇女选举权和参政权,这对于妇女获得基本权利和人格尊严,争取男女两性平等地位,具有划时代的意义。

1940 年 9 月 11 日,晋西北行署召开第二次行政会议,首先把健全村政权作为1940 以后三大中心工作的头一项。会议还颁布了《晋西北村选暂行条例》和《晋西北村政权组织暂行条例》。《条例》规定:选举采取平等无记名的投票选举方式。同时,制定了民主选举资格法规:"凡根据地境内人民,年满 18 者,不分性别、职业、民族、阶级党派、信仰、文化程度、居住年限等,经选举委员会登记后,均有选举和被选举权。"①几千年来从未接触过民主气息的妇女们开天辟地第一次获得了参政的权利,1941 年夏天,晋西北根据地第一次开展村选。据统计,这次村选中有2/3 的边区妇女参加,当选的代表中有 17.6% 为女性,河曲县当选女性则占该县代表的 28%,有 2 名女性当选为区长。1941 年据兴县、保德、河曲、临县等 14 个县44 个行政村的统计,拥有选举权的妇女中有 70.5% 参加了投票,在村任干部中女性占到 9.9%。1942 年参加第一届晋西北临时参议会议员 145 人中,女性占6.9%,大会按"三三制"的原则进行选举,有 10 名妇女被选为正式参议员,5 名被选为候补参议员。在 10 名参议员中,有 6 名是当地很有威望的普通妇女。村选的广泛开展,使绝大多数乡村妇女从封建束缚中解放出来,开始执行自己的民主权利。这些事实说明,晋西北妇女参与政治的权利已经初步实现。

在妇女赢得选举权和参政权的推动下,妇女在婚姻家庭领域的权利和地位也发生了深刻的变化。千百年来的封建婚姻制度,给妇女带来十分深重的灾难。不合理的婚姻,如买卖婚姻、童养媳等习气特别盛行,使得妇女变成了商品奴隶,产

---

① 山西省史志研究院:《晋绥革命根据地史》,山西古籍出版社 1999 年版,第 260 页。

生出任意虐待儿媳、童养媳的残酷事实。有许多年轻妇女因此丧失生命或悔恨终身。包办婚姻还直接影响和阻碍着青年妇女参加抗日活动和根据地的生产建设。为了清除这个旧社会的顽症,晋西北行署于1941年4月1日公布《晋西北婚姻暂行条例》,这是晋西北新政权建立后颁布的第一部有关婚姻并具有法律效力的条例。1945年3月16日又颁布了《晋绥边区婚姻暂行条例》,这些婚姻法规对旧婚姻制度的改造主要体现在以下几个方面:第一,保障妇女婚姻自由。婚姻条例强调男女双方对于婚姻以当事人自愿为原则,婚姻要建立在男女双方感情融和的基础上,反对一切强迫、包办等婚姻恶习。第二,禁止买卖婚姻。在婚姻条例中规定:实行一夫一妻制,禁止包办。婚姻以当事人自行定订为原则。不仅严厉禁止公开的买卖婚姻,而且对一些事实上存在的带有买卖性质的纳妾、蓄婢、童养媳、租妻、共妻、伙妻等不合理的现象,一律严厉禁止。第三,反对早婚。在婚姻条例中明确规定男未满18岁,女未满15岁,不得结婚。第四,保护妇女合法权益,给予妇女财产继承权。新婚姻法公布后,边区各级妇救会在本级党政机关的领导下,自上而下开展了宣传贯彻的活动。不少妇女干部深入群众,大讲男女平等、婚姻自由和一夫一妻制的规定和要求,以现身说法,讲解早婚、包办强迫婚姻和买卖婚姻的危害,强调了严禁继续纳妾续婢、童养媳等恶习。新婚姻法在晋西北根据地的普遍推行,使乡村妇女开始摆脱旧的封建婚姻家庭制度的统治,民主平等的新婚姻家庭关系在根据地逐渐建立起来,大大调动了广大妇女的革命积极性,他们积极主动地完成政府分配的生产、支前和参战任务,有效地巩固和促进根据地的建设。

二、开展文化教育,推广医疗卫生

晋西北地区,战前的文化教育极为落后,文盲占90%多。由于受贫穷和"男尊女卑"思想的影响,妇女没有教育权利,几乎全是文盲。根据地开辟后,根据党的抗日建国方针,遵照毛泽东1937年8月5日在洛川会议上所指示的:"改变教育的旧制度、旧课程,实行以抗日救国为目标的新制度、新课程"。① 根据地文化教育事业走向民主的、科学的、大众的发展方向。1940年5月晋西区党委在兴县召

---

① 中央档案局编:《中共中央文件选集》第11集,中共中央党校出版社1991年版,第330页。

开文化教育工作会议。贺龙、关向应、续范亭、甘泗淇、南汉宸、肖三等出席，张稼夫主持会议。会上翻印了毛泽东《新民主主义论》的记录稿，提出了"文化人归队"的口号，讨论了文艺、戏剧、新闻、教育等工作。本次会议推动了农村妇女教育，晋西北妇联举办了妇女干部培训班，整顿扩大了妇救会组织，各级妇女组织从抗日战争的实际出发，组织广大妇女学习文化。据全区12个县统计，共组织妇救识字班1109个，参加识字的妇女多达12560人。其中离石县组织识字班222个，参加识字的妇女2414人。

妇女在参加站岗、放哨、送情报等各项抗战活动中，亲身体会到不识字的困难，也迫切要求学习文化。但妇女除承担抗战勤务外，还得参加生产劳动，照顾家务，专门用于学文化的时间很少。为此，各地在文化宣传教育工作中，摸索对乡村妇女教育的新途径，依据教育为抗战服务，为生产服务方针，采取教育与抗战、生产相结合的方式。根据实际情况利用冬闲和夜间，分别组织起冬学和夜校。识字、学科学在根据地乡村普遍展开，老中青妇女都自愿参加，很多妇女背着小孩听课。1940年末，晋西北14个县创办冬学1619所，其中妇女10000多人，占冬学总人数五分之二多。冬学开展较好的临南等12个县，学员中女学员占34.6%。①据岚县测验，冬学中有三分之二的妇女了解了"三三制"政权、二五减租、奖励生产、抗战勤务、锄奸等五个政治问题，认识了60个以上的字，会唱4首以上抗战歌曲。在河曲县抗战歌曲非常流行，几乎每个家庭里都会听到妇女儿童们边做边唱的景况。教育提高了妇女的政治文化水平。从前"大门不出，二门不迈"的妇女，通过学习文化，认识到封建迷信思想的危害性，觉悟不断提高，开始懂得妇女的社会价值和自身作用，她们走出家门，进入社会，逐渐敢说、敢笑、敢唱、敢斗争。

抗战前，晋西北长期受国民党阎锡山的统治，加上自然条件差，人民陷于水深火热之中。妇女不仅在政治、经济上受压迫，在生儿育女、医治疾病上也受到种种折磨。再加上文化落后，封建迷信思想严重，群众生理卫生常识贫乏，许多妇女营养不良，疾病缠身，妇女的不孕率和婴儿的死亡率高得惊人。据抗战时期从事晋西北妇幼卫生工作的何曼秋女士回忆：当时的晋西北是个缺医少药的地区，"巫医"、"巫婆"、"星相"、"神汉"乘机到处招摇撞骗。群众生了病只好听天由命，或

---

① 山西省妇女联合会编：《晋绥妇女战斗历程》，中共党史出版社1992年版，第43页。

靠这些"巫医"、"神汉"装神弄鬼欺骗自己。妇女生孩子如过鬼门关。婴儿得脐带风,产妇得产褥热,更是家常便饭。①

晋西北军政民都很关心乡村妇女不良的身体状况,以及看病难的问题,但当时唯一有条件给妇女看病的只有部队的少数医疗机构。八路军 120 师长贺龙、政委关向应都十分重视卫生工作,不只是要求为部队服务,也要求为地方服务。戎马倥偬的贺龙师长,尤其关心妇女的生育。经常鼓励和敦促军队医护人员,要想尽一切办法,医好驻地妇女疾病。八路军 120 师虽然与日寇作战频繁,但随军医疗队,除了应付战场上下来的伤员,还是积极按着贺老总的指示去组织群众,训练群众,帮助把地方的卫生工作搞起来。尤其是对妇女、儿童的疾病给以特别关注。

由于晋西北根据地缺少专业的女医护人员,1940 年,延安陆续派遣戴正华、祁开仁等十多名有一定专长的技术干部到晋西区,其中女医生有陈智贞、陈志坚、华钧、李慰文、王淑敏、张中惠、白朗、李浩、张汝梅等。120 师军医处依靠这些专业技术人员,于贺家川建立了一座在当地可称得上是首家先进的正规医院。在抗日战争那样极端困难的情况下,120 师为建院筹集了一万多块银圆。该院以外科为主,还设有内科、妇产科。驻地群众中有疑难妇产病的都来这里治疗。晋西北根据地推广妇幼医疗卫生保健,可概括为以下三个方面:

第一,依靠部队正规医院解决妇女疑难病症。1940 年,晋西北军区卫生部在贺龙同志的直接关怀下,在神府县贺家川办起一所正规医院,院内设立了妇产科。当地部队、机关的大部分女同志和家属及附近群众中有妇产疑难病症的大都来这里治疗,兴县城关的一位妇女患子宫肌瘤,肚子憋得很大。巫婆神汉说是怀上了鬼怪之胎,到了时间就会出世。但 9 年中她拜了无数次的神仙,喝了许多的香灰,仍无济于事,她进了部队医院才诊断清楚,并做了手术,取出了 30 斤重的肿块。这件事影响很大,使当地的群众初步认识到医院也能治病,不那么相信神汉巫婆了。军区卫生学校还培养了晋西北第一代女护士,如王荣、王志、陈金莲等。

第二,训练助产士,普及妇婴卫生知识。由于旧法接生对妇女生命、健康威胁最大,晋绥各级妇救会要求妇女干部自身首先要学习掌握生育、接生的有关知识和技能。妇救会和卫生部门联合举办训练班,把一些旧式的接生婆集中起来进行

---

①　山西省妇女联合会编:《晋绥妇女战斗历程》,中共党史出版社 1992 年版,第 100 页。

新法接生的训练。还招收了大批女青年参加训练班,让她们学习摸胎位、做孕期检查、消毒刀剪,以及保护产妇婴儿安全、护理产妇等方面的技能。1945 年 4 月中旬,八专署卫生处在交城西葫芦村举办一期妇女助产训练班。这年冬天,三分区抗联妇女部集中临县、方山等县区 10 多名妇女干部到部队医院学习妇婴知识和种牛痘的技术。对医护人员的训练,初步改变了过去落后的接生方式,产妇感染、婴儿得脐带风病大为减少,产妇和婴儿的死亡率显著下降。

1945 年春天,晋绥边区开展了文化、卫生运动,各地竞相宣传妇婴卫生知识。边区大众剧社在下乡演出时,也积极向群众宣传卫生知识。晋绥边区在纪念抗战八周年的文化活动中,举办了医药卫生展览,在怎样生养孩子、怎样注意饮食营养与生育卫生方面做了详细介绍。妇女们争相观看,并把自己的家人与朋友都叫来参展,观众达四五千人之多。

第三,整合医疗组织,建立民众医院。1944 年,晋绥军分局为了能使群众既有效又省工省钱的就地医疗,让部队卫生部把地方各县有名望和一技之长的中西医医生全部组织起来,建立区、县的卫生组织。这在晋西北来说是一项新的尝试。在开头遇到不少困难,要在全区展开更难。为了取得经验,晋绥军区、晋绥分局的所在地兴县开展试点。在兴县县委书记沈越同志的大力支持下,不到半年,克服了重重困难,建立了 3 个中西医结合的诊疗所。不久,联合组成县民众医院,各方人士在新的组织形式、新的工作方法、新的工作作风气氛中,发扬救死扶伤精神,实行革命的人道主义,勤勤恳恳,全心全意地为人民服务,受到政府和群众的欢迎。兴县医疗卫生组织的建立为其他各县、区建立民众卫生组织做出了典范。继而推广到晋西北其他县区。

医疗卫生的推广,解除了晋西北广大妇女疾病缠身的疾苦,有助于妇女身心健康,进一步促进妇女参加生产劳动和抗日工作。各地医疗机构的建立,以及卫生常识的普及,妇女们摆脱了封建迷信的束缚,有病不再求神问鬼。社会上装神弄鬼、招摇撞骗的"巫婆"、"神汉"也不得不改恶从善,从事生产。

第三节　发动妇女参加农业生产劳动

从抗战全面爆发到 1940 年,是晋西北遭受敌人的大破坏时期。如 1939 年 3 月 1 日,日军为实施对山西北部的所谓"治安肃正计划",第 109 师团出动 4000 余人,分六路向晋西北进行春季"扫荡",神池、宁武、静乐、岚县、忻县东均遭到日军的侵略破坏;1940 年 2 月 23 日,日军调集兵力 12000 余人,分六路向晋西北发动春季"扫荡"占领了临县、方山、岚县等地;1940 年 12 月 14 日,日军对晋西北根据地发动冬季"扫荡"。敌人在这次"扫荡"中,动用了在晋西北的全部兵力独立混成第 9、第 16 旅团,还从晋西南调来了敌 41 师团和正太路敌独立混成旅第 4 旅团各一部,总兵力达 25000 人,敌人所到之处实行烧光、杀光、抢光的"三光政策",据不完全统计,日军在这次"扫荡"中,杀害根据地群众 4000 余人,焚烧房屋 19000 多间。仅兴县被抢、烧粮食 500 余石;兴县四分区被抢、杀牲畜 500 余头。① 日军的连续"扫荡",对晋西北农业破坏极为严重:人的劳动力比战前减少 1/3,牛减少 6/10,驴骡减少 8/10 到 9/10。大量土地荒芜,耕地面积仅达战前的 84%,山地产量降低 1/3 以上,棉花总产量只有战前 3%。②

1940 年晋西北新政权建立后,为解决财政经济困难,巩固抗日民主根据地,坚持敌后抗战,开始筹划如何恢复晋西北的农业生产,以山西省政府第二游击区行署的名义颁布了当年的春耕办法,其主要任务是"突破一切困难,使所有耕地上种,不荒废一亩一垧,垦种熟荒生荒,扩大耕地面积。"③为完成春耕任务,要求各专区、县、区及村,应一律由军政民机关团体组织春耕委员会,负责本年度春耕的推动计划与执行,明确提出动员壮年妇女参加春耕。

① 中共山西省委党史研究室编:《晋绥革命根据地大事记》,山西人民出版社 1989 年版,第 151 页。

② 晋绥边区财政经济史编写组:《晋绥边区财政经济史资料选编》总论编,山西人民出版社 1986 年版,第 25 页。

③ 晋绥边区财政经济史编写组:《晋绥边区财政经济史资料选编》农业编,山西人民出版社 1986 年版,第 133 页。

发动和组织晋西北妇女参加农业劳动的组织,主要是妇救会,据统计,1940 年晋西北妇救会会员总计达 89152 人,在神池、五寨、岢岚、兴县、偏关、河曲等 10 几个县、区、村均有下属组织,这些组织在 1940 年春耕运动中,组织妇女春耕小组 1552 个,互助小组 109 个,开垦荒地 1404 亩,收割小麦 503 垧,给牲畜割草 4959 斤。①

1942 年,中共晋西区党委在《关于春耕工作的指示》中指出:晋西北工商业落后,农业是晋西北经济建设的中心,是晋西北的主要产业,绝大部分人民依靠农业生产,抗日军政人员的吃饭穿衣也主要依靠农业生产。在劳动力减少的情况下,要激发广大人民的劳动热忱,特别是把过去不从事或不多从事农业生产的妇女动员起来。② 在总结和摸索 1940、1941 年动员组织妇女劳动的经验后,各级政府进一步认识到妇女参加农业生产劳动力的重要性,指出了由于妇女占人口的一半,在发动妇女参加劳动,增加劳动力,增加副产方面,妇救会应负主要责任。

1943 年,晋西北人民响应毛主席"组织起来"的号召,普遍组织了变工互助组、合作社,互相竞赛,提高了劳动热情。发动缺地无地的群众开荒。政府规定:到有荒地的地方去开荒,"三年不交公粮,五年不交租";开垦出来的土地归开荒者长年使用,收获归其所有。③ 晋绥边区行政公署还颁布了妇女劳动英雄的条件:参加农业生产,其成绩赛过普通男人者;以自己的生产热忱与模范作用影响并推动他人积极参加劳动而其成绩显著者;积极参加劳动互助组织,公认为模范者;积极响应政府与妇救会关于各种生产上之号召并有显著成绩者。

政府的各种奖励措施,更加激发了农民妇女参加农业劳动激情。静乐县石寨子自然村 15 个妇女 22 天开了四十亩荒地。④ 宁武县妇女劳动热忱很高,从十三四的少女到六十来岁的老婆婆都忙于除草、浇菜或开垦荒地。宁武三区贫农妇女郑水桃,丈夫在五寨当长工,1943 年春,一个人把拾下的 40 多担粪送到地里,还抽

---

① 晋绥边区财政经济史编写组:《晋绥边区财政经济史资料选编》总论编,山西人民出版社 1986 年版,第 128 页。

② 晋绥边区财政经济史编写组:《晋绥边区财政经济史资料选编》农业编,山西人民出版社 1986 年版,第 148 页。

③ 晋绥边区财政经济史编写组:《晋绥边区财政经济史资料选编》总论编,山西人民出版社 1986 年版,第 141 页。

④ 《静宁上庄子妇女一月内编草衣四百件》,《抗战日报》1943 年 6 月 7 日,第 2 版。

空开了五亩荒地。① 岚县为集中力量春耕,县政府对贫苦抗属、灾民、从敌占区移来的难民以及鳏寡孤独,无春耕能力者,帮助解决耕牛、种子,并组织代耕队,发动组织互助小组,开展小组与小组之间进行竞赛,动员妇女帮助男人除草、送饭、下种等,耕地面积超过1942年的1/10。在十年九旱的河曲县,高家村全村耕地比往年增加了六十垧,政府发放农贷,不少农户利用贷款购买耕牛,为解决喂牛草料的困难,全村妇女,组织割草队,三五成群、满布山野,她们每人每日可割草30余斤,妇救会的苗桂祥,每日可割草40余斤,大家都称他为全队模范。② 河曲高家会村妇女干事刘金叶,1944年初春组织了64个妇女开垦荒地,开始村里有些小看妇女的男人们说:女人家顶甚事?但妇女们并没有因这些话而灰心,仍然坚持开荒,结果开了30多亩。在刘金叶的鼓励下,另有7名妇女开了40亩荒地。③ 抗战初期,离石妇女遭受过日寇的百般侮辱,因此,她们的觉悟性和斗争性比较高,1940年12月,离石妇女已有8916人参加了自卫队的工作,她们不仅懂得一般的军事知识,而且在生产运动、参政以及学习中,都起着积极作用。帮助抗属春耕秋收是离石妇救会的一大中心工作,据《抗战日报》记载,某村一个58岁的妇救会秘书,白天组织妇女帮助抗属秋收,夜间聚集在一起唱歌、识字;在南菰村有11个妇女主动编为两组,不仅给本村的抗属收割,而且还到距本村五六里以外的村子去帮助抗属收割。④

　　兴县是晋西北根据地的首府,是行署的直辖县,约有9万多人口,抗战初期,在"牺盟会"、"动委会"的发动下,兴县区、村妇救会较早建立起来,在拥军、优属、参加农业方面表现尤为突出。全县从1941年到1942年为抗属代耕土地15063亩,其中妇女也发挥了自己的力量,1941年春耕运动中,仅兴县五区就组织了代耕队125个,妇女代耕队就有30个,参加代耕队的妇女276人。四区妇救会还组织妇女开荒10亩,用收获的粮食优待抗属。公家沟村仅有18户人家,有13户是抗日军人家属,1941年春耕时口粮很紧缺,政府拨出18石粮食优待抗属,妇救会及时发动抗属妇女参加生产,扩大耕地面积,秋收时获得了丰收,拿出51石粮食交

①　《农民纷纷锄割野草,各地妇女劳动热忱很高》,《抗战日报》1943年7月7日,第2版。

②　《代耕队普遍建立,群众生产情绪普遍高涨》,《抗战日报》1943年4月27日,第2版。

③　《河曲妇女刘金叶组织妇女开荒》,《抗战日报》1944年9月30日,第2版。

④　《离石的妇女》,《抗战日报》1940年12月25日,第2版。

公粮,他们说:"不能全靠政府救济,自己参加生产劳动才是解决困难的根本办法。"①为了发动妇女参加农业劳动,妇救会还大力宣传了政府的各种生产奖励办法。如新开荒地 5 年不交租,3 年不交公粮,试种棉花不交公粮等。妇女对春耕生产也表现高度热情,以兴县六区为例,由于区妇救会在春耕运动中轮训了村妇救会干部和会员 950 多人,强调发挥基层妇救会的组织作用,因而以村干部和积极分子为骨干,全区组织了 53 个生产组,参加妇女 294 人,组成了 12 个互助组,参加妇女 81 人。在他们的带动下,全区妇女 5697 人不同程度地参加了生产,共开熟荒地 162 亩,开生荒地 93 亩,种棉花 213 亩,在扩大耕地面积中充分发挥了妇女的作用。有的妇女在春耕中成绩之显著是惊人的,如一位 40 多岁的寡妇,丈夫去世后,留下一家五口人生活很困难,政府给了救济粮后很受感动,下决心参加春耕生产,主动参加了生产组,耕地 20 垧,下种 18 垧,保证了全家口粮。还有青年妇女高淑英和抗属赵巧英互助开荒,每人开生荒 4 垧。1943 年二区温象拴组织变工互助,把整个行政村的妇女们动员吸收到互助组后,影响很大,参加互助组的人日益多了起来,这一年全县农业生产取得了很大成绩,增加了耕地面积 33054 垧,其中妇女发挥了"半边天"的作用。②

　　晋西北妇女参加农业劳动,为边区克服严重的经济困难做出了重大贡献。仅在 1941 年春耕生产运动中,据兴县、临县、河曲、保德、宁武、方山、离石、交城八县不完全统计,妇女有组织地参加春耕者有 10270 人,还组织代耕队、互助团、生产队、割草队、拾粪组、看娃组。植树 12806 棵。临县、方山、离石妇女共开荒地 100 亩,种地 1123 亩。据 25 个县的统计,1940 年共有耕地 112 万余亩,荒地 212.6 万余亩。到 1944 年,共开荒 149 万余亩,增产细粮(小米)约 16 万大石。河曲、保德等地群众做到粮食自给。在短短几年中,贫困落后的晋西北达到这样的水平与妇女参加农业生产劳动不无关系。

---

①　晋绥边区财政经济史编写组:《晋绥边区财政经济史资料选编》农业编,山西人民出版社 1986 年版,第 195 页。

②　山西省妇女联合会编:《晋绥妇女战斗历程》,中共党史出版社 1992 年版,第 197 页。

第四节　妇女在纺织方面的贡献

毛泽东曾说:"中国一切政党的政策及其实践在中国人民中所表现出的作用的好坏、大小,归根到底看他对中国人民生产力的发展是否有帮助及其帮助之大小,看他是束缚生产力的还是解放生产力的。"①从这一观点看,抗战时期党在敌后根据地开展的妇女纺织运动,其本质是一场解放农村妇女劳动力,挖掘女性劳动潜能的运动。它充分调动了妇女的劳动积极性,开发了长期被埋没的妇女劳动力资源。晋西北根据地的妇女纺织运动,是整个华北抗日根据地妇纺运动的一个缩影。在遭受日寇封锁、摧残的严酷战争环境中,党领导的晋西北抗日民主政府,几年内能使基础薄弱的民间纺织业得以兴盛,根本原因是党实行的民主政治和民生政策,为妇女广泛地参与社会劳动,同男子并驾齐驱发挥才能提供了良好条件。

一、纺织生产运动的兴起

晋西北是山西最落后的地区,气候寒冷,地瘠民贫,多数地方不宜种植棉花,民间棉纺织业,传统的纺织业主要集中在临县、临南、离石、方山等产棉区,临县、离石一带,几乎每家都有织机,每个妇女都会纺织。到19世纪20年代,洋布在市面上大量倾销,廉价的洋布成为群众的主要用品,民间临县、离石等地的纺织逐渐销声匿迹。抗战以后,由于交通阻塞,洋布供不应求,土机织布逐步恢复,民间一些小型织布厂也成立起来,但好景不长。1939年12月的"晋西事变",导致社会秩序一度混乱,以及1940年春,日寇开始对根据地的连续"扫荡",致使战后稍有恢复的民间纺织业,几乎全部停顿。日寇扫荡的同时,又在经济上对边区军民进行封锁,外地的棉纱布匹不准流入根据地。在内部纺织业遭到严重破坏,外部布匹不准流入的情况下,"边区军民的穿衣问题发生了严重的困难。许多农民衣衫褴褛,十冬腊月穿不上棉衣,驻地八路军指战员,因穿不上棉衣常常被冻伤手脚,有

---

①　《毛泽东选集》,人民出版社1991年版,第980页。

的甚至被严寒夺取了性命。"①

在男子上前线打仗,农村劳动力短缺情况下,动员广大妇女纺花织布,是解决军民穿衣困难的唯一途径。晋西北行署于 1940 年 12 月 18 日,在《抗战日报》上发表《发动妇女纺纱织布》的社论,指出:军政民穿衣问题的解决,必须要广泛发动家庭妇女参加纺纱织布。1941 年,晋西北行署规定,"对经营纺织的工厂或作为副业经营的农家,其由纺织而得之收入,三年以内,免征公粮"。② 优惠的政策推动民间纺织运动逐渐兴起与恢复。晋西北妇联成立后,一直把动员妇女参加生产作为改善妇女生活、巩固根据地的手段之一,要求各地妇救会动员妇女参加农业生产及发展家庭手工业和农副业,并选出在生产、纺织上有一定成绩的妇女劳动英雄,以促进妇女参加纺织生产。

在政府和妇救会的支持推动下,晋西北原有纺织基础的地区,最先开始了发动妇女纺织的工作。1941 年 11 月,临县在县建设科和县妇救会的组织下,举办了第一期妇女纺织训练班,34 名青年妇女参加了培训。训练结束后,这些青年妇女分配到各村,组织妇女纺织小组和纺织合作社。此后,临县建设科又连续举办了两期训练班,共训练 230 多人。为普及妇女纺织,在一些区村还举办了为期七天或三天的短期训练班,召开纺织干部联席会议,聘请技术娴熟的人当技术指导员。通过一系列发动与组织,临县的妇女纺织逐步恢复和发展起来。③ 离石县在 1941 年 8 月召开了纺织动员会,由妇救会生活改善部专门负责动员组织工作,由贸易局发放棉花,提供织机,开展纺织。兴县一方面由妇救会组织纺织小组发动纺织;另一方面,行署纺织一厂在当地开办后,动员妇女为厂代纺,也刺激了民间纺织的发展。其他分区一些素有纺织习惯的县区,如文水、交城等地,也在 1941 年夏季开始发动妇女恢复纺织,开展妇女纺织生产运动。

在原有纺织基础的地区,由于各级妇救组织的发动和政府的奖励政策,民间妇纺逐步恢复起来,并取得一定发展。1941 年,晋西北群众纺织,较新政权建立

① 《兴县革命史》编写组:《兴县革命史》,山西人民出版社 1985 年版,第 141 页。

② 晋绥边区财政经济史编写组:《晋绥边区财政经济史资料选编》工业编,山西人民出版社 1986 年版,第 8 页。

③ 山西省妇女联合会编:《晋绥妇女战斗历程》,中共党史出版社 1992 年版,第 468 页。

前,增加了 30%,土机增加了 40%,改良织机约为 1940 前的 3 倍。① 全年产布 168300 匹,其中群众纺织发展较好的临县、离石、文水、交城四县,共有织机 3486 台,年产布约 14 万匹,占到晋西北全区土布年产量的 90% 以上。②

1942 年,中共晋绥分局进一步强调:"依照男女平等的原则,从政治经济文化上提高妇女之社会地位。奖励妇女参加生产,发挥妇女在经济建设上的积极性。"③晋西北妇女纺织运动又有新的发展。在一些没有纺织基础,或仅有少数妇女会纺织的地区,群众性的妇女纺织运动也开始兴起,如河曲、保德、静乐、神池等县先后由晋绥行署和妇联派技术员或自己聘请纺织技术员开展纺织。保德县于 1942 年 4 月办起了毛纺织厂,有 80 多名妇女参加。晋西北全区的群众纺织生产,在 1942 年织土布 40 万匹,比 1941 年增加了 23 万匹。④

1941 年至 1942 年的两年间,晋西北的纺织生产缓解了军民穿衣困难,但是,这两年的妇女纺织运动多限于有纺织基础的地区,大规模的妇女纺织运动还没有在全区展开。

二、妇女纺织运动的全面展开

1943 年中共中央向各根据地发出《关于各抗日根据地目前妇女工作方针的决定》中指出:在日益接近胜利而又日益艰苦的各抗日根据地,战斗、生产、教育是当前的三大任务,广大的农村妇女能够和应该特别努力参加的就是生产。⑤ 晋西北妇联在"四三"决定发表后,立即召开区县妇女工作会议,传达学习讨论中央这一决定,认识到"四三"决定中提出的妇女工作应以生产为中心的方针,完全适用于晋西北妇女运动。根据晋西北的具体情况和妇女特点,确定晋西北妇女工作的中心为发展纺织,各级政府和妇救会从多渠道提高妇女劳动力的素质,落实扶持纺织的优惠政策等,在此推动下妇女劳动力的数量迅猛增加,素质逐步提高。各

①　晋绥边区财政经济史编写组:《晋绥边区财政经济史资料选编》总论编,山西人民出版社 1986 年版,第 373 页。

②　山西省妇女联合会编:《晋绥妇女战斗历程》,中共党史出版社 1992 年版,第 53 页。

③　贾维桢等编:《兴县志》,中国大百科出版社 1993 年版,第 556 页。

④　亚苏:《晋西北妇女纺织运动》,《抗战日报》1943 年 3 月 9 日,第 2 版。

⑤　中共中央党校党史教研室编:《中共党史参考资料》(五),人民出版社 1970 年版,第 81 页。

级政府和妇联组织发动妇女纺织的主要措施有：

第一，宣传动员。因晋西北民间妇女从事纺织并不普遍，在纺织运动开展初期，一些新推广纺织地区的群众封建意识比较浓厚，认为妇女出来参加纺织是买"风流"，怕自己家的女子出来惹是生非，妇救会和村干部就不得不耐心细致地先做好群众的思想工作。如兴县二区高家村，在做通青年妇女的思想后，又受到婆婆们的阻拦，怕自己的媳妇和外人混在一起惹麻烦。村干部专门召开婆婆会议，给她们讲抗日的形势，讲纺织的好处，消除她们的顾虑。村里还利用冬学宣传纺织和开展纺织训练。不到一个月，这个村参加纺织的，由原来的 30 户增加到 50 户，有 8 位婆婆自动给儿媳报了名。① 在原有纺织基础的地方，也有坏人造谣破坏。方山县糜家塔村妇女高俊林刚刚领上纺车，就有人对她说：纺花织布给八路军支差，日本人来了要杀头的。她听后马上将纺车退回去。村干部知道后，组织群众揭露坏人的阴谋，才使妇女们安心纺织。

在宣传动员中，各地还采取了生动活泼的文艺形式。当时根据地流传着这样一首民歌："加紧动员纺花织布，这是我们妇女的中心任务。不说漂亮话，要办实际事，十万人的穿衣，全凭我们女同志。今年织十匹，明年加倍数，抗日救国有贡献，谁也不敢下看。婆婆笑哈哈，公公也来夸，丈夫回来还要帮我看娃娃。县委来表彰，妇救会出了名，人人夸我女英雄"。在兴县冯乐村，纺织合作社编演了一幕动员纺织的小歌剧—《学纺织》，进行宣传鼓动。1944 年，离石三分区的漱水剧社根据边区妇女特等劳动英雄张秋林的事迹，编演了大型地方戏《张秋林》，到边区各地演出后，起到了很好的宣传效果，推动了纺织运动的开展。

第二，开办纺织训练班。掌握纺织技术是进行纺织的基础，开办训练班，培养纺织技术人员是当时推广纺织的较好形式。一方面妇女干部以身作则，亲自带头学习纺织技术，然后到群众中去传授；另一方面，由政府建设部和妇救会联合举办纺织训练班，聘请教师、培训技术人员。如五寨县妇救会秘书张守忠，亲自背上棉花纺车，走村串户去教授妇女纺织。在她的带动下，妇救会干部纷纷走村串户传授技术。岢岚二区的妇救会秘书两天中，用四两棉花教会了十几个从没有见过纺车的妇女纺线。1943 年夏季，晋西北行署建设处和妇联在岢岚城联合举办了妇女

---

① 　山西省妇女联合会编：《晋绥妇女战斗历程》，中共党史出版社 1992 年版，第 56 页。

纺织训练班,请纺织能手刘能林、张秋林等给妇女做技术指导,培养纺织能手近300名。

在纺织新开展的兴县、河曲、保德、神府等地区,多半是从县到区、村层层举办训练班。具体做法是:一开始由县或区里开办训练班,动员村中积极分子来学。他们学成以后,再在行政村以致自然村中开办小型训练班,以层层轮训的办法来教授技术,扩大纺织。1944年兴县共开办过大小纺织训练班250期,较典型的是纺织能手杨雨儿,她在行署学会纺织后,先后开过五期训练班,直接训练了77个妇女,这些妇女回到各自己所在村庄后,又先后举办了16期训练班,杨雨儿间接教出来的纺妇多达200人以上。① 宁武县的纺织训练班以劳动英雄张初元和妇女模范周兰花领导的规模最大。在距敌较近的地区,如朔县县政府于1944年末,举办了多期纺织训练班,为避免敌人的干扰破坏,他们采取流动训练法,妇女们还创造性地发明了能够移动的"游击纺车",平时便于搬动,有敌情时马上可以拆开,分处收藏。

第三,政府大力扶持。各级政府通过多种手段、多种途径扶植纺织业的发展。1943年2月,晋西北行署拨款50万元,扶植二、三专区及兴县、神府等地的妇女纺织运动。② 1943年5月,临县共贷款11万元,贷款户395家,开设训练班6次,训练纺妇172名;临南贷款6万元,开办了纺毛棉经线训练班。③ 离石10万元纺织贷款发放后,县妇救会与女参议员联合发出《告离石姐妹书》,号召妇女参加纺织,扩大根据地纺织事业,学习各种技术,争取经济独立。

有的地方,政府采取预付布款或贷花贷车的形式推动妇女纺织运动。三专署在1943年5月向各县提出3个月内收购3万匹布的号召。为完成此项任务,在未交布之前,政府先将布价的一半付给群众,以解决他们一时的困难,提高纺织的信心。这一措施激发了妇女的纺织热情,临县10天内就收布1000多匹。④ 方山县温家沟有6名妇女会纺纱却没有纺车、棉花,县政府贸易局就贷给她们棉花16

① 《各地妇纺蓬勃发展》,《抗战日报》1944年3月28日,第2版。
② 张国祥主编:《山西通史大事年编》,山西古籍出版社1997年版,第1663页。
③ 《临县临南贷款工作全部完成》,《抗战日报》1943年5月15日,第2版。
④ 《三专署购布三万匹促进纺织业发展》,《抗战日报》1943年6月3日,第2版。

斤,又从外地赊来 10 架纺车,让她们先开始纺织,赚下钱后再还纺车。① 据统计,自纺织运动开始到 1945 底,晋绥边区政府共发放纺织贷款 3390 万元(晋西北农民银行发行的"西北农币"),贷花 15000 斤。②

晋西北一带,历史上很少种棉。随着 1943、1944 年纺织运动的大规模开展,棉花供不应求。党和政府号召边区自种棉花,各级政府和各地妇救会从外地买回棉籽,请来植棉能手,试种棉花,逐步扩大了种植面积。由于有了充足的棉花,大大加快了纺织的进度。

第四,创办妇女纺织合作社。随着纺织运动不断发展,过去一家一户分散的纺花、织布、交易形式已不适应群众和市场的需求,群众自发组织的纺织合作社开始出现。1943 年 3 月,离石县女参议员王月仙在县政府、抗联、妇救会的支持下,贷款、集股筹资 7 万余元建立了离石第一个妇女纺织合作社,经营纺花织布的业务,半年时间,纺妇增加到 600 人,每人可分红 20 万元。③ 临南纺织模范刘能林,1944 年创办了妇女纺织合作社,低价卖给群众棉花与粮食,并利用合作社的纺织机组织群众进行纺织,为群众排忧解难,全村妇女在她的发动下,纺织情绪高涨,仅 1944 年全村 240 户人家,织标准布 864 匹。兴县纺织模范康桂英利用纺织合作社,先后共开办了 20 期纺织训练班,训练出 800 多名纺线妇女,学会土机织布的妇女有 260 名,她还贷出纺车 70 架、机子 30 架、棉花 1400 斤,以此解决贫苦妇女纺线织布的困难。在她的帮助下,所在区共培养出 1400 多名纺妇。④

在开展纺织运动中,一些没有条件发展合作社的地方,出现了变工纺织的形式。当时在兴县采取的变工形式有这么几种:1、人力股与金钱股结合,集体生产,按股分红,入股的妇女都参加劳动。2、纺线与织布变工。3、种地、干一些杂活与纺织变工。兴县杨家坪妇救会干事、纺织英雄杨爱英领导的妇女纺织变工组,吸收了全村能劳动的 80 多名妇女,有 3 架改良织布机,43 架纺车。她以织布为中心,把全村纺妇分成 3 个小组,把 20 多个老太太组成一个捻线组,在小组与个人之间展开竞赛,订出生产计划。除纺织外,农业和家务杂活如夏收、担水、做鞋等

---

① 《1941 年晋西区党委经济建设材料汇集》,山西省档案局,卷宗:A22 - 7 - 6 - 1。
② 山西省妇女联合会编:《晋绥妇女战斗历程》,中共党史出版社 1992 年版,第 59 页。
③ 《离石参议员积极推动纺织事业》,《抗战日报》1943 年 5 月 8 日,第 2 版。
④ 《兴县革命史》编写组:《兴县革命史》,山西人民出版社 1985 年版,第 146 页。

都可以变工。这种综合性变工省时、高效,并且提高了纺织技术水平,照顾了贫苦妇女的利益。

三、妇女纺织的成绩和意义

在党的领导和政府的大力扶植帮助下,在妇救会组织、妇女干部和一大批妇女纺织英雄的带动下,晋绥边区的妇女纺织,由复兴到蓬勃发展,并取得了巨大的成绩。1943 年,纺织运动在老纺织区体现为,由恢复普及纺织转到注重纺织技术的提高,推广精织和改良织布机技术;在无纺织区则开始发展扩大纺织。到 1944 年,老纺织区大力发展了改良木织机和土织机,纺织推广区发展手纺车和部分土织机。各地普遍提倡精纺精织,出现了以妇女名字命名的优质布,如"尚英"布、"汝华"布等。1945 年,纺织进一步扩大,如兴县纺纱村占全县的 90%,织布村占45%。根据地边缘区及非种棉区如朔县、忻州、偏关等地,纺织也有了较大发展。晋绥全区纺织生产从 1943 年到 1945 年的两三年时间内,由原来的两个县发展到26 个县。1944 年,据对 17 个县的粗略统计,总共拥有纺妇 7.12 万人,织妇 2.77 万余人。1945 年,全区纺织妇女增加到 13 万人。兴县、临县等 5 个县的妇女劳动力总数为 11500 人、3 万人、1 万人、1.2 万人和 5.5 万人,纺织妇女分别为 1.5 万人、2.8 万人、8000 人、9100 人和 4.5 万人,纺织妇女占妇女劳动力总数分别达到130.4%、93.3%、80%、75.8% 和 81.8%。[①] 在生产力落后和手工操作为主的劳动条件下,纺织妇女队伍的大小状况,是纺织运动发展的最终决定力量。随着纺织队伍的壮大,织布产量由 1944 年的 60 万匹增加到 1945 年的 1072913 匹。到1945 年,除临南、离石等老纺织区以前已全部自给外,临北达到二分之一自给,兴县、河曲为三分之二自给,保德、岢岚、神府、岚县的群众穿衣,也基本上能够自给。

妇女纺织运动开展,解决了军民的穿衣问题,支援了战争,为巩固根据地做出了重要贡献。同时,对妇女的自身解放有着深远意义:

首先,改善了群众生活,提高了妇女在家庭的地位。临县妇女高三汝,原来家里没有一亩地。她织标准布后,用所得收入买了五六亩水地。兴县六区冯乐村村长的妻子李改秀在七个月内织布 95 匹,挣回本币 18500 元,买回四大石小米,不仅

---

① 山西省史志研究院编:《山西通史》卷八,山西人民出版社 2001 年版,第 629 - 630 页。

维持了全家生活,还购买了许多生活用品。临县索达干村有 244 户人家,1944 年全年负担公粮 90 石,同年,仅妇女织布 864 匹,赚米 129.9 石,解决全村负担外,还有不少剩余。① 在临县、离石等地,纺织突出的妇女每人都有万元以上的积蓄,许多妇女不但穿上新衣,而且戴上了银制首饰。"边区妇女打扮新,不穿旗袍不穿裙,黑布小袄蓝布裤,胸前一颗红五星",②这首歌唱出了她们的新面貌。

凡是开展了纺织的家庭都程度不同地改善了生活。由于妇女学会了织布,增加了家庭收入,家庭其他成员也由最初怀疑阻拦,变为非常支持纺织。过去妇女在家里常挨打受气,参加纺织后,则是老人男人看孩子做饭、帮着拐线、卷棉花,让妇女一心一意纺纱织布,家庭中婆媳夫妻关系也更加和睦。过去妇女没有任何经济权力,通过纺织,许多妇女不仅有衣服穿,手头也有了零花钱。从前"大门不出,二门不迈"的家庭妇女,可以比较自由地去开会,参加各种社会活动。

其次,提高了妇女社会地位,培养了一大批群众信得过,为群众办实事的乡村妇女干部。自开展纺织运动后,随着妇女经济地位、家庭地位的提高和参加社会活动的增多,妇女的社会地位也有明显的提高。各县参议会均有女参议员,许多妇女群众被选为各级纺织模范,有的成为妇救会或行政部门的干部。临南劳模刘能林成为县抗联妇女部长。兴县赵家川口白芬团原是一个童养媳,纺织运动中她动员妇女纺织,使全村绝大部分妇女都参加了纺线,被评为四届群英会上的劳模,村里有什么事情都跑去找她解决,被选为村代表、县议会的候补参议员。③ 临县、离石、兴县、河曲等地涌现出张秋林、刘能林、韩国林、赵凤英、张成女、刘竹叶等一批纺织模范,其中许多人投入到革命队伍中。

再次,妇女经济地位改变后,积极参加各种社会活动。在临县皂峁村召开的 2000 多人的减租大会上,南塔村妇女勇敢地控诉地主的剥削罪行。④ 临北一些地区的妇女动员丈夫参军后,独立担起家庭生活的重任,使上前线的军人安心抗日。一些封建思想较严重的妇女也在纺织热潮中走向热心劳动进步道路,河曲樊家沟村在纺织变工中,改造了六个平时好吃懒做、抽大烟、靠出卖肉体为生的妇女,有

---

① 《晋绥分局关于边区十年来妇女工作总结》,山西省档案局,卷宗:A21－6－28。
② 穆欣:《晋绥解放区鸟瞰》,山西人民出版社 1984 年版,第 107－108 页。
③ 《晋绥分局关于边区十年来妇女工作总结》,山西省档案局,卷宗:A21－6－28。
④ 《晋西区党委土改工作汇报材料》,山西省档案局,卷宗:A22－5－2。

48个神婆毁掉神位,过上自食其力的生活①。广大妇女在纺织运动中显示了自身的能力,冲击了落后的封建意识和封建思想,自由地参加文化娱乐活动成为普遍现象,妇女都踊跃地参加秧歌队,转变了过去好人不参加秧歌队的认识。

　　总之,在一个自然环境恶劣,经济文化落后,农业和纺织业基础薄弱,在被敌人分割、封锁、摧残的严酷战争的农村环境中,短暂几年内能使农业生产和纺织事业,呈现出一派生机勃勃的繁荣景象,除了抗日战争的迫切需要外,更为重要的原因,乃是中国共产党领导的抗日民主政府的建立,及其所实行的民主政治和民生政策,给予广大农村妇女以内在的强大动力,使其成为推动根据地经济发展的一支强大的生力军。

---

　　①　《改造师婆破除迷信》,《抗战日报》1944年5月30日,第2版。

第十章

晋西北根据地的劳模群体及其作用

晋西北根据地的劳模群体,是指从工业、农业、商业、运输、纺织等各行各业中涌现出的人民群众劳动模范。他们都有丰富的生产经验,积极的从事生产,对于提高群众劳动情绪,促进生产发展,起了很大作用。如张初元、温象拴等劳动英雄,不仅是生产模范,而且是对敌斗争的英雄,他们有组织和帮助群众的良好办法,成为领导群众的核心,新社会的新兴人物。

第一节　劳模群体兴起的原因

晋西北根据地工农业基础薄弱,在抗日民主政府初创时期,又遭遇自然灾害,以及日军和国民党军队的烧杀、抢掠和破坏,经济陷于崩溃,政权受到严重威胁。为扭转经济政治危机,党和各级政府发起了群众性的生产自救运动和乡村基层政权的民主改造,为劳模群体的出现创造了良好的经济政治条件。

一、落后而困难的经济状况是劳模群体出现的直接原因

晋西北抗日根据地是晋绥抗日根据地的组成部分,位于山西省的北部,南达汾阳,西至黄河,东到同蒲铁路,面积约为4万平方公里,人口约300万。地处黄土高原的晋西北抗日根据地自然条件极差,土壤是贫瘠的黄土,地形崎岖,生态环境恶劣,深居大陆内部,属于大陆性干燥寒冷的气候,年降水量约400—500毫米,并且集中在夏季,春耕时节降水少,有"春雨贵如油"之说。全年霜期长,一年一种,不宜种植生长期长的农作物。再加上黄土高原地区由于植被破坏水土流失严

重,水旱灾害频繁,有"十年九灾"之说。

这些自身的客观条件严重限制了生产力的发展。因此,晋西北地区生产力低下,自给自足的自然经济占统治地位,处于极度封闭落后状态。农业生产是经济的主体,农业生产中大部分沿用原始的技术和工具,耕作方式粗放,尤其是山坡地带多用开荒丢荒的办法进行生产。因此,这种"广种薄收,靠天吃饭"的生产方式主要靠劳动力的投入来提高生产力。从抗战以来的各种物资需要来看,必须提高生产力,特别是农业生产力。在当时生产力低下、战争频繁的情况下,只有使晋西北根据地劳动力资源分散、不平衡,劳动力有强有弱的特点改变,生产者适当的配合,相互协调才能提高生产力。

抗战初期,中共领导的根据地由于国共合作遇到的困难相对比较小,但进入相持阶段后,由于日军对华政策的调整,日军基本上停止了对正面战场的大规模进攻,进而对抗日根据地进行"扫荡";国民政府也开始积极反共,对抗日革命根据地实施军事包围,经济封锁,政治孤立。这使根据地受到严重的影响。国民党的包围,日军的"大扫荡"使根据地物资变得异常匮乏,再加上 1940 年和 1941 年接连发生严重的自然灾害,农村经济几近枯竭。毛泽东阐述当时严重的经济形势说:"最大的一次困难是在一九四零年和一九四一年,国民党的两次反共摩擦都在这一时期。我们曾经弄到几乎没有衣穿,没有油吃,没有纸,没有菜,战士没有鞋袜,工作人员冬天没有被盖。国民党用停发经费和经济封锁来对付我们,企图把我们困死,我们的困难真是大极了。"[1]

根据地在面对困难又没有外援的情况下,只能寄希望于"自己动手,丰衣足食",最大限度的推动生产。这就必须更好地利用有限的劳动力资源,在农民群众中形成生产热潮,发动劳动竞赛,调动劳动者的生产积极性。因此,塑造和培养劳动模范,发挥其在生产运动中的带头作用,是当时生产建设的客观需要。在这种形势下应运而生的劳模群体,在生产运动中发挥了骨干作用,改变了人们的生产状态和劳动观念,巩固了劳动互助组织。开展劳模运动是晋西北根据地解决经济困难的重要举措,为根据地生产运动注入新的活力,增强根据地的物质基础,不仅解决了人力、物力、财力等需要,也为根据地政权建设提供了一定的经济条件。

---

① 《毛泽东选集》第三卷,人民出版社 1991 年版,第 892 页。

二、人民权益的伸张是劳模群体出现的根本原因

中国农村社会经济具有浓厚的封建性,在封建土地私有制的基础上形成了特有的社会群体——士绅。士绅是农村中权利和威信的拥有者,农村事务就是由他们和地主阶级共同管理,国家行政权和乡村自治权融为一体,土绅的权力既有来自国家所规定的减免徭役,还有作为农村社会保护人而被村民所赋予的威信。因此绅士阶层是一个在农民之上、地主之下统治中国农村社会的特权阶层,成为农村社会的真实管理者。20 世纪初期,晋西北农村仍然存在着这一社会关系。

中国共产党领导的晋西北抗日民主政权建立后,本着抗日民族统一战线政策,团结了晋西北各党各派、无党派各个阶层人士,实行了民主政治。1940 年,晋西北行署指示各级政府召开了士绅座谈会,据四个专署十六个县统计,共召开士绅座谈会 81 次,出席人数 886 人。当时参加政府工作者有 513 人。1941 年开始了村选运动,到 1942 年 5 月,除敌占区外,绝大部分村政权,是经过广大群众直接选举而产生的,人民可随时撤换其中不称职的干部,执行罢免权,村政权是民意机关和执行机关的统一体(建立了国民大会、村代表会、公民小组会等)。晋西北根据地民主政权的逐步巩固,彻底废除了旧的邻闾制,不仅村政权是各阶层联合参加的,就是县政府专员公署、行政公署,也都是包含着各党派各阶层的抗日人士,真正体现了"三三制"的精神。据 1942 年村选当中 11 个县 55 个行政村的统计,主任代表中有百分之十六是地主、富农,有百分之四十是中农,有百分之三十八是贫农、雇农和工人。村长中有百分之十四是地主、富农,百分之三十二是中农,百分之五十三是贫农。

在保障人权方面,1940 年初,晋西北行署颁布的施政纲领中,明确规定:保障一切抗日人民的言论、出版、信仰、居住之自由权。1941 年 4 月,正式颁布保障人民权利暂行条例,以保障人民的身体自由生命安全、财产土地权利、营业贸易自由权及政治自由权。在司法制度上,建立陪审,巡回审判,简便程序,以便于人民控告,吸收人民意见。并规定了法定手续之逮捕审问、处分、尊重犯人人格,重实据不重口供,废止肉刑及无期徒刑等。这些措施展现出党和政府对人权保障的极度重视,起到了稳定社会秩序,人民安居乐业的良好效应,如农业、工业生产的增加、土地价值的提高、商业繁荣的恢复、逃亡户的返回、各阶层的踊跃参政等。

在民主政治制度建设的同时,晋西北新政权也十分重视生产运动的开展。在奖励生产中,政府调剂了土地,使耕者有其田,所有耕地不荒芜;实行了减租减息,交租交息,减轻了农村中高额的封建剥削,刺激了生产者的热情;政府减轻公粮征额,奖励生产、创造和发明,帮助贷粮贷款。这一切都促成了根据地生产运动的发展。据统计,1941 年 25 个县开荒 35 万五千亩。1942 年 13 个县开荒 25 万亩。在生产运动中产生了张初元、温象拴、刘补焕等劳动英雄。

晋西北根据地民主政权建设和生产运动的开展,使广大农民的权益得以伸张,壮大了群众力量,巩固扩大了农村统一战线,调整了农村生产关系,提高了各阶层生产积极性。这种变动在一定程度改变了土地关系和阶级结构。因此农村革命根据地开始推行新的生产方式,提高农民的社会地位,扩大根据地的群众基础。这为劳模群体的出现提供了稳固的社会政治条件。

第二节　劳模群体的形成及特征

一、劳模群体的形成

（一）劳模群体的形成机制

晋西北根据地选举战斗英雄和劳动模范是从 1941 年开始,但是只在个别的领域之内,即,生产领域。劳模产生的方式也偏重于上级的制定和指派。从 1942 年晋西北第一届群英会以后,才开始全面开展劳动英雄与模范工作的民主选举活动。晋西北劳动模范的选举主要是根据两部规定:一部是 1943 年 10 月根据地政府颁布的《晋西北劳动英雄与模范工作者大会及其代表的选举办法》,另一部是于 1944 年 9 月颁布的《关于劳动英雄与模范工作者选举与奖励办法》。劳模英雄是从工农、运输、合作等行业选出的直接生产者,模范工作者则是在这些行业管理者中产生。1944 年颁布的规定更加完善,选举的范围更为广泛,凡从事建设行业之一,包括农业、工业、运输、财政、卫生、行政、军事、教育等行业,只要是符合规定的标准,就可以选举出劳动模范。凡是各行业的领导者,只要符合规定标准,就能当选模范工作者。选举的具体办法更明确,选举时按村、乡、县、边区四级进行。这一时期的劳模评选经历了从个体到集体,生产领域到各个方面,从上级指定到群众评选,体现了劳模群体形成机制的完善。

(二)劳模群体的奖励方式

劳模群体的奖励有两种基本的方式:集体奖励和个体奖励,两种奖励均以精神奖励为主,以物质奖励为辅。在生产运动中成绩突出的集体,按照集体所负担的自己任务的百分比给予奖励,奖励奖旗、奖章、奖匾、工具、奖金等,分为甲、乙、丙三等。在生产运动中的个体劳动模范给予农具、耕牛、纺车、布匹、纪念品、奖状、奖金等奖励。1940 年 2 月 18 日召开的生产总结颁奖大会给劳模英雄的奖品,个人先进特等奖为奖金十元,奖状一张,奖章一枚,还有一条印有毛泽东绘像的小纪念巾;甲等奖为奖金六元,奖状一张;乙等奖为奖金四元,奖状一张;丙等奖为奖金两元,奖状一张。① 1942 年 12 月晋西北根据地召开的第二届群英大会,奖品包括毛巾、布匹、脸盆、肥皂等生活用品和钳、烨、锄、犁等农具用品,贺龙、关向应、林枫、续范亭等领导还给劳动英雄们题了词,以示精神鼓励。

(三)劳模群体宣传表彰

塑造劳模本身就是一场创造和推广典型的运动,如果不采取各种载体和方式去扩大推广典型的示范作用,就无法引起大家的注意和学习,更不能推动大家的思想进步。因此,如何起到推广典型示范,使其更好地发挥模范带头作用,这是一个非常重要的问题。根据地的劳模运动中,非常注重劳模的宣传推广工作,通过一系列奖励、登报、扭秧歌、演戏、办庙会、开大会、小型展览会、互相参观学习以及请劳动英雄及模范工作者登场讲话等群众喜闻乐见的形式,把英雄模范的个人事迹和先进经验传播开来,这样便收到了典型示范的效应,当地许多群众就可以按照这些英雄劳模的办法及经验来加强和改进自己的生产或工作。

晋西北根据地劳模群体的表彰大会是劳模宣传的最主要的形式,也是成为劳模的重要标志。1942 年 1 月 13 日,晋西北为期 4 天的第一届群英会在兴县召开,大会共选出劳动英雄代表 83 名,获得了农具、毛巾、奖状等奖励。参加大会的劳动英雄衣襟上都系着红色的劳动英雄荣誉证,兴县各商家还在街道上搭系彩牌表

---

① 《劳动英雄济济一堂,本市举行生产总结给奖动员大会》,《新中华报》1940 年 3 月 26 日,第 1 版。

示欢迎,行署续范亭、牛荫冠正副主任更是给予劳动英雄高度评价,说他们是全晋西北 300 万人民的模范,值得大家向他们学习和钦佩。

1942 年 12 月 12 日,晋西北第二届群英会在兴县开幕。103 名劳动英雄出席大会。兴县城内数百家商号均悬灯结彩,实行大减价,庆祝大会开幕。城周四里各村群众,牵牛赶驴,穿着新衣,纷纷赶赴盛会,兴县县城人马缤纷,街道拥挤,盛况为历来鲜见。参加大会的群众有 3000 余人,多位边区领导在会上致辞,劳动英雄代表也先后发言,介绍经验。与第一届大会相比,这届大会的奖品更为丰厚,并由边区副主任亲自颁发。当劳动英雄们牵着大犍牛、大绵羊、母猪,拿着纺车、棉花、毛毯、毛衣、锄头、斧头、手巾、肥皂、奖旗、奖状等等经过主席台前的时候,群众一致报以热烈的掌声和亲切的敬意,并高呼向劳动英雄王思良、张秋凤、宋侯女等学习的口号。春耕劳动竞赛中,不仅涌现出了更多的劳动英雄,也使边区政府看到了群众运动的巨大潜力,以劳动英雄带头创造模范村的口号被适时提出,劳动英雄运动在晋绥边区得到进一步发展。

1944 年 1 月 7 日,晋西北第三届劳动英雄大会开幕,会期 9 天,有 130 名代表出席,时间比前两届更长,内容更加丰富,宣传力度更大。大会安排劳动英雄分组讨论,交换经验;制定生产计划,组织生产竞赛;通过了关于拥军的决议;发表了晋绥边区第三届劳动英雄大会宣言。大会期间,涌现出张初元、温象拴、刘文锦、刘补焕、王三法等农民劳模,张秋凤、刘清荣等工业劳模。晋绥边区政委林枫亲自主持宴请劳动英雄,使众英雄深受鼓舞。

1944 年 12 月 7 日,晋西北第四届群英大会开幕,到会群英 751 名,会议历时 25 天,是历届群英大会中规模最大,时间最长的一届。在这次大会上,不仅评选表彰了各类英雄,而且听取了边区领导关于 1945 年三大任务的报告,讨论了劳武结合、变工互助、卫生文教等方面的问题,组织了经验交流和练兵技术表演活动,通过了劳动英雄大会宣言和各种决议。可以说,群英会已不是单纯的劳动英雄评选和表彰大会,更像是一场具有全民参与性质的政治动员大会。

劳动英雄是通过劳模表彰和宣传创造出来的特殊劳动群体,由于这一群体直接从生产劳动中选举产生,所以他们更易被人民接受,能够在根据地社会发挥表率和示范作用。正是看到了劳模群体在当地人民中的影响力,根据地政府对劳模运动的开展也不断深入,劳模运动成为晋西北根据的生产建设的一个亮点。于是,越来越多的劳动英雄不再仅仅是生产劳动中的模范,而且投身社会动员和改造,甚至成为当地的领导者。

二、劳模群体的特征

第一、产生领域具有广泛性。劳模群体在各个行业的涌现,由原来单一的生产领域扩展到政治、文化、军事、教育等领域。1940 年以来的劳模不再局限于生产建设领域,各地方机关单位也相继涌现出大批劳动英雄。依据出席 1944 年边区群英会的劳模代表行业分布来看,农业为 104 人,占到总人数的 57.78%;工业为 26,占到总人数的 14.44%;文化卫生为 1 人,占到总人数的 0.56%;合作运输为 15 人,占到总人数的 8.33%;行政为 34 人,占到总人数 18.89%。第三届劳模群体大会 180 人的行业分布情况可以看出农业是劳模人数最多的行业。为了发扬和学习边区人民艰苦奋斗和创新精神,进一步提高各行业劳动积极性,1944 年 7 月 18 日晋绥边区参议会常驻会第十次会议与区府第五次联席会议做出《关于今冬召开晋绥边区第四届群英会的决定》。该决定指出:在全面性的大生产建设运中,从各行各业涌现出众多的劳动英雄和模范工作者。在新的形势下,要求我们在今年召开比往年更全面更大规模的群英会,借此来团结所有一线劳动人民和各阶层各部门工作人员,从而全方位检阅我们的生产建设事业,总结各项生产建设经验,发扬拼搏创新精神,以便更加深化和提高今后边区生产建设水平。因此,1944 年 12 月的第四届群英会劳模代表与第三届群英会相比又增加了三个行业,即军事、金融贸易、司法保安。而且各个行业劳模代表人数急剧增加,总人数达到600 多人。具体情况是:农业为 112 人,占总人数的 18.79%;工业为 88 人,占总人数的 13.6%;军事为 132 人,占总人数的 23.1%;文化卫生为 63 人,占总人数的8.21%;金融贸易为 44 人,占总人数的 4.10%;合作社 45 人,占总人数的 4.32%;司法为 49 人,占总人数的 5.18%;行政为 130 人,占总人数的 22.6%。① 从上述数据可以看出劳模分布行业不断扩展,人数不断上升,劳模代表的行业分布人数与各行业劳模运动在开展的实际情况有关,也考虑到各行业在晋西北根据地建设中的功绩和地位。

---

① 《众英雄光荣受奖》,《解放日报》1945 年 1 月 14 日,第 1 版。

第二、劳模群体中女性比例显著

由于战争的长期性、残酷性，大部分青壮年男子都投身于军事斗争，男性劳动力锐减，只有少部分年老的男子劳动力参加生产活动。从1937年抗战爆发到1941年，兴县西坪村男子增加24人，减少30人，负增长6人；女子增加28人，减少21人，净增长7人。战前兴县西坪、桑蛾、任家湾、唐家吉四村的性别比分别为112.9、102、111.96、108.33，战后则依次为102.29、75.32、113.64、98.25。由此可以看出，除任家湾稍有增加外其他村庄都减少了。这说明抗战后因征兵和死于战火等因素，根据地男性人口的损失程度大大超过女性。在这种情形之下，大部分妇女就有必要开始参加生产运动，女性劳动力在总劳动力所占比重不断上升。

在生产运动中大量的女性劳动力投入劳动，妇女积极参加生产劳动来提高社会和家庭地位。1941年春，晋西区多数妇女参加了春耕生产运动，据兴县、临县、河曲、保德、宁武、方山、离石、交城8县不完全统计，妇女有组织地参加春耕者10270人，还组织了代耕队、互助团、生产队、割草队、拾粪组等。养小鸡77924只，植树12806棵。1945年，兴县和临县等5个县的妇女劳动力总数分别11500人、30000人、10000人、12000人和55000人，纺织妇女占妇女劳动力总数分别达到130.4%、93.3%、80%、75.8%和81.8%。由此可以看出在大生产运动中妇女的比例占到劳动力资源的大部分，劳模群体的性别比例和以往的劳动群体性别比例也发生了本质上的变化，女性劳模比例大大增加。1941年4月，晋西北行署和抗联发出"为创造二百名劳动英雄而奋斗"的口号，晋西北妇联提出要创造40名女劳动英雄。1944年12月，在晋绥边区第四届群英会中，出席大会的妇女英雄共57名，其中张秋林、王补梅、杨雨儿、刘能林、王柏枝、韩国林、马改果7人当选为妇女特等英雄。王元英、郝二兰、郭崇女、张改花、李平英、白全英、杨爱英、康桂英、王淑女、刘进英、白芬团、李四四、王灵丹、阎二女14人当选为甲等英雄。其余为妇女乙等、丙等英雄。[1]

第三、劳模群体的政治面貌主要是贫农

减租减息、大生产运动，充分调动了晋西北根据的劳动人民，特别是贫农的劳动生产积极性，占大部分人口的贫农投身于生产运动中，这就决定了劳模群体大

---

[1] 山西省妇女联合会编:《晋绥妇女战斗历程》,中共党史出版社1992年版,第482页。

多产生于这个阶级群体中。如白改玉是兴县二区高家村的一个贫苦农民,出生于佃户,以给人放羊为生,因受到旧社会的压迫,生活困难,新政权建立后积极参加生产,期间表现突出,成为人们学习的楷模,后来被推选为农会干事,提出了"互济十石粮"号召,解决了全村贫农的吃饭问题,经过一年后被选举为高家村的主任,组织了变工队开展生产运动,并修建了大水渠,可浇灌二百多垧地。

离石妇女劳动英雄张秋林,作为穷苦人家的妻子,是一位独立谋生、勤劳勇敢的好妇女。她不仅自己领导妇女生产,而且鼓励丈夫参军投身抗日,组织妇女进行纺织运动,演出话剧,后来被选举为村妇救秘书。

张初元是宁武县新屯堡一个贫苦的农民,抗战爆发后,新屯堡成为晋西北根据地边缘的一个游击区村子,常常受到敌人的扫荡。宁武县抗日民主政府建立后,他响应党的号召,担任过村委会主任,民兵队长。为保卫生产,防御敌人抢粮,在生产和战斗的实践中,他创造性地开展劳武结合,组织起劳力和武力相结合的生产互助小组43个,平时民兵参与变工生产,战时民兵打仗,变工组群众帮助民兵种地。他从一个贫苦农民成长为新屯堡的一位领导者和深受群众拥戴的劳动英雄。

保德劳动英雄袁谦,兴县温家寨村的劳模英雄温象拴、劳动英模杨雨儿,神府县劳动英雄王晏池,临县妇女劳动英雄白全英,宁武县劳动英雄刘补焕等,原是村里的贫困户,都是贫苦农民出身,他们发挥自己的聪明才智和创造力,带领群众在大生产运动中创造出骄人的成绩。劳模运动中涌现出的大量劳模英雄政治面貌大多数为贫苦农民,也为贫苦农民翻身创造了条件。

第三节　劳模群体的作用

在短短几年中,晋西北根据地各级政府对劳动英雄和模范的培养,使根据地内逐渐形成了边区、县、区、村各级模范群体,他们都是各行各业的骨干,生产战线上的旗帜,劳模群体的涌现使整个边区出现了哪里有英模,哪里就生产热忱高涨的劳动景象。其作用主要体现在以下几个方面:

第一,发挥了带头和组织作用

各行各业的劳模,是在生产实践中通过竞赛竞选产生的,他们不仅劳动觉悟较高,热心公益,关注民生,能起到带头动员群众的作用,而且有一定的特殊技能和创造,是公众认可的模范,总是成为一个村庄或一个生产单位的组织者。神府县劳动英雄王晏池,他村原有 17 个变工组,共有全劳动力 45 个;半劳动力 12 个,牛驴 28 头。开始变工时没什么,后来有 10 个组发生问题,一个组组长能力弱,领导不起来;一个组是三家合变的,内有一家富农,地远粪多,想要其他两家给他多做活;一个组是牛驴不一样,耕地的深浅不同,引起不满;其余 7 个组劳力畜力不齐。因有上述问题存在,所以夏田耕完后就散了。为了巩固变工队,王晏池晌午晚上从地里回家后,便挨组检查变工情形。利用三个晌午与晚上就把发生的问题给解决了。有问题的 10 个变工组在大家认为谁也不吃亏的基础上重新转好。① 兴县四区在检查工作反省思想大会上,任家坡劳英张常拴带头对领导工作作了检讨后,村民乔根狗随即坦白自己作风不好,不会团结群众,变工组因此失败。官庄村在大会上以介绍劳英白扒儿大公无私、领导变工开荒、改造二流子、种棉花等经验,来教育干部。② 兴县六区罗峪口村劳英牛成业,他领导的变工组是全村最好的,该组只有 5 个人,都是贫雇农自愿结合一起,种地二百多垧,锄地比别人至少多二三遍,给大家都谋了利。组内牛增业买下七垧地,没钱付款,牛成业把这事在组里提出来,讨论如何帮助牛增业解决。五人锄完自己土地后,集体向外打短工,赚钱四五千元,给牛增业交了买地欠款,牛增业在变工中再给大家以工顶钱。③ 劳模带头和组织生产的事例举不胜举,他们大公无私,不计个人得失,发扬民主互助的精神,用事实和真情感动身边群众,真正起到了模范作用。

第二,改变了传统的思想观念

在劳模群体的带动下人们的劳动观念发生了重大改观,劳动光荣的观念深入人心,劳动人民逐渐明白"自己动手,丰衣足食"的深刻含义,使其不仅仅是一个口号,而成为人们的行动指南。特别是长期以来受到封建礼教迫害的广大农村妇女,自从劳模运动全面开展以来,不论乡村、工厂,广大妇女都被广泛动员参加劳

---

① 《劳动英雄王晏池检查生产巩固变工组》,《抗战日报》1944 年 5 月 4 日,第 3 版。
② 《用模范事实和经验启发教育群众》,《抗战日报》1945 年 3 月 25 日,第 2 版。
③ 《发扬民主互助精神》,《抗战日报》1945 年 3 月 25 日,第 2 版。

动,中国传统的"男主外,女主内"观念习俗在边区悄然发生了巨大改变。具有劳动能力的妇女都满腔热情地投入到生产活动中,全边区妇女从城镇到农村,从领导到群众,从干部到家属,从七八十岁的老婆婆到七、八岁的女娃娃,都卷入了生产运动的热潮。临县开荒女英雄张汝子,1942 年她一人开了三垧生荒,打了三石粗粮,在她影响下,全村 19 家农户妇女进行开荒,旧的坟地沟坡都变成了耕地。兴县劳动英雄张八芝,1942 年当选为全县劳模后,生产更加积极,帮丈夫种地十七垧,开荒十五垧。方圆几十里村庄的妇女闻讯后,均互相赞扬,要向她学习。①

妇女在纺织方面成绩尤为突出。从 1938 年到 1945 年,有 20 多万妇女参加纺织,共纺纱 600 多万斤,织布约 46 万大匹。广大妇女已从"缝衣补烂,烧锅煮饭"的旧式生活中解放出来,除了操持正常家务外,她们还成为农牧业生产行业的主要帮手,特别是在边区掀起的纺织运动高潮中,妇女成为边区纺织业的主力军和骨干力量。妇女劳模不仅是各条生产一线上的劳动能手,而且还是动员妇女积极参加生产的组织者。

广大妇女在劳动中政治觉悟也有所提高,甚至有些妇女开始走上革命道路,成为领导干部。抗日民主政权建设,原本没有任何政治权利的妇女开始拥有基本的政治权利——选举权和被选举权。1941 年夏天,晋西北地区开始村选。这次村选有 2/3 的妇女参加,当选的代表中有 17.6% 为女性,河曲县当选女性则占该县代表的 28%,有 2 名女性当选为区长。1941 年据兴县、保德、河曲、临县等 14 个县 44 个行政村的统计,拥有选举权的妇女中有 70.5% 参加了投票。1941 年,据晋西北行署统计,全区有 191 个妇女任县级以下的行政干部。1942 年参加第一届晋西北临时参议会议员 145 人中女性占 6.9%,大会按"三三制"的原则进行选举,有 10 名妇女被选为正式参议员,5 名被选为候补参议员,在 10 名参议员中,有 6 名是当地很有威望的普通妇女。乡村妇女从封建束缚中解放出来,开始发挥自己的民主权利,进一步促进释放她们劳动的潜能。

在劳模群体的带动和改造之下,社会上一大批烟鬼、赌徒、土娼,以及那些有好吃懒做、游手好闲、飘风浪荡、宣扬迷信、挑拨是非、偷鸡盗狗等行为的人,在思想上对劳动有了新的认识,改变了之前厌恶劳动的不良习惯,成为根据地生产建

---

① 《三个妇女劳动者》,《抗战日报》1943 年 5 月 15 日,第 2 版。

设的劳动力。过去好逸恶劳、好吃懒做、坑蒙拐骗的行径，与边区劳模的光辉形象形成了强烈的反差对比。一些二流子在劳模事迹的影响下，自觉转变了劳动态度。兴县女劳模张八芝身体健壮，且有熟练的农作技术，犁地、锄地、背粪、收割庄稼，担水、砍柴、浇园子她都是"好汉"，从春耕到秋藏的全部过程，她都能够参加，而且不亚于男子。附近几十里以内的人都称她为模范的劳动者。当全村妇女掀起向她学习的热潮时，有好些二流子受她的影响也主动开荒，甚至有的要跟她比开荒。劳动英雄温象拴在改造二流子时恩威并施，在他的教育与榜样作用下亲手将他们村的 5 个二流子成功改造过来参加变工生产。也有部分被改造的二流子，成为边区劳模。如兴县二流子高宝同原是一个搞迷信活动的神汉，被改造后种 30 垧地，当年收获 14 石粮食，被群众推选为边区劳动模范，1945 年他买耕牛一头扩大耕地 48 垧，全年产粮 30 石。

第三，推动了经济的发展

经济是取得战争胜利和革命政权巩固的重要保障，劳模英雄和先进工作者的努力推动了晋西北根据地各项生产的开展，给大生产运动提供了更大的动力，农工商经济均得到快速增长。

首先，克服了根据地严重的经济困难，基本实现了粮食和主要工业品的自给，打破了自然灾害和敌人物质封锁的困难局面，生产上逐渐由自给自足并走向发展壮大，人民生活水平也得到了很大提高。1944 年在约有 150 万人口的晋西北根据地，党政军民开荒达 75 万亩，比 1943 年增产细粮 11 万石；植棉 18 万亩，比 1943 年增加 11 万亩，产棉 65 万公斤，生产土布 60 万匹，解决了边区军民用布的 2/3 以上。1944 年形成了抗日军队的大生产运动，这一年边区全军共开荒 15 万亩，产粮 1.9 万石，产棉 5000 公斤，完成了军区规定的生产任务。这些成绩的实现不得不归功于劳模的先进带头。由于劳模群体的广泛影响，边区群众与职工的劳动热忱和生产效率提高了，农村散漫的农民逐渐被组织起来发展生产，创造模范村，使农村发生了翻天覆地的变化。

其次，劳模群体的先进性，在工厂里调动了工人的生产积极性和创造性，不仅增加了产品产量，降低成本，还出现了许许多多的创造发明。从 1941 年春开始，晋西北的工业生产形势出现了蓬勃向上的好势头。2 月全区建立新厂 7 个，合并或接管旧厂 5 个，总投资 146900 元，并有计划地收集了一部分工具、原料，配备了干部及工人。到年底,生产布 954 匹,毛织品 538 件,毛巾 17 件,粟子纸 5200 张,肥皂 10100 条,墨汁 600 瓶,油墨 110 磅,粉笔 200 匣,煤 162 万公斤。①

再次,工农业的发展,推动了边区商业贸易好转。晋绥边区行政公署在兴县城关创办了新兴商店,晋绥公安总局开办了丰记商店,兴县县政府开办了永茂公商店。加上私人开办的商店,兴县城关从梢门到西关大舞台,一共开设了 120 多个门市部。私人商店较大的有裴巨昌、杜子明、马三牛、赵廷玉等,这些商业贸易的出现确保了根据地的商品流通,方便了群众生活。为繁荣根据地贸易,加强经济建设,晋绥边区各地经常举行大规模的骡马交易大会,如 1944 年 11 月 14 日至 21 日,在静乐天池店举行骡马大会,每天到会的群众均达 4000 人以上,大会上布匹、棉花、食盐、粮食、农具等商品一应俱全。这次骡马大会,推动了游击区的贸易与生产。

晋西北根据地劳模群体的经济社会作用及影响力是显而易见的,劳模群体在促进根据地经济蓬勃发展的同时,对当地社会风气和社会面貌的转变也起到了巨大推动作用,彻底扭转了边区过去散漫、懒惰的不良习气,民主互助和勤劳致富的优良社会风气在边区蔚然成风。边区政府在狠抓物质工作的同时,也不忘加强对群众精神世界的关注和改造,这点尤为值得称道,即使放到当今也有很强的借鉴意义和可取之处。

---

① 山西省史志研究院:《晋绥革命根据地史》,山西古籍出版社 1999 年版,第 225 - 226 页。

第十一章

儿童劳动力资源的开发与利用

因战争的长期性,农村青壮年不断地输入部队,使农村中青年日益减少,而儿童却相对稳定,且数量较大。如兴县一区杨家坡村,有 30 多户人家,1940 年全村有 9 名青年,有 40 多名儿童;离石艾掌村有 100 户人家,有 16 名青年,有儿童 50 名,可见,儿童往往是青年的三四倍以上。据晋西北行署 1941 年对兴县、离石、河曲、保德、岢岚等县的不完全统计,共有儿童 79941 名,有组织的儿童达 55253 名。儿童既是现实的劳动力资源,又是抗日和革命的后备军,在晋西北受到特殊的爱护与保养。为充分发挥儿童在抗战中的作用,各级政府积极改善儿童的生活状况,提高儿童的社会地位。新民主主义教育的开展和儿童社会生存状况的改善,使无数儿童受到了新文化教育,逐步改变了愚昧无知的状态,支援了抗战,不少人走上了革命的道路,并且成为无产阶级革命事业的坚强战士。

第一节　开发儿童劳动力资源的政策措施

儿童是抗战与革命的后备主力,党和政府尤为重视对儿童的教育。晋西北抗日民主政权初创时便确立了教学与抗战生产相结合的教育方针,在此方针的指导下根据地初级教育逐步走向恢复和发展。随着根据地政权的巩固和经济的发展,各级政府也十分注重保护儿童的健康,改善儿童的生活,提高儿童的社会地位。

第一,实行教学与抗战生产相结合方针

据史料记载,20 世纪初期,晋西北五寨、岢岚、神池等各地在县城,以及较大的村庄开始创办高等小学,不过仅有极个别富裕家庭的子弟能够上学读书,多数贫苦儿童不仅无条件读书,而且承担着很多家务和农活。男孩春天打土坷垃、送粪、拾柴、拾粪、送饭、放羊、担水等。夏天,割麦子、锄地。秋天割谷子、背炭。冬天拾柴、担炭。女孩纺花、做饭、烧火、照顾小孩、挖野菜。贫农儿童,劳动很重,生活很苦。例如保德下流碛姜四子,6 岁时就参加劳动,拾柴、锄地、推磨、背庄稼、担水,一年到头没有空闲。临南县石佛山村张合祥,12 岁靠背炭卖炭谋生。

抗战爆发后,多数青壮年男子脱离生产,直接参军或承担较重的抗战勤务,农村劳动力缺乏,儿童的劳动负担有所增加,离石艾掌村共有 50 个儿童,有 30 个参加劳动;兴县东坡上村 14 个儿童都参加劳动,最小的仅 6 岁。由于劳动负担加重和生活困窘加剧,儿童失学的数量很大。如河曲 1 万名学龄儿童,入学的 3800 名,占 38% ,文(水)交(城)31000 名学龄儿童,入学的约有 2 万名,占 64.5% ,兴县 8500 名学龄儿童,入学的 2250 名,占 26.4% ,方山 3200 名学龄儿童,入学的 800 名,占 25% 。

在长期艰苦的战争环境下,儿童既是现实的劳动力,也是潜在的重要劳动力资源。动员和组织儿童适当的参加生产劳动,是战争的客观需求,但根据地的儿童也是未来新中国的主人,不能因支援战争,参与生产劳动,完全放弃学校教育。为合理地开发和利用儿童劳动力资源,晋西北根据地党和政府在教育上贯彻了"民族的、民主的、科学的、大众的、统一战线的"义务教育政策。从 1940 年晋西北行署成立后,开展了小学教育的恢复和建立工作,小学校成为农村文化教育工作的中心,儿童成为农村教育的主要对象。9 月底,据晋西北行署对 19 个县的不完全统计,已有完全新小学 26 所、初级小学 1393 所,共有学生 61938 人,每县平均有小学 74 所,学生 3295 人。①

1941 年 5 月,晋西北行署公布的《晋西北教育宗旨及实施方针》中规定,教育为抗战建国服务,当时的教育方针贯穿了一个总的精神,就是一切围绕抗战,一切为了抗战。所有的教学内容都是为抗日战争服务的。学生的语文、算术、历史、地理、自然等课文都贯穿着爱国主义教育和国际主义教育。根据地小学除坚持正常的教学外,还积极配合抗日工作,组织了儿童团,年龄大一些的学生轮流在村口、大路上站岗放哨,盘查行人,传送情报,查户口;同时慰问军队,帮助军属干活。许

---

① 山西省史志研究院编:《山西通史》第 8 卷,山西人民出版社 2001 年版,第 663 页。

多学校还组织了宣传队、秧歌队宣传抗日，配合中心工作，破除迷信，改造"二流子"。不少学校还种地、纺线，搞生产自救。这些都有力地配合了抗日工作。

1942 年 5 月，毛泽东的《在延安文艺座谈会上的讲话》发表后，晋西北根据地的小学进一步转向为群众服务，与战争、生产、社会相结合的方向。这一年，据 21 个县统计有完全小学 28 所，初级小学 1761 所，学生约 7.5 万人。

1943 年晋西北根据地响应毛泽东"组织起来"的号召，实行变工互助，开始建立变工互助的民办公助小学，整个晋西北根据地小学教育走上了新的发展阶段。群众在抗战和生产实践中，迫切需要文化，如变工后需要记工算账，打算盘等。翻身后，政治觉悟的提高，也深感文化的需要。有史料可证，绝大多数农村能够把所有的少年儿童组织在学校内，主要还是翻身后家长意识到自己的孩子确实需要接受新式教育。如保德县模范村袁家里经过两年时间的减租减息，清理旧账，回赎土地，发展生产，群众由贫穷走向富裕，其中有 22 家贫农上升为中农，整个村子的 46 户人家，生活状况发生了巨大变化。可是，在组织变工中，大家都犯了愁，因为变下工没有人会记账，于是响应群众要求，成立了民办小学。保德县刘家沟村民生活改变后，认识到村子穷、没文化、经常受人欺骗，在群众的要求下，也成立了民办小学。

在群众的推动下，根据地小学教育取得的了前所未有的发展。据不完全统计，1944 年 8 月，根据地共有小学 676 所，其中完全小学 27 所，初级小学 568 所，中心小学 38 所，民办小学 43 所。至 1944 年 12 月，根据地小学又增加到 969 所，其中完全小学 222 所。到 1945 年 7 月，小学更增加到 1096 所，其中完全小学 30 所，初级小学 617 所，民办小学 449 所。儿童入学率也不断提高。①

入学儿童的增加，办学规模的扩展，学校经费存在严重不足。为了适应抗日战争的需要，解决教学经费不足，提高和改善师生的生活待遇，照顾贫困家庭儿童，多数学校创办合作社、实行半工半读，开展生产自救，学生的文化知识和劳动技能在教学中均得到了提升。如晋西北新民主主义实验学校，为培养合作事业的人才，帮助当地群众发展合作经济，于 1944 年 7 月成立实验合作社，在不到一个月中，学校入股者 110 余人，股金每股 500 元，群众入股达 10 万元（内有事物股

---

① 山西省史志研究院编：《山西通史》第 8 卷，山西人民出版社 2001 年版，第 664 页。

2000 元),组织分为生产、营业、群众服务各股,都是由学生轮流实习。学生中的织布组、木工组、铆工组、皮革组、铁工组都与生产股发生关系。他们生产的原料,工具都由生产股供给,制成品也是经济股作价后由门市部出售。实验合作社成立后,经一个多月的生产,木工组就供给了合作社 274 架纺车,织布组供给了 265 丈土布,45 丈纱布,8 打毛巾,全校供给了 356 斤纱。①

晋西北山多地少,土地贫瘠,经济落后,抗战时期灾害的发生,兵匪的破坏,民众生活更是困苦不堪。有好多贫困家庭的孩子,不得不承担一定的劳动,以勉强维持生存,因此,不能正常上学。为解决贫苦学生读书与劳动的矛盾,不少地方采取了半工半读的教学形式。如岚县西豹峪、西沟村采取变工办法成立了半工半读的放牛合作社,使放牛娃读书问题得到解决。两村 160 头牛,由 26 个儿童分别编入六组包揽放牧,每日各组一半儿童上学,另一半放牛并复习功课,互相轮流。过去各牛主朋伙雇佣放牛娃,工资很低,每头牛每月不到 5 斤小米,现在组织了放牛合作社,儿童独立自主招揽放牛,工资提高到每头牛每月小米 10 斤。这样儿童每月除吃之外,还能积存小米 30 斤,夏锄中放牛 5 个月,积存 150 斤小米,冬季还可放牛 4 个月,上学吃的问题全部解决,还有剩余。另外,放牛时可以随时拾粪,平均每人每月集粪 10 驮,5 个月便可收入 13000 元。附带采茶、打山杏仁等,也可获利 10000 元,足够解决全部文具的费用,还能补充一部分衣服。岚县其他村庄如大榆沟、甘钦、王现庄等村都仿效这种办学形式。

由于学校都增加了生产知识的课程,并在生产实践中进行教学,儿童的劳动观念以及劳动技能均有很大转变。如神府县盘塘中心小学开设种棉和种菜两门课,教师在学校专门种一亩棉花,引导学生从实践中学习种棉花的方法;神府县贾家沟中心小学和第一、第二完小,也都学种棉花、种菜、纺纱。这些学校把生产收获的 60% 留给学校,40% 归学生自己。这种工学结合的教育形式,一方面补充了学校的修补费用,学生们文具也不用向家里要钱购买,另一方面学校的生产工具和一部分学校用具,也可以自己动手解决。贾家沟中心小学学生借用木匠的工具自造纺车 40 架,自己打制缝纫针,自造搅水辘轳,师生还同木匠、石匠变工给学校

①　《实验学校成立合作社各项事务均有学生轮流实习》,《抗战日报》1944 年 9 月 7 日,第 2版。

做桌凳,修理校舍。神府县贺家庄小学把学生回家担水、扫地、喂牲口、洗锅、做饭等等,列为考核成绩和学生间竞赛的主要条件之一。

除帮助家庭生产外,学生们经常参加社会活动,帮助做地方工作。盘塘中心小学每礼拜都有一定时间帮抗属打柴、挑水;第一完小小学生组织了一个读报小组给群众读报,帮助群众组织了12个变工小组,制订了18个农户的计划,改造了两个二流子,组织了一个妇女纺织小组,培养了一个模范纺妇,此外,还刷写标语,随时进行宣传。为提高学生的民族觉悟和实践能力,学校在课程中则增加了政治时事,政策法令以及珠算、记账、写契约、开条子等实用知识。由于实行了学用结合的教育方针,小学大受群众欢迎,群众纷纷主动送孩子入学。[1]

第二,改善儿童生活,提高儿童地位

晋西北地区穷乡僻壤,村庄疏散,人口稀少,文化落后,封建残余势力相当浓厚,家庭和社会环境均不利于儿童健康成长,儿童的身心甚至生命常常遭受非人道的摧残。由于地主豪绅对工农群众的残酷盘剥,加上兵匪战乱水旱天灾连年不断,使穷苦人民家破人亡,妻离子散,因此,卖儿鬻女、弃婴、溺婴的事件屡出不穷。抗战爆发后,受战争影响溺杀婴儿的风气仍然严重,仅偏关某行政村1942年6月份之统计,竟达六人之多。[2] 由于数千年封建主义男尊女卑、重男轻女的思想影响,被遗弃和溺杀的婴儿,又多是女孩,至于童养媳、养子女、继子女则倍受种种歧视和虐待。

传统婚姻也是影响儿童身心健康成长的不良因素之一。在晋西北男女订婚一般在十岁左右,结婚在十六七岁。贫农家庭的女孩子,很小就娶过、订出去或送走当童养媳。童养媳的生活很苦,保德崔家塔一个童养媳,2岁时父亲以7斗黑豆卖了,她9岁时,丈夫23岁,农闲时在家主要缝衣、做饭、伺候公婆,耕种的时候还到地里帮忙,自己有时想母亲,但没办法,想得厉害时也只能偷偷地哭。

晋西北抗日民主政权建立初期,早婚现象依然较为普遍。据1941年对河曲县第一完小学生婚姻状况的调查,该校11岁学生32个,订婚的有16个;12岁学生27个,订婚的有20个;13岁学生24个,订婚的有19个;14岁学生16个,订婚

---

① 《神府小学在实践中进行教学》,《抗战日报》1944年5月27日,第2版。
② 康平:《溺杀女婴的风气严重》,《抗战日报》1942年8月21日,第3版。

143

的有 12 个;15 岁学生 11 个,结婚的 2 个,订婚的 7 个;16 岁学生 5 个,结婚的 3 个,订婚的 2 个。①

合理的婚姻对于个人、家庭是幸福的,对社会和谐发展也是有利的。但晋西北盛行的早婚,不仅影响儿童身心的正常发育成长,而且影响当事男女双方的工作和学习。同时,由于生活经验不足,难以妥善处理和安排家庭生活,也不能很好的哺育和教养孩子,往往影响夫妻感情,甚至造成离异。未到成熟的生育年龄而生孩子,所造成的孕妇和胎儿死亡率也相当高。早婚,即使组成了家庭,往往由于性格上、心理上的不稳定和社会生活经验不足而容易发生家庭危机,不利于家庭的和谐稳定,更无法承担起对下一代抚养教育的全部职责。

此外,抗战爆发后,地处偏僻闭塞的农村,缠足之风依然盛行,女孩到四五岁时,就被迫缠足,这对女童身体发育造成不良影响,一是妨碍女童的身体健康,造成行动不便。二是缩小了活动范围,使女孩长大后,只能局限于炕上灶旁,降低了妇女的经济和社会地位。

1939 年 3 月党中央给各根据地下发了《中央妇委关于目前妇女运动的方针和任务的指示信》,信中要求各根据地政府严禁打骂、虐待、侮辱童养媳。并颁布明令禁止溺杀婴儿及保护儿童等法令。由于阎锡山的反共倒退,晋西北党政军以及各抗日团体没能有效地执行这一指示。1940 年初,晋西北军民取得反顽斗争的胜利,结束了两种军队、两种政权并存的局面。晋西北行署开始致力于新的法律建设。针对社会上存在的阻碍儿童成长的积弊陋俗,进行了不断斗争,明确提出了保护儿童的政策,先后制定了一系列严禁早婚、童养媳、虐童、溺婴、反缠足等法令。

1941 年晋西北根据地在施政纲领中规定:禁止买卖婚姻,执行自愿的一夫一妻制,反对童养媳及指腹为婚,禁止早婚,建立男女正确关系,禁止妇女缠足及溺杀婴儿等。1941 年 4 月 1 日,《晋西北婚姻暂行条例》公布。这是晋西北新政权建立后颁布的第一部有关婚姻并具有法律效力的条例。条例第二条规定:婚姻以基于男女当事人之自由意志为准则;第三条规定:实行一夫一妻制,禁止纳妾续婢,禁止童养媳、早婚、包办强迫及买卖婚姻。1942 年 10 月 19 日中共中央晋绥分局

---

① 《河曲县第一完全小学工作报告》,山西省档案局,卷宗号:A137 - 2 - 7 - 1。

在《关于巩固与建设晋西北的施政纲领》中,进一步强调:实行一夫一妻婚姻制,并实行孕妇及儿童之保健与教育。

上述婚姻法以及保护儿童妇婴法令的执行,对遏制早婚、童养媳、虐待打骂和溺杀婴儿等不良习俗起到一定的法律效力,收到了明显的效果。特别是各级政府以及妇救会等组织的宣传与发动,众多的童养媳开始与封建家庭斗争,解除了契约、婚约。1943 年由晋绥高等法院受理的 43 件离婚案件中,由男方提出的仅 11 件,女方主动提出的有 32 件,且以年轻女性较多,充分说明女性自我抗争意识的觉醒。

根据地民主法治的普及,儿童也有了反抗意识,尤其在教师和儿童团的动员保护和组织下,儿童们也敢于反抗家长的打骂与虐待。如:河曲下营村儿童团连长率领儿童去动员一个儿童上学,但家长不准儿子入学。针对家长的行为,儿童团就开了一个会,大家一起批评这位家长,村长、小学教员也对该家长进行了说服教育,最终,这位家长改变了态度,叫他的儿子入学了。下营村儿童排长王沿玉带领同学去动员学生上学,到了一家门口,这家大人故意放出看门狗,还把王沿玉踢了两脚。王沿玉哭着回学校后,学生们提议不能随便打儿童,学校教师把那家大人叫来,罚了 50 斤炭。静乐五区杨树底村的一个儿童,无父母,过继给他叔叔,冬天不给穿棉衣,每天还要拾粪两框,不给吃饱饭,不让上学。村里儿童连开多次斗争会,到会人数在 45 人以上,结果学生们赢得了胜利,家长不仅给他穿上了棉衣,而且还让上学。

在改善儿童生活方面,各地都发动过反对买卖儿童、打骂儿童、阻碍儿童上学放哨、继母虐待儿童的斗争。虽然有些地方,做得过火,妨碍了统一战线,但儿童的社会地位,是在这些斗争中普遍提高了。

第三,开展医疗卫生运动,关注儿童身体健康

由于敌人的烧杀,瘟疫的泛滥,儿童死于非命和死于疾病不知有多少,贫苦农民孩子死亡尤其严重。据晋西北行署 1942 年对兴县西坪村人口的调查统计,西坪村中贫农人口占绝对多数,男出生率,除富农 1 人外,中农出生率比贫农大,中农 16%,贫农 6%;死亡率中,中农 14.5%,贫农 10%,男婴儿死亡率中农 8%,贫农 2%。但女子出生率,除商人、其他各 1 人外,中农出生比贫农大,中农 16%,贫农 2%,而死亡率,中农和贫农差不多均为 12%,女婴儿死亡率,贫农比中农大,贫

农 10%,中农 8%。

抗战时期,日军对幼弱的儿童常常会残忍的屠杀。1937 年 10 月 13 日至 11 月 8 日,日本侵略军在崞县南怀化制造一起骇人听闻的惨案。一个两岁幼童被劈腿撕为两半,一个婴儿被挑在刺刀上开心,一名孕妇被剖开腹部取出婴儿挂在树上。这次惨案中南怀化全村 204 户,有 100 余户全家被杀绝。全村 1020 口人,幸存者只 200 余人。①

除日军的残暴杀害之外,瘟疫也经常发生。1941 年夏,兴县七区暴发瘟疫,群众染病者极多,其中四个村子的病亡情形如下:其死亡率最低者为寨上村,占全村总人口的百分之十一点九,而死亡率最高之双会村,则占全村总人口数的百分之六十四点八。② 1941 年 6 月,因天气冷热无常,保德境内发生瘟疫,据一、三、五各区之调查,死亡人数达 200 余人。③ 通常情况,在瘟疫中儿童得病率与死亡率较成年人高。1945 年夏季,兴县贾家沟一带瘟疫,患者多是儿童,其中进德村 5 名儿童患病死亡,麻子峪村 5 名儿童患病死亡,这仅是《抗战日报》发文时已经死亡的儿童数目,本次瘟疫中最终有多少儿童患病或死亡,没有确切史料,难以猜测。④

因愚昧落后,神医误导,导致儿童死亡的事例也非常普遍。如岚县长门村李继长有一十个月的儿子,因母亲没奶,营养不良,身体很弱。一次受风咳嗽,请神婆在手指上扎针,没有治好。当地部队医生给了一些解热药,告诉家长,孩子生病主要是因为营养不良,不要请神婆。孩子吃药后,病情略有好转,但孩子母亲不相信西医,又请了一位庸医,给孩子吃蜂蜜、麻油等东西,结果导致小孩子中毒身亡。⑤

鉴于儿童疾病与死亡较为严重的状况,晋西北根据地党和军队均采取了积极而有效的保护和防范措施。例如:为防止瘟疫流行,临县市政府开展清洁运动。临县三专区公立医院免费给当地儿童种牛痘,同时决定实行救济办法,廉价出售

---

① 中共山西省委党史研究室:《晋绥革命根据地大事记》,山西人民出版社 1989 年版,18 - 19 页。
② 董家龙:《兴县七区瘟疫成灾》,《抗战日报》1941 年 6 月 16 日,第 3 版。
③ 《保德瘟疫蔓延》,《抗战日报》1941 年 6 月 22 日,第 3 版。
④ 《兴县贾家沟一带发现时疫》,《抗战日报》1945 年 6 月 28 日,第 2 版。
⑤ 李秀清:《庸医害人李继长娃娃中毒致死》,《抗战日报》1945 年 6 月 10 日,第 2 版。

药品,对持有区级以上介绍信之贫苦人民及抗属,免费诊治及施药。[①] 该市大众医院免费诊疗抗属贫民,一些部队医生经常协助开展医疗卫生,破除封建迷信思想。兴县驻军201支队卫生队积极给驻地附近群众治病,一个半月内共治疗86名有病的儿童,对于一些重症病儿童,他们还亲往诊治。三分区各部队积极协助开展群众医疗卫生工作,37支队卫生员石辰旭,在谷渠村生产时,不仅为群众治病,还协助村干部挨家挨户进行卫生检查。

第二节 儿童劳动力资源的利用

抗战期间,晋西北根据地的儿童,在抗日爱国思想的教育下,民族与阶级觉悟不断提高,随着新教育方针的实施和保障儿童权益的有关政策的贯彻,广大儿童焕发出极高的抗日热情。他们在党的领导下,努力生产,积极支援抗日前线,为抗战和根据地建设做出了巨大的贡献。

第一,积极参加农业生产

发展农业生产是坚持抗战的物质基础。抗日战争中,许多青壮年参军上前线,日伪军对晋西北根据地进行严密的经济封锁和疯狂的掠夺,加以天灾、疾病流行,使晋西北农业生产所必要物质十分紧缺,经济处于极端困难的状态,群众生活更是困苦。为解决农业物资匮乏和劳动力紧缺的问题,儿童们便承担了部分农业劳动,节省出大量的人力,解决了学校师生的衣食问题,给当地驻军提供一定的物援。

据《抗战日报》等史料记载,根据地绝大多数小学生开荒种地,实行生产自给。如保德三分区一中全体师生及杂务人员,都积极参加生产,建立革命家务。首先自己装置与制造了开荒工具,买回来的镰刀、斧头,自己上山砍把子,又在同学中选出了两个做过木匠的同学按柄子。开荒中,由于奖励了英雄,批评具有二流子思想的同学,研究学习,提高技术,15天就完成1500余亩。保德二分区二中全体师生在校长率领下,1944年春,到岢岚开荒,全校人员都适当分工,女生及小同学

---

① 《临县免费种牛痘》,《抗战日报》1943年4月10日,第2版。

担任做饭、送水、拾粪工作,其余人员,一律参加开荒。因为同学们生产情绪很高,开始五天,就开了熟荒 80 亩。① 当年秋天,二中学生百余人,分编为四组,去岢岚进行秋收,在当地群众帮助下,6 天内即全部完成。因为精耕细作,该校庄稼长得很好,可产细粮 250 石。②

晋绥边区劳动英雄张初元村,儿童开荒队有 15 人参加,用记工的办法,按劳力分为四等评定,劳动所得 80% 归私人,20% 作为拥军。岚县五区铁青村儿童赵明针发动 7 个儿童集体开荒,计划每人开荒两亩地,农会帮他们耕种,打下粮食解决自己的穿衣及纸笔等费用。③

交西儿童英雄李三领导下的戴家庄 10 多个学校儿童,春耕中开了 15 亩荒地,其中除三分耕地栽种拥军菜外,其余打下粮食准备购买学习用具与地雷。他们所用的种子一部分由各家自愿拿出来,一部分由农会调剂,开荒的办法是一个掌犁,四个儿童拉。在突击生产的时候,上地之前,教员把生字写在儿童的手背上,他们休息时候就在地下写练。

五寨某村在模范儿童于摇光的领导下编了四个开荒组,他们学习半天,劳动半天,半月时间就开垦 4 垧多荒地。该村劳动英雄于阗池和生产大队部特预备铅笔、红缨枪等物品奖励他们。受到奖励的儿童劳动情绪更高了,之前四个人一天开荒一亩二分多,奖励后就增加到二亩。④

除开荒种地外,儿童们还参与了兴修水利、种植棉花等农业劳动。保德前会行政村为提前完成花园的水利工程,组织 8 个自然村的儿童参加,其中能经常上工的儿童 88 人,担任捡石头、烧石灰等工作。劳动期间他们共捡 6000 多担石头,烧出 14 万斤石灰。⑤ 为解决军民穿衣问题,根据地棉花种植面积不断扩大,每年春天播种时期,儿童们也参与棉花种植。如静乐四区有 17 个试种棉花的自然村,在干部与种棉指导员集体指导下,儿童们挖坑、浇水,5 天内协助大人,种了 100 多亩。柴水村群众因干旱,不能下种,男女老少一齐动员,妇女们挖坑,男人们担水,

---

① 《一中、二中师生开荒种地》,《抗战日报》1944 年 5 月 27 日,第 1 版。
② 《二中完成秋收,每垧收细粮四斗》,《抗战日报》1944 年 10 月 19 日,第 2 版。
③ 王致华:《儿童合作开荒》,《抗战日报》1945 年 6 月 26 日,第 2 版。
④ 侯献:《交西戴家庄儿童拉犁开荒》,《抗战日报》1945 年 6 月 10 日,第 2 版。
⑤ 平波:《保德前会行政村儿童参加修水利》,《抗战日报》1945 年 6 月 7 日,第 2 版。

小孩子用瓢往坑里浇水,全村棉田提前种完。①

第二,利用课余搞副业

除主要参与农业劳动外,儿童们利用课余,因地制宜,进行副业生产。兴县二区小学为解决夏锄中草帽困难,召集 16 个村的儿童干部训练编织草帽,在 8 天中,他们用高粱皮编了 49 顶草帽,他们训练完后回到所在村庄,再教其他学生编织。杨家坪儿童回去后又教会了 16 个学生,共编草帽 19 顶。② 1945 年夏,兴县高家村开办了编草帽训练班,教出了 100 多个儿童,共编了草帽 360 多顶,节省四万三千多元。③

为解决师生穿衣及学习用品,学校创办合作社,发动儿童参加纺织。离石刘家山小学儿童成立了纺织合作社和消费合作社,他们把学校生产的软米换了棉花 3.5 斤作为资本。女生刘世香会纺织,每天能织布 6 尺,大家选她为合作社主任。他们还制订了具体的生产计划,比如冬天要织布三匹,可以赚本币四千元,就能解决学生们的困难。他们创办的消费合作社有 67 股,股金本币 13400 元,专门供给儿童文具。④

兴县三区完小把学校教育与生产相结合后,学生人数比往年增加一倍。该校有纺车 80 辆,织布快机一架。还吸收了 40 个青年妇女参加,每天可纺线 7 斤,自用一斤二两,余下的供给合作社织布。每个学生全年可分收益 15700 元,除了给学校作经费外,还可净得红利 12560 元。不但学校做到经费自给,学生也解决了文具和穿衣问题。⑤ 兴县赵家川口小学,有 30 余架纺车,一架快机,四个儿童学会了织布,纺织收入解决了自己学习用品。⑥ 偏关县某完小全校参加纺织的学生 30 多人,每人每日平均可纺二两多线。校内还购买了两架快机,纺织的收入不仅可以解决参加纺织学生的单衣和学习用品,还可补助一部分贫苦学生的纸笔等费用。⑦

---

① 汪春林:《男女老幼一齐突击,静四区棉田种完》,《抗战日报》1945 年 5 月 14 日,第 2 版。

② 《兴、神、岚各地小学生参加生产参加防奸》,《抗战日报》1944 年 8 月 10 日,第 2 版。

③ 阎玉:《兴县二区儿童自己生产解决学习用品》,《抗战日报》1945 年 4 月 4 日,第 2 版。

④ 庆亮:《离石刘家山小学生成立纺织生产合作社》,《抗战日报》1945 年 1 月 31 日,第 2 版。

⑤ 王冰:《兴县三完小发展纺织经费可自给》,《抗战日报》1945 年 3 月 18 日,第 2 版。

⑥ 阎玉:《兴县二区儿童自己生产解决学习用品》,《抗战日报》1945 年 4 月 4 日,第 2 版。

⑦ 李培渊:《偏关完小发展纺织》,《抗战日报》1945 年 4 月 4 日,第 2 版。

第三,保护后方,动员群众

站岗放哨、抓捕汉奸、捉拿逃兵,维护后方社会稳定,防止敌人破坏,是儿童承担的重要抗战勤务。1943 年 1 月,一名汉奸从阳方口潜入临县,企图侦查我方活动,行经某村哨位时,值哨儿童便猛扑过去,将其左腿抱住,当即被赶来的村民兵逮捕。县政府颁发奖金 300 元,奖励扣获汉奸的儿童。① 临县某村 14 岁儿童团长李乐,组织全村儿童,积极进行缉私工作。他将全村 9 岁至 15 岁的儿童全部组织起来,编成三个小分队,每天训练一次;又编了号数,两人一天轮流放哨。1943 年 3 月 10 日,有奸商三人私运粮食往三交敌人据点,被李乐发现,他当即召集儿童团 7 人,把粮食两驮扣住,送交村公所处办。② 1940 年晋西北青年组织,在儿童工作总结报告中提到多起儿童主动抓捕逃兵、汉奸的事例:文水县武良村儿童与游击小组抓住 7 个汉奸;临北儿童捉逃兵 9 人,扣住不带路条的 5 人;静乐县儿童捉逃兵 38 人,抓汉奸 9 人;兴县儿童抓 3 名汉奸,66 个逃兵。

儿童在禁止吸食大烟,抓捕地痞流氓方面也很积极。当时儿童团没收烟灯非常盛行,如兴县六区罗峪口小学儿童团没收八个烟灯,二十里铺、寨上、城关等地抓到吸大烟者都要戴纸帽游街。在静乐县娄烦儿童查出 9 个烟灯,抓获了两个逛破鞋的流氓。

儿童在社会动员方面非常活跃,在学习和劳动之余,以各种形式积极宣传党和政府的政策,对动员群众抗日和生产起到良好的效应。儿童的宣传多以剧团、宣传队、工作队的形式出现,它们多数是以学校(主要是小学)为基地建立起来的。如 1941 年离石、临南、静乐等县以学校为单位,组织了 60 个儿童剧团。其中离石 21 个、临南 7 个、临北 6 个、兴县 5 个、静乐 6 个、保德 4 个、河曲 4 个、岢岚 2 个、文水 1 个、交城 1 个、方山 1 个、岚县 2 个。以戏剧、歌咏、舞蹈、讲演、画漫画、写标语、办墙报等为武器进行抗日宣传工作。在街头、舞台、工厂、农村、学校、兵营演出,单是临县就演出 30 次,有两万以上的观众。

兴县贾家沟小学教员乔正迁、孟义同两人,把全校学生组织起来,利用黑板报、识字组、读报组,流动夜校等方式,开展当地的社会教育,组织 32 个男女青年

---

① 《儿童捉住汉奸,政府拨款奖励》,《抗战日报》1943 年 2 月 9 日,第 1 版。
② 《儿童团长李乐组织儿童缉私》,《抗战日报》1943 年 4 月 10 日,第 1 版。

学习文化,听讲政策。兴县二区一些村庄的儿童,在当地剧团的帮助下,成立了儿童剧社,歌咏队,高家村的儿童曾经演出《兄妹开荒》《儿童放哨》等剧本,得到观众的称赞。① 在重大节庆活动中,儿童也参与成人剧团的演出活动。兴县二区儿童参加民间剧团,在春节宣传中表现得很突出,蔡家崖的儿童剧团自编自演的《上冬学》,得到了观众的好评,他们和大人一起演戏,往往扮演相当重要的角色。

　　除较正规的儿童剧团外,各地还组织了儿童宣传队。静乐县高小为了使学校与群众结合,动员群众参加生产劳动,特别组织了春耕秧歌宣传队,编排了《新小放牛》《新观灯》《劳军》《难民曲》四种秧歌,从住地开始,到附近各村庄街头宣传。在演出之余,他们还到处张贴标语,挨家挨户访问,宣传党中央"组织起来"和晋绥边区的三大任务,特别注重宣传春耕中劳力与武力结合的办法。他们的宣传活动深受群众欢迎,各村群众都提前搭好戏台,为他们演出秧歌准备好一切服务。②

　　兴县三完小五、六年级学生 40 人组织工作团,分为八个小组,分别深入各村宣传动员群众起来援助前线,迅速完成集中公粮军鞋,组织妇女儿童放哨除奸。在 7 天中,他们走过了许多偏僻的村庄,组织了 140 个儿童,95 个妇女放哨、识字、认路条、读报,并帮助各村办黑板报。他们在魏家滩村进行挨家挨户宣传,给群众解释敌伪尚未放下武器的原因。在他们宣传动员下,有不少青年受到感动和鼓舞,主动报名参军,上前线参战。③

　　第四,担当识字小先生

　　因儿童接受了新式教育,识字多,思想觉悟高,成为农村里的文化人,经常帮助别人识字、记工、算账、写契约等,被人们称颂为"小先生"。小先生的兴起,是由个别孩子帮助父母学习文化而掀起的。如离石劳动英雄张智昇所在村庄,冬学初开始因为秋收还未完,只有青年和少数农民上学,多数妇女们忙于生产,没能入学,张智昇 9 岁的儿子就叫教员写了个"车"字,回去贴到他母亲的纺车上,用这样的办法教会了 25 个字。学校表扬了他以后,又有 12 个儿童也自动当小先生,教 20 多个妇女识字,其中妇女刘继莲在小先生的帮助下能识字 310 个。小学生张满

　　① 《兴、神、岚各地小学生参加生产参加防奸》,《抗战日报》1944 年 8 月 10 日,第 2 版。
　　② 《静乐高小组织秧歌队下乡宣传》,《抗战日报》1944 年 5 月 6 日,第 2 版。
　　③ 贾岩:《兴县三完小学生组织工作团下乡宣传动员群众援助前线》,《抗战日报》1945 年 9 月 14 日,第 1 版。

林晚上给家里人读报,边识字,边了解政策,吸引了邻居们都到她家来听,冬学教员就利用这种办法,以院或大家庭为单位组织了 6 个读报组,晚上让儿童去读报。①

兴县刘家山村的冬学,村干部组织开办多次,都难以正常进行,原因是只形式上按四道街划分四个识字组,每天下午分组集中在小组长家里识字。女人们离不开赖以为生的纺花车和织布机,有孩子的还要把孩子丢在家里,均安不下心学习;加上你先我后,这个来,那个走,更耽误营生,于是就垮台了。检查出偏重形式、脱离群众的毛病之后,鉴于群众要求提高思想和文化的迫切,而集中教学又有许多困难,学校便采用了小先生的教学方法。首先从个别开始,逐渐发现了一些积极的小先生,比如教人识字积极而耐心的儿童,后来学校召开了模范儿童会议,奖励模范。小先生运动飞跃发展了,全校 70 多个学生,几乎没有一个不参加的。村里也就形成一个热烈的识字运动,村里识字的人从 1/3 增加到 2/3。并计划在两年内消灭 40 岁以下的文盲。

刘家山小先生之中,最杰出的是刘宝华,从她的成绩中可以看出小先生运动推行的重大作用来。刘宝华每日早上上学前,总是把昨天黑夜里教员写下的生字交给她的学生。下午放学回来,吃过晚饭,到邻居家教学,捎带检查早晨教下的是否学会了,会了就拿上本本让教员再写生字,还没有学会的就继续教。对不积极识字的,用拉闲话和逗笑的方式进行教育,比如说:"识下字做甚也吃不了亏。能识票子,能识路条,男人们出了门寄回封信来也不用求人……","学下字可眼宽了咧,能知国家大事,能学别的地方、别人的经验,这些都在报上,学下字就能看!"通过这种拉家常的方式,使大家认识了识字的好处,提高了识字的热情。

刘宝华不仅善于调动人们学习兴趣,而且还能创新教学方法。最初识字的人,一见笔画多的字便犯了愁。刘宝华想了一个办法,先教笔画少的字,如"人"、"一"、"口"等;过一两天再教生字时,拼在一起,成个"合"字;再把"合"字加上提手旁,成"拾"字等。这样一步一步来教,容易记,字的意思也知道了,再学笔画多的字就不难了。生字认识得多了,把学过的字编成顺口熟悉的句子,读了就不会忘记。此外,她还把学习与生产实践很好地结合起来。谁做甚,就教她甚字,如妇

---

①　郭彬:《推行小先生制,组织识字读报组》,《抗战日报》1945 年 2 月 17 日,第 2 版。

女们纺花,就把"纺花车"三个字写个纸条,贴在纺车上,这样以物教字,记得也很牢。刘宝华用这种办法教她的学生,有妇女一冬天就学会200多个字,能开路条、记账。她的成绩一传开去,许多人,特别是妇女们都找她教,她的学生增加到18个。一个人教不来,她就编成三个组,她先给组长教,组长再教给组员,她自己隔上几天去看一次,捎带检查纠正。[①]

第三节　儿童劳动力资源开发利用的特点

受战争影响,以及根据地民主革命政权建设的需要,根据地儿童人力资源开发中,凸显出阶级性、实践性、典型性等特点。

第一,以中贫农及抗属子弟为主

抗战时期各根据地的政治、经济、文化教育等政策,都是在抗日民族统一战线的方针指导下制定并实施。晋西北抗日根据地在开发利用儿童劳动力资源过程中始终坚持这一方针,并没有侵害或歧视地主、富农的子女。但是在对儿童的教育与保护方面则更加重视中贫农和抗属的儿童。

以儿童接受教育为例。抗战前,晋西北多数乡村没有成立过学校,人民在旧政权的统治下,学校为少数富裕子弟所独占,穷人的孩子没有入学的机会和条件。新政权建立后,人民群众首先在政治上解放了,经济上翻了身,他们自觉地要求学文化。学校也实行民主化管理,不论是民办或公办的学校,一律不收学费。有些年龄较大的儿童需要帮助家里劳动,学校采取半日制。有些地方开办了夜校、半工半读学校,放牛娃把书本带到山间田野,劳动前领学习任务,劳动后交作业。尽管是战争年代,但农民子弟入学逐年增加。虽没有作更多的统计,但以兴县二分区二中招收新生为例,便可见一斑。1944年秋,根据新教育方针,兴县二中在210名报考人数中,录取105名,被录取的新生中,以中贫农及抗属子弟较多,有些年龄较大,文化水平较低而有其他特长及家境贫寒的学生,都尽量录取。被录取的学生高兴地说:"不是新政权,咱们住不上中学。"未录取的贫寒学生,学校分配在

---

① 李济达:《刘家山的小先生运动与刘宝华》,《抗战日报》1945年5月28日,第4版。

本校各工厂半工半读。①

第二,教育与生产、社会、家庭相结合

教育是人力资源开发利用最重要的途径。通过教育,人具备了从事社会劳动所必需的智力、知识和技能,从而具备了劳动能力。抗战前,晋西北儿童绝大多数是不识字的文盲,他们没有上学的机会,从事最原始的农业生产劳动。晋西北抗日民主政权建立后,因为根据地儿童不仅是抗日的一支主力军,也是新中国未来的建设者,所以,根据地各级政府非常重视儿童的文化知识教育。为了适应抗日战争的需要,解决教育经费不足,提高和改善师生的生活待遇,帮助贫寒子弟入学,学校教育实行了教育与生产、社会、家庭相结合的办学形式,并取得了显著成效。静乐县两级小学校,三个教员领导 56 个学生,每天变工生产两小时,1944 年春,第一周突击集粪两万斤,后来又集了一万六千斤,上山砍柴由每日每人平均 30 斤提高到 87 斤,可供学校五个月使用。开垦荒地方面,42 个人,20 天开了 124 亩生荒和 45 亩熟地,另用一锒牛种了 150 亩地。为了加强社会活动,和群众合办了粉坊、油坊等合作社;组织了秧歌剧团,演出秧歌 9 个,为宣传组织群众,先后走了18 个村庄,他们经常还给村里变工队读报,研究农作法,报告各地生产战斗的消息。②

离石李家坬,教员任守权根据农村的不同气节,把大小儿童分开,灵活教学,某个时期以学习为主,某个时期以生产为主。如在农忙时,他把 15 岁以下和 12岁以上的儿童分为全工和半工,帮助家庭上地生产,晚上回来到学校读报识字,12岁以下的儿童,鼓励帮助父母做一些轻便的家务,要求以学习为主;女儿童组织在学校纺线,同时教识字。1944 年秋收时,学校组织了一个儿童变工队,帮助群众抢收庄稼,共收割了 105 亩,给大人节省了很多的人工。

河曲狗儿洼采取干校的形式,利用儿童上地回来休息时间教学,来几个教几个,教了就走,不耽误他们的生产。方山县完小根据学生不同的情况分编早晨学习组,全日组,夜晚组,隔日学习组,随到随教不误家庭生产,在这样灵活的学习与

---

① 杜丕汪:《二中考取新生百名,中贫农及抗属子弟较多》,《抗战日报》1944 年 10 月 28 日,第 2 版。

② 《静乐完小与生产、社会相结合很有成绩》,《抗战日报》1944 年 9 月 7 日,第 2 版。

组织方式下,村内许多原来不上学的成年、少年及儿童也都入学了。

第三,塑造儿童英雄,培养儿童干部

在战斗、生产中,儿童英雄担当着重要的角色,既是战斗、生产的模范,又是实际的儿童领袖。为培养儿童干部,各地利用假期开办儿童干部训练班,如兴县一次便有 30 多人,受训十天,中贫农占一半以上,都是高小生与中年级学生。培训的内容有:政治课,儿童工作课,文化课包括排剧、唱歌、跳舞以及各种作业,如漫画、壁报、日记等。儿童干部的培养,有利于实行领导方式的儿童化、民主化,能很好地按儿童的特点、特性,开展各种活动。

为培养和塑造儿童劳动英模和儿童模范干部,晋西青联组织部在1941 年特制定了具体条件。儿童劳模和英雄的条件:1. 在农业及农村的副业生产中,积极帮助家庭,有显著的优越的成绩者(数量多、质量好)。2. 积极参加春耕宣传,说服他人积极生产,有具体成绩者。3. 校内儿童能进行集体开荒,成绩优越者。4. 积极参加优待抗属活动,公认为模范者。

儿童模范干部的条件:经常有学习计划,并完成学习计划;每天保证两小时学习;对所学的知识大致了解,并能叙述,每月文章按时上交。奖励办法是:评选县儿童干部两名。第一名奖励十元,第二名奖励五元。区儿童干部三名。每名奖励二元,赠阅一年的《青年与教育》。

由于政府的激励与教育,根据地涌现出许多儿童模范和英雄。如 14 岁的静宁儿童英雄赵金梁,他把学习、生产、爆炸结合起来,利用课外时间,生产了 1 石 9 斗粮食,几布袋山药蛋、萝卜,除解决了文具困难外,买了地雷、手榴弹,组织了儿童爆炸组。临南儿童民兵英雄任兔娃,15 岁就参加了民兵,他在爆炸、拥军、生产、改造二流子等方面,都有惊人的成绩,特别是他以洋装逃走引诱敌人,炸死五名敌人的胜利,博得了政府和群众的赞扬。[①]

赵金梁、任兔娃两名儿童英雄,在 1944 年晋绥边区群英大会上受到了高度表扬,他们的光辉事迹正说明在共产党领导下的敌后解放区发挥了一切人力物力的作用,结成了坚强无比的抗敌力量。

第四,激励儿童在实践中进行发明创造

[①] 《儿童英雄呱呱叫,学习生产爆炸结合》,《抗战日报》1945 年 1 月 1 日,第 2 版。

在物质极度匮乏与艰苦的条件下,儿童们发挥自身的聪明才智,为克服物资困难而做出了一定贡献。如临县第一完小李绍宗等十几名同学,组织一个制造油墨小组,他们趁老百姓春季打炕,收集炕洞里的黑烟煤,又购买了大麻油,利用课余时间来做实验,学会了制作油墨的方法。并用自制的油墨给学校印制课本,还送给县政府及各机关使用。

离石县完小为发展小型工艺生产,学校自然课的教学以生产为主。本县完小一班学生试验造墨成功,每只仅需本币 10 元左右,比在市场买的又便宜又好。二班学生利用活动时间扫硝,向群众学会的熬硝方法,毕业后准备参加群众的熬硝工厂。三班学生集股买了剪子、锥子、牛皮等,学习钉鞋技术。①

总之,在中国共产党领导下,晋西北根据地的儿童接受了新民主主义革命教育,在战火纷飞的恶劣环境中,得到党和政府最大限度的保护。儿童们也以自己的实际行动为抗日和根据地建设做出了巨大贡献,并在战火中得到很好的锻炼。

---

① 于知非:《离石完小学生发展小型工艺生产》,《抗战日报》1945 年 3 月 18 日,第 2 版。

第十二章

知识分子人力资源的开发利用

知识分子是有一定文化科学知识的脑力劳动者,他们不是一个独立的阶级,而是分属和依附于不同的阶级。历史上各个阶级为了巩固自己的统治,都要培养和造就自己的知识分子。随着近现代科学技术的发展和社会的进步,知识分子在历史进程中所起的作用越来越大。抗日战争时期,晋西北抗日根据地广大知识分子在党的领导下,在抗击日本侵略者,宣传和执行党的方针政策,开辟和建设根据地的斗争中发挥了重大作用。

第一节　知识分子人力资源开发的必要性和可能性

抗战时期,共产党建立的根据地是新民主主义革命的试验场,对政治、经济、文化等的改造与重建,均离不开知识分子参与。而抗日战争又是中日之间的一场民族战争,日寇对中国军民残暴的杀害屠戮,无疑能激发起知识分子为民请命,敢于牺牲自我的壮志豪情。

一、开发利用知识分子人力资源的必要性

(一)反对日本帝国主义奴化教育的需要

1937 年 7 月 7 日,日本侵略军向我国卢沟桥驻军发动了进攻。8 月 13 日,又突然进攻上海,中国守军奋起反抗。从此,中国人民伟大的全面抗日战争开始。日寇对华的总政治目的是灭亡全中国。它使用的战斗武器有政治的、军事的、经济的、文化的。一切的斗争武器均服从于它灭亡中国这个总的政治目的。日寇的奴化活动、奴化政策就是服从于它的这个政治目的,这是它灭亡中国的一种武器,其目的是要在文化上、思想意识上,使中国人民变为日寇的牛马奴隶,建立日本帝国主义独占的殖民地文化,以巩固它在中国的统治。日寇对晋西北占领区奴化侵略活动主要有:

1. 屠杀师生,破坏校舍

1940 年,敌人对晋西北进行了春季、夏季、秋季、冬季四次大"扫荡",同时实行了残酷的"三光"政策,在此一年中,仅汾阳、文水等 18 县被杀害的教员就有 101 人,被烧毁的校舍有 106 处。1941 年 6 月,五寨六区兑堡村小学教员刘凤瑞,打算回家探亲,在回家的路上被日军抓捕,日军利用各种威胁利诱的办法,让他供出区公所人员的行踪,刘凤瑞始终以"不知道"三个字来回答,气急败坏的敌人见计不遂愿,用镰刀杀害了刘凤瑞。① 1941 年中晋西北被抓捕的抗日教员有 98 人,牺牲教员 13 人,学生 1 人。②

2. 实施奴化教育,麻痹群众思想,摧毁民族精神

为了达到"长治久安"、"以华制华"的目的,在晋西北占领区,敌人采取各种措施,进行奴化宣传教育。

第一,利用学校,实施奴化教育。1938 年 8 月,日军在太原市与汾阳的两个大城市中,逐渐恢复中学,虽仍然上过去的课程,不过加强了新民教育,强迫学习日语,麻痹抗日意识,粉饰太平,掩盖侵略。地主富农青年入学的人很多,如太原恢复了山大、并州大学,中学除成成中学、国民师范外,其余中学全部恢复。汾阳的民意中学、河汾中学,大同的大同中学都先后恢复。除大城市外,在一些沦陷的农村也创办中、小学,灌输"礼义廉耻"等封建思想,让青少年忘掉国耻,心甘情愿地充当亡国奴。1941 年,据静乐、五寨、宁武等 10 县的统计,敌人用强迫手段开设的学校有伪新民中学 5 所,高小 14 所,初小 175 所,并用收买办法,诱骗儿童进入新民小学,据静乐等 6 县统计,共计有儿童 7300 人。为驯化学生树立安贫乐道、苟且偷生的奴才思想,常常以竞赛奖励等手段来争取学生,每两月开儿童观摩会一次,进行各种竞赛(如出操、口试等),并给以红绿漫画、糖果等奖励。

---

① 武丕功:《坚持民族气节,二小教员殉职》,《抗战日报》1941 年 6 月 22 日,第 3 版。

② 正力:《晋西北教员概况》,《抗战日报》1941 年 9 月 27 日,第 4 版。

第二,强迫青年受训,利用黄赌毒腐蚀身心。1942 年 12 月,日军在华北五次强化治安运动破产后,为了加紧对占领区人民的控制,将五次强化治安中的"剿灭共匪"、"确保农产"、"肃正思想"改为"保民"、"养民"、"教民"的新国民运动。为了实施这一运动,日军在晋西北占领区相继成立了"新国民运动实施委员会"。在"建立东亚共荣圈"这个基本的治华灭华政策下,日军在占领区还成立青年训练班,在各村中抽调青年受训,最普遍的是短期训练,训练期限一星期至十天。训练的课程内容是日本语新民主主义,由日寇汉奸讲话。为腐蚀青年身心,制造汉奸文化团体,出版大量书报和宣传品,利用各种封建团体,开设妓院、赌场、毒所,无孔不入的腐蚀中华民族精神、摧残着中华民族的反抗力量。

第三,诱骗威胁堕落分子当汉奸教员。敌人抓捕到知识分子后,诱骗其投降或以金钱收买,如交城伪科长魏明德,抗战前为高小校长,敌人占领交城后,以新民会请他数次,他不去,后敌威胁道,如再不去就要烧毁他全村,村民都恐怕纷纷劝他去,为村民免遭苦难,他不得不去担任敌伪教育科长。又如左云一名大学生,因敌人占领了他的家乡,被迫逃往到外地,但敌人捕去其家人,要他回家,如果不回家,不为"皇军"做事,就要烧杀其全家。村人皆恐怕连带受害,苦劝他依顺日军,该生别无他法,只得回家,担任了敌伪科长。

日本帝国主义在晋西北采取的奴化活动和奴化政策激起了包括知识分子在内的晋西北人民的强烈反抗。晋西北党和人民为彻底粉碎敌伪这种荒谬的奴化政策,坚决打击汉奸舆论,摧毁伪学校,就有必要与敌人开展争学生、争教师的反奴化教育斗争。

(二)巩固发展抗日根据地的需要

1937 年 7 月 7 日,日本侵略军以制造卢沟桥事变为起点,发动了蓄谋已久的全面侵华战争。针对日军先侵略华北、后侵占全中国的狂妄野心和一个月拿下山西全省的作战企图,中共中央于卢沟桥事变的第二天通电全国,提出"保卫平津、保卫华北"、"不让日本帝国主义占领中国寸土"等口号,号召全中国的同胞、政府与军队团结起来,筑成民族统一战线的坚固长城,抵抗日寇的侵略。1937 年 8 月,根据中共洛川会议的决定,中共领导的军队着重向敌后发展,开辟敌后战场,建立敌后根据地,从战略上配合国民党的正面作战。8 月 25 日,中共中央军事委员会正式下达命令,红军改变为国民革命军第八路军(9 月 12 日又改称第十八集团军),朱德任总指挥,彭德怀任副总指挥,下辖第 115 师、第 120 师、第 129 师三个师。

就在八路军主力开赴山西抗日前线之际,毛泽东于 1937 年 9 月 21 日明确指出,八路军的拿手好戏就是真正独立自主的山地游击战。120 师遵照中共中央、中央军委确定的战略方针,在转战晋西北进行山地游击战争的同时,亦分兵深入各地,放手发动群众,开始了创建根据地的工作。当时迫切的任务是通过多种宣传、组织人民群众投入抗日斗争的洪流,需要大力宣传中国共产党的抗日民族统一战线和《抗日救国十大纲领》;宣传八路军是老百姓的队伍,是人民的子弟兵;宣传创建抗日根据地,实行减租减息,推行民主政治,改善人民生活,坚持长期游击战争,对于战胜日本侵略者有重大意义。从而使广大人民群众懂得:国家兴亡,匹夫有责,唤醒群众的民族抵抗意识。然而,由于中国革命的历史原因,中国共产党中许多干部的文化程度较低,有的甚至不识字,这就严重影响着根据地的建设和发展,因此,急需吸收一大批知识分子参加党和军队,参加根据地的政权、经济、文化和卫生等方面的建设。由此可以看出,要巩固和发展抗日根据地,没有大批知识分子的参与是不能取得成功的。

二、开发利用知识分子人力资源的可能性

抗战时期晋西北知识分子群体的状况比较复杂,其政治表现与要求各有不同。根据地内的大、中知识分子中,大部分比较开明,同情新政权,间或参加抗日工作。少部分怀有投机心理,企图通过参加抗战工作,提高自己的地位,从中谋取政治与经济利益。此外,还有一部分持观望动摇态度,怀疑党的政策及根据地能否巩固,对党的政策不甚了解。如有些地主、富农出身的知识分子,不满征收公粮、减租等政策,多少存在一点恐惧心理,或者得过且过。还有一部分是顽固不化,恋念旧政权,有形无形地阻碍或破坏根据地的建设,或索性参加到阎锡山的晋绥军或政权中。小知识分子,以高小学历为主,多数积极参与抗日,赞同抗日民主政权,尤其是青年知识分子。只有一小部分持无所谓的态度,参加工作无明确目的,经不起风浪,当阎锡山和蒋介石的顽固势力高涨时,有些人因迷惑和害怕,便脱离抗日工作,甚至逃跑回家躲避起来。小知识分子当中以小学教员与基层职员为最多。

敌占区、游击区内大、中知识分子,一般主张抗日,倾向于共产党的领导,敬佩八路军英勇作战,不怕牺牲的战斗作风,痛恨敌人烧杀抢掠及奴化、毒化、淫化政策,有民族正义感情。但受敌人的威胁,自己不愿吃苦,不想离开家庭。故抗日态度表现不十分明显,大有英雄无用武之地的情绪。有部分知识分子不信任抗日民主政府,同时也憎恨敌人的残暴,过起隐居生活,抱着所谓"走平地,看风景,有才必有用"的心思,等候来朝。小知识分子受日军的威胁、利诱,对日军仅仅是表面上屈服,因为他们常常遭受敌伪的欺压,从根本利益上是赞同和支持中共抗日的。

1944 年 8 月,晋绥行署曾对临南、离石等地知识分子做这较为详细的调查,目的是了解根据地、敌占区、游击区知识分子的具体状况。临南县是一个较完整的根据地(仅有一个敌据点、一个区为游击区)。知识分子总数为 962 人,其中大学专科学历的 51 名,中学学历的 124 名,高小学历的 725 名,秀才 40 名,学历不详的 22 名。962 人中高小以下知识分子占 78% 多。962 人中,参与抗战的 556 名,占 57.9%,参加阎锡山军队和政权的 125 名,占 13%。投敌的 22 名,占 2.2%(其中 63.6% 的出身于地、富、资产阶级家庭)。赋闲在家的 259 名,占 26.9%。

敌占区与游击区知识分子情形。根据离石一、四、八、九区(大部分为敌占区)统计,共有知识分子 103 名,其中投敌的 29 名,占 28%,赋闲在家的 36 名,占 35%,抗战的 33 名,占 32%。

由上面材料可以看出:根据地内的知识分子,大多数是抗战的,且中贫农成分较多,因为中贫农子弟多为中小学学历;敌占区、游击区知识分子持观望和动摇的态度、赋闲在家的占多数,但抗战人数仍比投敌人数多。这就说明,只要晋西北抗日民主政府能够正确执行党的抗日民族统一战线政策,绝大多数知识分子是可以团结合作的,在党的领导下他们能为晋西北根据地提供强大的精神动力和智力支持。

第二节　开发利用知识分子人力资源的政策和措施

针对知识分子成分结构复杂,对抗战态度不一,对党的政策怀有敌对或怀疑等情况,晋西北根据地党和政府坚决贯彻党的抗日民族统一战线政策,团结一切可能团结的知识分子,引导他们参加抗战或参加根据地建设事业。同时,出于抗战的客观需要,各级政府积极创办各类各级学校,培养具有新民主主义革命觉悟的新知识分子。

一、开展文化统战工作,大量吸收知识分子

1940 年 5 月,晋西区党委在兴县召开文化教育工作会议,会议宣讲了毛泽东《新民主主义论》的精神,提出了"文化人归队"的口号,讨论了文艺、戏剧、新闻、教育等工作,并决定成立"晋西北文化界抗日救国联合会"。会议还提倡反对不民主,反对妥协投降,反对黑暗压迫,使一切文化人都为抗日而服务。号召一切抗日知识分子、文化人,不管属于任何阶级阶层,都要广泛的团结起来,与敌人开展斗争。[①]

为吸收大量知识分子参与根据地建设,1941 年 10 月 23 日,晋西北行署在《抗战日报》上公布了对文化工作者的优待办法,主要内容有:对一切文化工作者尊重其地位、思想、信仰、研究及创作自由,并尊重其生活与工作习惯;脱离生产,专门从事各种文化的工作者,住房、用具等各种供给尽量从优;因操劳过度身体虚弱时,可享受保健待遇;对各种研究译著及创作有优异成绩者,临时颁发奖金、奖状、奖品等。该条例特别提出欢迎大后方和敌占区文化人士参加根据地的文化工作。[②]

晋西区根据地对知识分子的优惠政策与敌占区敌人对知识分子的威胁、压迫形成鲜明对照,不少敌占区知识分子,不堪忍受敌人的残酷统治,逃往晋西北根据地。如某县平川知识分子 25 人,星夜逃往根据地,一部分参加专署工作,一部分到后方学习。[③] 一些接近敌占区的士绅知识分子,受敌寇一时的威胁利诱,曾有移往敌占区的,在党抗日民族统一战线政策的感召下,也纷纷返回原籍,1940 年 12 月到 1941 年 3 月间,临县、宁武、阳曲、岚县、徐沟等县从敌占区返回原籍的士

---

① 中共山西省委党史研究室编:《晋绥革命根据地大事记》,山西人民出版社 1989 年版,第 133 页。

② 中共山西省委党史研究室编:《晋绥革命根据地大事记》,山西人民出版社 1989 年版,第 174 页。

③ 《沦陷区难民知识分子继续逃来根据地》,《抗战日报》1941 年 2 月 16 日,第 2 版。

绅知识分子有 76 户。这些士绅对新政权的一切进步设施,皆衷心称赞,并对根据地各项建设提供了不少珍贵意见。①

由于根据地军民对敌斗争的不断胜利,以及政治攻势的影响,敌占区许多青年学子向往根据地自由、平等、民主的学校生活,也纷纷投奔晋西北根据地。1944年冬到 1945 年春,晋西北实验学校增加了大批新生,这些学生多半是从沦陷区来的,有伪太原第一中学的,有伪太原职工学校的,有伪雁门道崞县中学、太谷农业学校的,以及许多伪新民高小的学生。当他们一批一批进校时,老同学和工作干部,均热情的招待他们,和他们谈话,慰问他们,有的同学生了疥疮,学校卫生所每天给他们治疗,没有铺盖的由学校发给,衣服破烂的也换上新衣服。在根据地生活和学习,他们感觉到无限的温暖和愉快。

二、创办各类学校,积极培养知识分子

抗战前晋西北的国民教育非常落后,抗战开始后又遭受到敌人的严重摧残,许多学校陷于停顿。1940 年新政权建立伊始,即特别注意和敌人在文化教育上的思想战与宣传战,颁布了民族的、民主的、科学的、大众的教育政策。

在学校教育方面,1940 年晋西北行署先后召开了中等教育会议和第二次教育工作会议,颁布了《晋西北教员宗旨及实施方针》《中学法》《小学法》《小学规程》《规模小学暂行条例》以及《优待教职员工和免费公费生条例》等法规。这些法律条例的基本要义是,实行免费义务教育,坚持教育和战争、生产、社会、家庭相结合的方针,教育目的是为抗日战争、群众需要和民主政治服务,培养准备参加根据地各项抗战建设事业的未来知识分子。教育制度逐步完善,各级政府机构重视,到1942 年已有小学 1546 所,学生达 6.3 万名。

培养知识分子,就是为了充实和扩大干部队伍。晋西北抗日民主政权建立之前,晋西区仅四专区有一所民革中学,具有训练培养党的干部的性质,1940 年改为晋西北第一中学,此后在交城创办了晋西第二中学,在静乐创办了第三中学,这些学校均具有干部训练性质。1940 年 2 月创立了军政干部学校,学习期限为三个月,5 月改为晋西抗战学院,后又改为晋西北师范学院。军政干部学校改组时,其

---

① 《外迁士绅纷纷归来》,《抗战日报》1941 年 4 月 16 日,第 1 版。

中青年队,改为独立的青年干部学校,学习期限为半年至一年;民运队,改为晋西抗联训练班,单独设立,划分为工、农、妇三队,1941 年 8 月又正式改称为晋西民运干部学校,修业期限高级班半年、初级班为一年。1941 年 7 月"中国抗日军政大学第七分校",在晋西北兴县正式成立,专门培养党的军政干部。除上述专门培养干部的学校外,还有各种干部训练班,如"牺盟会"、"战动总会"创办的妇女干部训练班。据 11 个县的不完全统计,自 1938 年至 1939 年 8 月,战动总会、牺盟会共举办妇女干部训练班 33 次,培养妇女干部 600 多人。11 个县共有妇救会会员 5200余人。①

在社会教育方面,新政权建立后,针对历史上遗留给民众的文化落后的情况,提出了逐步消灭文盲,讲究卫生,破除迷信,提高民众文化水平与政治认识的社教工作。具体情形是,首先开展冬学运动。1940 年的冬学运动中,仅据神池等 19 县的统计,共创办了冬学 3116 所,吸收入学的文盲共 178182 人,共吸收担任冬学教员的农村知识分子达 2792 人。教育的内容,除识字、唱歌外,还有征收公粮、村选、空室清野、反投降等与战争、生产紧密结合的内容。② 其次,创办了其他社教组织,如民教馆、半日班夜校、补习学校、秧歌剧团等。

社会教育在内容上以政治内容为主,包括政策法令、时事、防奸、减租生产、拥军等教育;以文化教育为辅,主要有识字、读报、破除迷信、卫生教育。此外,还开展与抗战、生产紧密结合的实用教育,包括珠算、开路条、写契约、写信等。可以看出,社会教育以政府的政治任务为中心,与根据地人民的生活、生产紧密联系,在团结群众,打击敌人,推动生产和提高人民政治文化上有一定的作用。社会教育的开展为根据地培养了一大批最基层的新式农民知识分子。

第三节 知识分子的重要作用

由于晋西北根据地党和各级政府对知识分子开展了民族的、革命的思想教

---

① 中共山西省委党史研究室编:《晋绥革命根据地大事记》,山西人民出版社 1989 年版,第80 页。

② 正力:《晋西北教育概况》,《抗战日报》1941 年 9 月 27 日,第 4 版。

育,同时给予知识分子,特别是敌占区知识分子特殊的统战政策,提高了知识分子民族革命觉悟和抗战热忱与信心,在抗击敌人和根据地建设的各项事业中知识分子发挥了不可估量的作用。

一、促进生产发展

为粉碎敌人扫荡,打破敌人对边区的经济封锁,克服困难、渡过难关,边区广大知识分子都积极投入到生产建设当中,深入到广大民众当中宣传党和政府的生产政策,并且帮助农民进行生产。特别是中小学教师,作为农村中仅有的知识分子,既懂得政府政策,又可接近广大人民群众,在各项生产中,起到了带头、动员、组织的作用。岢岚城关小学教导主任高向东、教师卫习武,1944 年组织师生在刘家湾、辛家沟租种旱地 120 多亩,在岢岚城内种水地六七亩。师生坚持边教学边劳动,农闲多学,农忙少学,大忙时半日劳动、半日上课,做到生产、劳动两不误。高向东、卫习武等背庄稼,一次背 140 多斤,年事已高的老校长李发荣背 100 多斤。夏天,教师们常常带学生深夜引水浇菜,由于尽心尽力,讲究技术,所种之菜,除解决师生吃菜外,还上市出卖,支援部队。

自己动手建立革命家务,实行教育与生产劳动相结合,是战时教育的特点。如兴县赵家川小学为使学校教育与社会、生产、家庭教育很好地配合,学校在课程上进行了新配备。首先是增加了公民课,以思想教育,时事政治教育为内容,讲解《大众报》《抗战日报》上关于生产、拥军、防奸的材料,为了很好地完成学校的生产任务,选讲各地生产报道、变工互助的范例,以启发学生的劳动观念。国语课也增加应用文,教开路条、写信、写通知、记账、订生产计划等实际而有用的知识;算术课增加珠算;另外,每天有两小时的劳动时间,专门进行种地和纺织。全校共种棉花二亩,菜二分,由教员学生共同经营。棉花收入除大部分用以解决学校经费外,还抽出一部分作为分红与奖励学生之用;菜地主要解决师生的吃菜问题;纺织由学生从家里自己带来棉花,纺下的线全部归学生家庭。

边区第一中学为解决学校物资短缺问题,师生都积极参加生产,他们还能自制各种生产工具,如买来镰刀、斧头、自己上山砍把子,自己安装;学生们自己动手编制簸箕、簸箩、粪筐等用具;开荒 2000 多亩,养羊 150 只,养猪 20 头,种菜 20 亩,当年共收获谷子 248 石,豆子 60 石,山药 14 万斤,棉花(生花)180 斤,杂粮 1 石 9

斗,蔬菜 6 万斤,砍柴 40 万斤。①

学校师生不仅参加生产劳动解决自己的衣食住用,而且积极帮助群众生产。如兴县冬学教员给群众解决实际生产问题,一区孙家庄等村的冬学教员们,帮助纺织妇女修理纺车,与纺织妇女开展变工,帮助妇女纺线。

二、宣传党的抗日民主政策,动员民众抗战生产

晋西北根据地知识分子是党的文化政策和新文化事业的宣传者、组织者和实践者。当时,尽管边区文化十分落后,战争空前频繁,物质条件很差,但他们崇高的爱国热情有力地推动了抗战事业。

报纸杂志是党和人民的喉舌。1940 年,中共晋西区筹备、创办了一批报刊,在文化出版事业上,普遍发行了《抗战日报》《晋绥大众报》,另外还印发了很多革命小丛书,通俗读物、秧歌剧本、木刻年画、生产画以及到处刷写标语,画关于生产、拥军、防奸、杀敌各方面的巨幅彩色墙画,给了民众以深刻的形象教育。尤其是对"组织起来"、"开展大生产运动"等的宣传,普遍推动民众和机关部队的生产变工,互助组织的建立。《正义报》和《祖国呼声》是对敌占区群众宣传教育的工具,它在敌占区群众中间扩大了抗日民主政权的影响,使敌占区的群众紧紧地团结在根据地的周围。

因为边区文盲多、报纸少,读报小组便产生和发展起来,它解决了偏僻农村文盲不能读报的困难,在战时节约报纸供不应求的条件下,一张报纸要起几张报纸的作用,起初在部队工厂小学开展,逐渐在民众变工队、纺织组中也开展起来。而且培养了一些工农通讯员,不断地给报纸写简短的通讯或报道生产情形。在农村、工厂、兵营建立了广大的通讯网,光是《抗战日报》就有 1000 多名通讯员供给稿件。全边区的通讯战线拥有 2000 多个通讯员大军,这使得报纸能充分成为广大群众的代言人。报纸通过村中和各矿场学校读报组与群众相结合,成为边区人民一日不可缺少的精神食粮与真挚的朋友。读报组是以劳动英雄和生产积极分子为骨干组织起来的,是与变工、纺织组互相结合的。因此,民众从读报中识了字,懂得了政治,提高了生产技术,推动了生产运动,加强巩固了变工组织。

---

① 纪昌:《一中员生超过任务》,《抗战日报》1944 年 12 月 14 日,第 2 版。

传统戏剧是群众比较热衷的文艺形式。文艺界知识分子,采取"旧瓶装新酒"的办法,组建了新的民间剧团,如离石县的"青妇剧团"、"泰山剧团"、"奋斗剧团"、"娃娃剧团"等,都博得群众的好评。

1943年秋,晋西北根据地的文化事业进入抗日根据地创建以来最繁荣的时期。文艺宣传中,戏剧运动最为活跃。有边区一级的七月剧社、战斗剧社,专区一级的区剧社,各中等学校业余剧团,它们是进行民众宣传的主力军,每逢大的政治运动和政府的中心工作,都会进行大规模的宣传,活动范围从根据地中心地区推广到游击区。演出内容涉及前方战事、村选运动,反"蚕食"斗争,参议会选举,拥军拥政爱民运动,减租生产,防奸自卫等。1943年,二专区剧团春季下乡公演32天,演出130余场,观众最多达5000余人。七月剧社经常在一级机关、直属县和其他专区演出。演出的剧目以旧形式新内容和民间形式剧为主,民众看了非常激动,鼓舞了人民抗战生产的热情,启示着农村的新方向,在艺术上亦博得了观众的赞扬。战斗剧社在兴县黑峪口演出后,一个老太婆激动地说:他们的戏是给老百姓指路子的戏。刘家梁一个60岁的老太婆说:咱刘家梁大概没有来过剧团唱戏,往时就是拿上钱,请都请不到,如今咱战斗剧社一言语就来啦。

自古以来,传统乡村知识分子就负有教化民众,维护儒家道统的职责,向民众传输正统思想和伦理道德。抗战时期,需要广泛地宣传抗日思想和民主思想,动员民众积极抗日和进行根据地民主建设,就必须向民众传输抗战思想和时事教育。教师作为农村中仅有的知识分子,首当其冲地加入到农村文化宣传的队伍中。教师以学校为单位,组织学生剧团或宣传队,他们自编自演,内容以反映农民生产为主。如静乐高小为了使学校与群众生产结合,特别组织春耕秧歌宣传队,排演"新小放牛"、"新观灯"、"难民曲"、"劳军"等四个秧歌,从住地开始,走村串街,晚上演出,白天进行按户访问,向群众宣讲和解释"组织起来"与晋绥边区的"三大任务",特别宣传春耕中劳力与武力结合的办法。[1]

三、推动国民教育发展

抗战前,晋西北地区的文化教育极不发达,文盲占人口百分之九十以上。如

---

[1] 《静乐高小组织秧歌队下乡宣传》,《抗战日报》1944年5月6日,第2版。

五寨县田家坡全村 203 人中,只有两个人识字。抗战开始后,大村镇中的一些学校,又多毁于敌人炮火,许多小学陷于停顿。1940 年中共领导的抗日民主政权建立之初,即注意到国民教育的恢复与发展,并动员各类知识分子积极从事教育工作。

(一)推动学校教育发展

晋西北根据地初创时,为尽快恢复原有的中小学教育,大批吸收了农村知识分子和半知识分子担任小学教师,实行优待小学教师,努力恢复并创建小学的措施。边区小学教员不分性别、阶层、党派与信仰,在政治上与思想上,都有充分的民主自由,他们有自己的组织——教育工作者协会,进行各种抗日的和文化的活动;他们是所在村文化教育会的委员之一。在教员的物质待遇上,每月津贴小米60 至 85 斤,免除个人公粮负担与抗战勤务,并在公私兼顾原则下,发展其变工生产与抗战勤务,保证各教员安心教学与生产。

教师地位的提高,待遇的改善,提高了教师的积极性。如临南教员薛春圃热爱儿童,工作积极,吸收了全村百分之八十六的儿童入学,特别注意对贫寒子弟的帮助,拿出自己剩余的钱和粮食给他们解决困难。1941 年,据兴县、偏关等六县统计中学以上程度教员 121 个,高小以下程度教员 335 个。岢岚 52 个教员,教学生1474 个,平均教 28 个。据 1941 年 5 月对 21 个县的统计,边区有完小 28 处,初小1761 处,有学生 74959 人,平均每县学校增加到 85 所,学生增加到 3569 人。在一年多的时间里,小学与小学生已经超过了新政权建立以前的数字。

教员中有许多是粗通文字的农民,但基于虚心学习和为人民服务的决心,他们把学校办得很好,并有许多新的创新。在管理学生方式上,彻底废除了打骂制度,而代之以民主的耐心的教育,并把管理与教育结合起来。河曲城塔村的民办学校有个儿童叫张凤亮特别调皮捣蛋,在家里骂爹骂娘,在学校和同学打架,怎样劝说也不改正。教员张裕厚按照他的实际情况,编成一段口歌,并写在他的认字本上:我是好娃娃,不骂人,不打架,吵嘴骂人是灰娃娃。在学校要用心识字,回到家孝敬老人,帮助上地生产,帮助母亲烧火做饭,我还要扫硝学纺线。张凤亮每天这样念,反过来想想自己,知道自己过去不对,不久,再不骂人打人了。① 在教学

---

① 穆欣:《晋绥解放区鸟瞰》,山西人民出版社 1984 年版,第 116 页。

方法上,各地小学教师均废除了注入式,采用了由浅入深的启发式和即教即学的实验方式。如临县完小农作课聘请了有经验的教员进行实验教学。临南某村小学,纺织课由妇女纺织合作社指导员担任,农作课由劳动英雄刘文锦担任,每天除学文化课外,以一半时间实习纺织和农作。兴县、保德、河曲、临县等小学配合防奸教育,建立了儿童岗哨,配合拥军教育,进行了打柴优抚,把教、学、做三者结合起来。

在教学内容上,学校教师从战争和社会的需要出发,着重进行民族教育,军事常识学习,给学生灌输站岗放哨、防奸劳军、优抗、帮助残废退伍军人等思想。结合生产和工作,学校组织学生帮助民众制订生产计划,改造二流子,有的建立识字班、读报组、识字牌、大众黑板报,宣传讲究卫生、破除迷信等科学知识。临南刘家凹民办小学创办半年,33 个原来不识一个字的小学生,有 6 个学会开路条,9 个学会写收条,5 个学会写契约,7 个学会珠算,能简单的乘除法,18 个学会认路条,多的识到 250 多个字,少的也识到 100 个左右。

(二)知识分子推动社会教育的发展

新政权建立后,针对历史遗留给民众的文化落后的情况,提出了逐渐消灭文盲,讲究卫生,破除迷信,提高民众文化水平与政治认识的社教工作。边区知识分子积极响应党和政府的教育精神,开展社教工作。农村成年人中文盲多,他们在认钞票、查路条写信记账上吃过很多亏,群众迫切需要提高文化水平。依据农民生活、生产的特点,平时社会教育主要是通过各村的识字组进行。识字组多依性别、年龄、生产单位(变工队、妇纺小组)等划分,有的与读报小组、通讯小组结合起来,由组长按期到学校学新字,学好回去后再教给全组成员。

每逢冬季农闲时,各村即办冬学。冬学是晋西北根据地社会教育的主要形式,其主要任务是提高广大群众的文化水平和政治水平。一般是以村为单位,村村开办,从头年的 11 月起到第二年的 2 月止,学员是农村 15 岁至 35 岁的青年男女,设有文化课、政治课和政策教育课,主要是学认字、学记账、学珠算,学习减租减息、合理负担,公粮征购、信贷税收等政策,还学习军事知识、战争形势、生产技术等。因为农村普遍开设冬学班,而且所教内容涉及广泛,冬学教员在数量和质量上都要求较高,上岗之前还需进行必要的培训。如 1944 年五寨县在反扫荡结束后,成立了冬学委员会,进行训练冬学教员工作,参加训练有二中学生 36 人,在受训中大家都学会了珠算,特别是着重于算公粮征购、减租减息,以便配合村干部开展工作。这些冬学教员毕业后,即在各村开办了 42 处冬学。①

冬学教学与实际工作及群众生产紧密结合,解决群众的实际问题。如兴县高家村群众不了解公粮征收、新买土地的等政策,冬学教员就帮助讨论政府的公粮条例,大家一起算账,鼓励群众实报粮食产量,结果全村都是实收实报。本村贫农白治西租种地主的土地,秋天收下豆子还不够交租,不知怎样完成公粮,冬学教员帮他算账,按照其实际产量减租。②

在教学上,冬学教员采用群众最易接受的形式和方法,来组织群众的文化学习,使学用一致。兴县紫家塌农民不会记变工账,冬学教员就先教记工、打算盘。老百姓战时看不懂情报,教师就从写情报教起。杨坪上、魏家滩等地冬学,还采用小先生制,推行识字教育,群众在运输、纺织、拾粪时都能随身携带字条、小黑板来识字、写字,生产和学习两不误。

因冬学与民众生产相结合,群众学习情绪非常高。尤其是广大农村妇女,比男性农民显得更为积极。临县妇女王汝则在 18 天中写会生字 36 个,学会了打算盘,在她的推动下全家人除了五岁的一个小孩外都参加了冬学;兴县张家圪塌一个妇女起初受她婆婆和丈夫的阻止,不叫她上冬学,她很耐心地给丈夫婆婆解释,不但争取到自己上冬学的自由,而且推动她丈夫参加学习。冬学效果根据岚县检测,1942 年有 1/3 的男生和 2/3 的女生了解了"三三制"政权、二五减租、奖励生产、抗战勤务、防奸等五个政治问题,认识了 60 个以上的字,会唱四首抗战歌曲。据 1944 年统计,晋西北根据地 6 个专区开办冬学 1810 所,以此数目估计,从事冬学教学的农村知识分子至少有 2000 左右。

四、知识分子直接参战

日本帝国主义和汉奸亲日派的政治目的要把中国变为日本帝国主义的殖民地,中华民族处于亡国灭种的紧要关头。这种情形引起了全国各族人民的坚决反对,特别是知识分子群体的忧国忧民意识大大增强。面对残酷的现实,他们纷纷

---

① 杜国茂:《五寨冬学开课》,《抗战日报》1944 年 12 月 12 日,第 2 版。
② 《冬学给群众解决实际问题》,《抗战日报》1945 年 1 月 21 日,第 2 版。

以各种形式投身于抗日的洪流之中。

1937年卢沟桥事变后,凶暴的日本强盗不停地深入华北,占领了北平、天津、大同后,继续入侵山西,威胁着太原。太原受敌机轰炸、骚扰,不少学校、工厂纷纷搬家,成成中学于1937年8月末9月初也搬到太原近郊清源县。当时全校师生员工约有300人。1937年10月中旬,部分激进的师生出于民族大义,成立抗日义勇队,10下旬,义勇队变更为中学师生游击队。成成中学师生抗日游击队成立后,转移到吕梁山区离石、柳林一带,配合战动总会、妇女工作团、战地服务团、柳林三区长,组织农民协会和农民自卫队,广泛地动员农民起来保卫家乡。1937年11月,成中师生游击队改编为战动总会抗日游击第四支队。1938年2月,日军为配合津浦线南北的兵力进取徐州,雁北敌人分途向晋西北进犯,由清水河乘虚直入,占领宁武、神池、河曲、保德、偏关、五寨、岢岚7县城。成中师生游击队配合120师主力英勇作战,在半月之余收复了被敌占领的岢岚、五寨等七座县城,大大扭转了晋西北的局势。1938年7月下旬,又随120师358旅715团,创建大青山抗日游击根据地,开展敌后游击战争。

成成中学师生从自发成立义勇队,到辗转晋西北、挺进大青山,开创根据地,为保卫山西、保卫华北做出了一定贡献;在艰苦紧张的环境中,英勇奋斗,不怕牺牲,日夜与强大的敌人顽强地进行频繁而残酷的战斗,由舞文弄墨的知识分子转变为杀敌劲旅、民族先锋,令后人可歌可泣。

在与敌人战斗中,也有不少个人英雄。忠贞爱国的战斗员张桂兰,出生于山西平鲁县平鲁城一个工人家里。她自幼天资聪颖,正直倔强,进入平鲁女子高小后,学习勤奋,成绩名列前茅。受先进思想影响,1936年就旗帜鲜明地带头提出"妇女要放足,妇女要解放的"口号,在平鲁这个偏僻闭塞、封建礼教浓重的县城里掀起了一场反封建求解放的妇女运动。1937年,日本帝国主义蓄意制造了"七·七"事变,对华发动了疯狂侵略。在国家生死存亡的危难时刻,山西牺盟总会派遣特派员屈简、康子仲于是年5月来到平鲁,广泛开展了抗日宣传活动,号召人民群众、青年学生要以国家利益为重,积极行动起来,开展救亡运动。特派员的讲话深深打动了张桂兰的心,使她初步认识到:抗日救国是每个中国公民的应尽的神圣天职。出于朴素的民族情感与爱国热忱,张桂兰加入了牺盟会,步入了为国家争独立、争自由的战斗行列。

　　冲破家庭阻力投身革命的武云英,1921 年生于平鲁县,其家庭农商兼营,比较富裕。她自幼活泼聪颖,追求文化知识,父母将她送入平鲁县城小学读书。1936年,考入平鲁女子高小学习。1936 年春,傅作义将军在绥蒙地区宏格尔图反击日军入侵取得胜利,捷报传遍全国,各地掀起了支援中国军队在绥东抗战热潮。在平鲁女子高小读书的武云英,积极参加了平鲁全城各界人士举行的声援绥东抗战的大游行。她手举红旗,高呼"打倒日本帝国主义"、"向绥东抗战将士致敬的"的口号。这一大张旗鼓的抗日救亡活动,焕发了武云英一颗强烈的拯救中华民族的心。她除了主动带领学生们高唱《在松花江上》《五月里的鲜花》等抗日救亡歌曲,还积极在校内外,开展抗日救亡宣传活动。1937 年 5 月间,山西牺盟总会特派员进驻到平鲁男、女高小两校。武云英最早秘密地加入了牺盟会,同其他牺盟会员一道,顶风冒雪奔波于当地村庄,宣传动员群众,使平鲁县很快出现了抗日新局面。1940 年春,武云英在平鲁县张崖沟村与敌人战斗中英勇牺牲。

　　在晋西北,自发投身于抗战洪流之中知识分子,多不胜数,特别是无数女知识分子,更值得赞扬和敬佩,她们敢于冲破"三从四德"、男尊女卑"的封建伦理,在个人利益与民族利益的选择中,表现了崇高的爱国主义精神。

　　抗日战争之所以被誉为"战争史上的奇观,中华民族的壮举,惊天动地的伟业",是因为它是半殖民地半封建社会的弱国战胜了强大的日本帝国主义国家,也是中华民族近百年来抵御外敌入侵的第一次彻底的胜利。它不仅取得了军事、经济方面的胜利,而且在思想、文化方面也取得了彻底的胜利。抗日战争之所以取得如此伟大的胜利,其中一个很重要原因,是我党在抗战时期制定并执行了包括知识分子政策在内的一整套正确的统一战线方针政策,从而使爱国的革命的知识分子最大限度地发挥了自己的聪明才智,为中国的抗日战争胜利作出重大贡献。当前,我们研究党在抗战时期开发利用各级知识分子的政策与措施,对于完善新时期党的知识分子政策,做好当前的知识分子工作仍能提供许多有益的现实启示。

第十三章

统一战线政策下开明士绅对晋西北根据地建设的贡献

抗战前夕,晋西北多数人民过着缺衣少食的贫困生活,但在乡村中也不乏有富甲一方的地主士绅。他们虽然趋向没落,但仍保持着传统士绅的气节。日本不断扩大对华侵略,激起了部分开明士绅的爱国热情。晋西北抗日民主政府遵照党的抗日统一战线政策,把地方士绅作为统战工作的重要对象之一,在各级政权中坚持"三三制"原则,采取同学乡亲劝导说服,组织赴延安参观,召开座谈会等多种措施,使绝大多数士绅转变了对共产党的政策的看法,愿意与党合作,主动积极地投身于根据地各项建设事业,在根据地政权和经济建设中,发挥了积极作用,为民族抗战胜利做出了特殊的贡献。

第一节　开发利用士绅的政策措施

士绅是拥有一定特权和财富的乡村精英,他们控制着乡村的权力机构,对民众具有很强的号召力,在本质上属于反动的封建势力,是党和民主政府最基层的统战对象。晋西北抗日民主政府在抗日民族统一战线方针指导下,在经济上实行减租减息、交租交息,政治上实行民主参议会制度,并采取了抗战动员、赴延参观、开座谈会等措施,既维护了士绅的经济和政治利益,又提高了士绅的抗战觉悟。

一、实行减租减息、交租交息政策,维护士绅的基本经济利益

抗日战争时期的减租减息、交租交息政策,是中国共产党在以民族革命为主要任务的特定历史阶段,解决农民问题的一项基本政策。它动摇和瓦解了旧政权的经济基础,调动了各阶层抗日的积极性,为巩固新政权,争取抗日战争的最后胜利发挥了极其重要的作用。

抗战前,晋西北的土地大部分集中在少数地富士绅手中,广大农民因无地少地而陷入高租重利盘剥之下。抗战初期,晋西区动委会、牺盟会和农、青、妇等群众组织,根据中共中央《抗日救国十大纲领》中提出的减租减息政策,提出了"二五减租"和"分半减息"的口号,在晋西北的兴县、保德、河曲等县开展了一定规模的减租减息运动。由于历史的原因,虽然未能深入,但却为后来全面深入地贯彻执行这一政策奠定了有利基础。

晋西北真正开展减租减息运动是在 1940 年抗日民主政权建立之后。1940 年 4 月 20 日,晋西北行署颁布了《减租减息条例》,减租减息工作初步展开。1941 年 4 月 1 日,晋西北行署新公布《晋西北减租减息暂行条例》,规定减租租额为 25%(简称"二五减租"),且地租不得超过耕地正产物收获总额的 37.5%。钱息、粮息无论年利月利均不得超过 15%(即分半利息),并禁止现扣利、利滚利等高利贷。在总结减租减息工作基础上,1942 年 9 月 20 日,中共中央晋绥分局、晋西北行署颁布《晋西北减租交租条例》,主要精神是保障地主、农民的地权,稳定租佃关系,提高农民的生产热情。

1942 年 11 月 6 日,晋西北临时参议会修正并通过了《晋西北减租交租条例》和《晋西北减息交息条例》。减租交租条例的基本精神,是保障地主和农民的地权,认真减租交租,稳定租佃关系,使地主和农民均有利,以加强团结,提高生产热忱。既要求地主减租,同时保证交租。地主不依法减租时,条例规定,一经查出或告发,除退还多收之地租外,并将多收之部分,按月分半行息。农民减租后,不依法交租者,地主可以无条件收回租地,并得追回欠租。农民当年无力交租,须于翌年补足。仍补交不足,续订借约,以年利分半行息。此条例特别明确规定,地主自耕或雇工耕种,契约期满,可以收回土地。地主出卖、出典土地,只要能维持佃户生活,可以收回租地一部或全部。佃户不努力耕作,荒芜土地三分之一以上,地主亦可无条件收回土地,佃户并须照额交租。可见政府不强制规定永佃权,而依据当地习惯,使地主与农民之地权,都得到法律保障。新的减息交息条例规定在借贷方面,依照当地习惯,由债权人、债务人自行约定行息,不再实行减息。

这两个条例,是党的统一战线在农村生产关系中的具体体现,对地主和农民的利益都有保障。通过减租减息政策的实施,有些地主也变得开明了。他们不像过去那样骑在佃户的脖子上,作威作福,鱼肉人民。不少地主逐渐放弃剥削思想,积极参加劳动,争当自食其力的劳动者。特别是在开明士绅的影响下,先前对减租减息有一定抵触情绪的地主士绅,思想也发生了较大转变。他们拥护新政权的主张,执行新政权的法令。如兴县杨家坡地主邦翰汉过去游手好闲,终年不参加劳动。自从减租以后,他自己耕种60垧土地,每年能产30多石粮食。离石韩家坡村地主胡某,在减租减息扩大会上,认识到政府法令是真正照顾到各阶层的利益后,主动退还三年未减的租,共计三石三斗,他在群众大会上说:减租于地主并不吃亏,减了租,佃户能把地种好,多打下粮食,能多分(指合伙种地)。在他的影响下,有6户地主士绅也自动退租,共退出26石粮食,棉花20多斤。保德一个地主叫崔三棉,平日以地租收入为生。1942年政府颁布了山地租额照战前产量先减二成五,再行二五减租的办法后,他主动执行。并说:政府规定的这种办法是非常合理的,我亲眼看见租户们的收入比起过去差得多,如按以往的法子算,就得把全部收成全交了租,按收成算租,就公平的多了。据兴县二区80个自然村的调查,有130多个地主,减租以前全部靠出租放账,雇工剥削,自己根本不参加劳动。通过减租减息,有78户地主参加了劳动,逐步变成了自食其力者。①

二、坚持有钱出钱、有力出力的原则,开展"四大动员"

晋西北根据地初创时期,各级党组织和120师既坚持统一战线,又与阎锡山的反共、倒退行为进行了坚决的斗争。1939年夏,国内第一次反共高潮兴起时,阎锡山的反动面目暴露无遗,他指使其部下赵承绶不许八路军和新军扩兵、筹粮,声称要困死八路军,饿死八路军、赶走八路军,下令取消抗日群体,停发一切活动经费。1939年12月"晋西事变"后,国民党政府全部停发了晋西北八路军等抗日部队的军饷,并对抗日根据地实行包围封锁。日军也趁晋西北抗日政权立足未稳,于1940年2月23日至4月1日,以1.3万余兵力分六路对晋西北进行春季"扫荡"。在晋西北驻扎的八路军120师主力和新军决死第二纵队、第四纵队、暂一师、工卫旅等抗日武装部队,急需大量给养,面临着严峻的财政问题。

---

① 《兴县革命史》编写组:《兴县革命史》,山西人民出版社1985年版,第122页。

为解决政权建立之初的财政困难,坚持敌后抗战,巩固抗日民主根据地,晋西北军政委员会于 1940 年 2 月 26 日做出开展献金、献粮、扩兵、做军鞋四大动员的决定。在"有钱出钱、有力出力"的原则下,动员广大青年参军,动员开明士绅和富户捐款献粮,动员广大妇女做军鞋支援前线,以缓解根据地暂时的经济困难。

新政权一系列政策、法令、制度的颁布与实施,体现了抗日民主政权与阎锡山旧政权本质的不同,因此得到了广大群众的热烈拥护,同时也受到一些开明绅士的欢迎。在四大动员中,他们纷纷行动,踊跃捐献了大量的粮食、现金和部分土地。兴县黑峪口开明士绅刘少白献粮 50 石、银洋 700 多元;蔡家崖开明士绅牛友兰早在抗战初期就协助刘少白开办了兴县农民银行,自动捐献白洋 23000 元,并将自己在兴县城开设的"福庆永"商店的所有布匹拿出来,装备了决死四纵队 202 旅 18 团。"四大动员"一开始,他又拿出粮食 150 石、银洋 8000 块;王家塔士绅王作相主动把积蓄多年的一小缸白洋计 8000 元拿出来支援了抗日部队。正因为开明士绅与广大群众积极行动,2 个月内即完成全部任务。据统计,共筹集粮食90426 石,现金 1810625 元,做军鞋 118441 双,扩充新战士 15885 名。

"四大动员"壮大了抗日队伍,在支援战争、支持根据地建设、维护新政权等方面起了重要作用。但在实施过程中对地主士绅也犯有强迫命令等"左"的错误。不过,新政权根据中共中央指示积极采取措施,迅速进行了纠偏工作。

三、实行"三三制"原则,吸收开明士绅参政议政

抗日战争时期,中国共产党为了团结一切可以团结的人士参与抗战,不但积极倡导和推动建立了抗日民族统一战线,而且将之付诸政权建设的具体实践,在抗日根据地建立了一种崭新的统一战线性质的政权——"三三制"政权。1940 年3 月 6 日,毛泽东在《抗日根据地的政权问题》中阐述了党关于根据地政权建设的政策:(一)根据地抗日民主政权的性质是中国共产党领导的民族统一战线的政权,即几个革命阶级联合起来对汉奸、反动派的民族专政;(二)实行在政府工作人员中共产党员、非党左派进步分子、中间派各占三分之一的"三三制"政权制度。这是中国共产党关于抗日民族统一战线政权组织成分的一种政治制度,也是新民主主义政权在抗日统一战线时期的具体组织形式。晋西北抗日民主政权遵照党中央和毛主席的指示,1940 年建立新政权后,即进行了广泛深入的村选、区选和县

选,为建立各级"三三制"政权奠定了稳固的基础。

1940 年 10 月,晋西北抗日民主政权颁布了《晋西北村选暂行条例》,直接从群众中选举村干部,各阶级各阶层的广大群众积极地投入了村选运。不但中农、贫农、雇农和工人,而且地主和富农也相当踊跃地参加了选举,并且有 531 名士绅参加了各级政府工作。1941 年村选中,据 11 个县 55 个行政村的统计,主任代表中有 44% 是中农,38% 是贫农、雇农和农村工人,16% 是地主富农;村长中 32% 是中农,53% 是贫农,14% 是地主富农。①

1942 年 2 月,晋绥行署又及时颁发了《晋西北临时参议会参议员产生办法》,后来又颁发了《晋西北临时参议会常驻委员组织条例》等一系列有关建立晋西北临参会的选举法和组织法,从法律上保证了"三三制"的实施及新民主主义政体的完善。1942 年 5 月 21 日,晋西区党委发出《关于更进一步贯彻政权中"三三制"政策的指示》,指出政权建设中关门主义的现象还很严重,并提出从组织上保证"三三制"贯彻的具体措施:第一,根据地内地区的专署、县府可由 9 人组成,限党员 3 人参加组成党团;第二,不要用政民联席会议取消政务会议;第三,适当选用非党人士。从此之后,"三三制"政策得到进一步的贯彻实施。1942 年 10 月晋西北临时参议会在神府县胡家庄胜利召开,参加大会的参议员 145 人,其中有共产党员、国民党员、无党无派以及抗日军人,工、农、商、学、文化界等人士。参议员中共产党员只有 47 人,占参议员总数的 32.4%。各界参议员的百分比是:名流士绅13.8%,抗日军人 6.2%,中小学教员 2.74%,学生界 1.38%,文化界 2.74%,妇女界 6.9%,工界 3.44%,商界 3.33%,少数民族 0.69%,国际友人 0.69%,农民代表48.31%,区以上行政干部 9.64%。

这次会议通过了"巩固和建设晋西北施政纲领","保障人权条例","减租交租条例","减息交息条例","扩大民兵、加强地方武装以增强对敌斗争"等 112条,确定了晋绥革命根据地抗战建设的大政方针。选举了续范亭、武新宇为行署正副主任,贺龙、刘佑卿等包括地方开明士绅 19 人为行政委员。在临参会参议员的选举中,共产党员王达成主动放弃竞选权利,他说:"本人系共产党员,为了真正

---

① 晋绥边区财政经济史编写组:《晋绥边区财政经济史资料选编》总论编,山西人民出版社1986 年版,第 20 页。

实现民主,执行我党'三三制'政策,愿意放弃自己的竞选权利,而留地位予党外人士。"①大会选举后,士绅参议员樊泩如说:我们的参议会很隆重,富有民主精神,大会的选举,非常郑重,没有任何包办的地方。选举的结果,共产党员也没有超过三分之一。大会参议员张登荣说:开了这次会,听了林枫先生的报告,相信共产党是真诚坦白的,对中国共产党的怀疑没有了。临县参议员刘佑卿先生激动地说:"三三制"政策的实施,从组织上保证了党的抗日民族统一战线政策的正确贯彻执行,受到社会各界的热烈拥护。②

临时参议会的召开,推动了县区政权的完善。如 1945 年兴县通过召开参议会,选出刘献珺、魏金德、孙良臣、温象拴、杨雨儿、牛友兰、任万生等 11 人为主席团,其中孙良臣、牛友兰为地方士绅代表。士绅孙良臣,当时还担任边区高等法院院长一职,在讲话时说:"我们的新政权从一开始就实行民主选举,1942 年选举边区参议会,建立'三三制'政权,不像国民党只发诺言不实行。兴县是晋绥边区的首府,希望大家本着忠诚为人民负责的精神,把这个大会开好,为全边区人民做出榜样。"③士绅牛友兰就当选两次县参议员的亲身经历作了对比。他说:民国初年,兴县也开过县参议会,参加会议的只是一部分地主代表和几个秀才、绅士;今天,县参议会员有庄户人、有铁匠、木匠,有青年、妇女,各阶层人士坐在一起讨论国家大事,这才是真正的民主。

晋西北根据地各级政府中"三三制"政权的确立,从制度上保证了开明士绅参与政权建设的权利,调动了开明士绅为根据地建设献智献力的积极性。为争取中间势力,孤立顽固势力,争取地主资产阶级中的大多数与中共合作抗日,创造了有利条件。

四、组织士绅赴延安参观,提高对根据地建设事业的认识

抗战时期,在中共创建的根据地中,陕甘宁边区的政治、经济、文化等建设具有典范作用,尤其对创建较晚的晋西北根据地而言,只有向陕甘宁边区学习,才能

---

① 山西省史志研究院编:《晋绥革命根据地政权建设》,山西古籍出版社 1998 年版,第 51 页。
② 晋绥边区财政经济史编写组:《晋绥边区财政经济史资料选编》总论编,山西人民出版社 1986 年版,第 28 页。
③ 《兴县革命史》编写组:《兴县革命史》,山西人民出版社 1985 年版,第 127 页。

取得较快的巩固和发展。与陕甘宁边区一河之隔也为晋西北根据地向延安取经提供了便利。为了尽快恢复和发展经济社会,提高开明士绅对战争局势和党的根据地建设的各项政策认识,1942年4月,晋西北抗日政府特意组织了开明士绅赴延参观团。

在士绅参观团出发之前,晋绥分局领导给他们提了两点要求:第一,希望诸士绅能够全面地了解共产党。共产党的政策是光明磊落的。希望诸士绅要拥护共产党的主张,拥护八路军。和共产党、八路军打成一片,团结对敌;第二、希望诸士绅要现实地想问题,不要幻想晋西北马上会搞好。搞好晋西北的建设还要付出很大的努力。特别希望诸士绅到延安后要虚心学习,把看到和想到的东西带回来,传给晋西北所有的军队和人民,用延安的精神建设晋西北。

1942年5月4日,由兴县士绅牛友兰发起的晋西北士绅赴延参观团,从兴县出发,开赴延安。参观团由兴县的牛友兰、刘少白、孙良臣、白朴生、刘秉衡、白玉成、贾文德、任辑五,临县的刘佑卿,临南的樊泚如,离石的刘菊初、陈顾三,静乐的武润生等13人组成。牛友兰为团长,刘少白、武润生为副团长。

晋西北士绅参观团到了延安后,受到中央党、政、军领导的多次亲切接见。毛泽东亲赴交际处会晤了全体代表,对诸士绅提出的各种问题做了详细解答。首先,深刻地分析了当时的国际战争形势,指出:反对日本帝国主义侵略战争是世界历史上最大的战争;在欧洲有苏联的亲密团结,能很快打垮法西斯德国;在太平洋有中英美的团结,明年可望击溃日本。其次,毛泽东就统一战线政权中的"三三制"问题,整风问题以及党对抗日民主根据地的各项方针、政策等进行了详细的阐述。并强调指出:开展减租减息运动,对广大农民、地主都有好处。希望诸士绅回去以后要广泛宣传,带头执行。其中有两位士绅向毛泽东提出五四运动对中国革命的影响以及和当前的整风运动的关系。毛主席一一作了解答。毛主席还非常关心士绅们的生活,询问了诸士绅的姓名、家庭情况。听到有几个士绅的子女在八路军、共产党机关工作,对此深表敬意。

除毛泽东主席亲自会晤晋西北赴延士绅参观团外,朱总司令于6月29日也对晋西北士绅成员致以了亲切问候,朱总司令首先介绍了延安的建设情况,并表示边区各种建设多为初创,希望诸士绅批评建议。其次、朱总司令就士绅们所提的一些问题,如目前华北及全国的抗战形势,华北抗战的困难及克服办法,八路军、新四军目前的情况,以及在战争频繁的根据地怎样建设经济等问题给以详尽解答。朱总司令话语诚恳真挚,士绅们听后非常感动。

8 月 5 日,参观团返回兴县,盛赞毛主席、朱总司令等中央领导与他们谈话时和蔼谦虚,感佩边区各机关、部队、学习的艰苦奋斗作风。表示要把在延安看到的经验发扬光大,更好地建设晋西北根据地。

通过组织士绅参观团到延安边区参观,加深了士绅们对中国共产党新民主主义政策的理解,增强了抗日信心,消除了心中的疑惑,他们回到原籍后,大都一方面积极宣传所见所闻,澄清事实;另一方面积极投身边区政权建设,成为各级参议员或政府工作人员,为根据地各项建设事业贡献力量。

五、召开士绅座谈会,动员士绅建言献策

士绅座谈会是中国共产党在政府和参议会之外采取的一种非正式的党外人士参政。1939 年 1 月 30 日,王稼祥在延安高级干部会议上指出:"对于绅士座谈会,必须使之处在中共领导之下,主要是为了解决部队给养问题或解释某项政策而召开,不应使绅士自动召集而形成一种团结力量。"①晋西北抗日民主政权积极贯彻了上述主张,为了团结抗战,争取开明士绅参加政府工作,各地都召开士绅会议。据不完全统计,1940 年,4 个专署及 16 个县政府共召开士绅会议 81 次,出席会议的士绅共 886 人。1941 年 4 月,参加专署与县政府工作的士绅已达 53 人,其他如公粮、冬学、村选等临时性工作组织中,也有许多地方士绅参加。抗日民主政权实事求是、有错必纠、勤政廉洁的工作作风深得人民群众拥护和开明士绅的欢迎。②

岚县政府为了进一步开展该县农村统一战线,于 1941 年 7 月 1 日,在敌占区召开了士绅会议后,于"七·七"抗战四周年纪念日,召开全县士绅座谈会,到会士绅有郭维经等 25 人,会期进行两天,主要对根据地政权性质及保障人权、减租减息、改善人民生活、抽赎土地等法令,及陕甘宁边区施政纲领,进行了热烈的讨论,尤以生产建设问题讨论极详,该会对岚县生产建设的开展,具有极大意义。

---

① 王稼祥:《王稼祥选集》,人民出版社 1989 年版,第 174 页。
② 山西省史志研究院编:《晋绥革命根据地政权建设》,山西古籍出版社 1998 年版,第 43 页。

1942 年 8 月 15 日，兴县赴延参观团返抵兴县，兴县政民各界干部当即举行欢迎座谈会，牛友兰、孙良臣、白玉成、贾文德四位士绅在会上盛赞陕甘宁边区各种建设事业，特别对于共产党之诚恳与党外人士合作，以及诸革命领袖的艰苦作风深表敬佩。1942 年 8 月 31 日，临县政府召集政民干部与赴延参观的士绅座谈，士绅刘左卿详细介绍了参观情况，其中特别介绍了他对共产党怀疑的消除，延安"三三制"的彻底实施，以及经济建设的飞速发展，座谈群众听后感到异常兴奋。

通过召开座谈会动员士绅建言献策，对改进党的领导作风，加强与党外人士的联系，为解决部队给养问题和各项生产政策的顺利实施发挥了很大作用。

第二节　开明士绅对根据地建设的贡献

抗日民族统一战线政策的执行，以及为调动士绅阶层参与抗战和根据地建设的各项措施的有效实施，激发了士绅们支持抗战和参与根据地建设的情绪，部分开明士绅捐资献物，躬身参与，在根据地经济文化建设和拥军抗日等方面均做出了巨大贡献。

一、投身工农业建设

抗战初期，晋西北地区交通闭塞，内部物资短缺；外部环境险恶，阎锡山军队中的一些反动分子不断制造矛盾，阻碍抗战，还提出"饿死八路军，拖死八路军，赶走八路军"的口号。日军对根据地实行疯狂的"扫荡"，施行严密的经济封锁，晋西北党政军民面临着严峻的经济困难。

在军民危难时刻，一些开明士绅主动积极地响应党号召，参与了工农业的恢复和建设，为尽快摆脱困境，解决军民最基本的穿衣吃饭问题起到了重要作用。

如兴县知名士绅牛友兰、孙良臣、杨怀仁等，1937 年冬，在牛友兰经营的"福庆永"商铺和盐店的基础上，创办了兴县产销合作社。牛友兰任经理，孙良臣任协理。职工大都是城镇知识青年、雁北逃来的难民和"福庆永"店的部分职员。主要生产战时人民生活用品和支前物资，分设营业部和生产部。营业部主要经销晋西北军民急用的土布、棉花、食盐、煤油等土特产品，货物来源除自己生产的物品外，还从敌占区进口一些手电筒之类的自己难以生产或短缺的货物;生产部主要由杨怀仁负责,他毕业于山西工业专科学校,对纺织有一定的研究。初期以生产毛巾、袜子、肥皂、绑带等为主。为解决部队的被服问题,后来扩大了纺纱织布的生产,把产销合作社的生产部扩大为兴县纺织厂,把产销合作社的营业部扩大为兴县供销合作社。

兴县纺织厂初址设在兴县城内,因日军飞机经常轰炸,不得不从城内搬迁到距县城40华里的孙家沟村。1941年冬季,敌人对晋西北实行大"扫荡",晋绥行署决定将纺织厂转移到陕西神府县闫家堡村。迁址前,牛友兰亲自骑毛驴,到陕西选定厂址。搬迁后为解决职工生活困难,牛友兰四处购买粮食,每天用毛驴从数十里的山后驮水吃,并带领职工修窑洞,盖厂房。为办好纺织厂,牛友兰特派杨怀仁到延安难民工厂学习纺织技术;从延安购买畜力弹花机,更新纺织设备,扩大生产规模。以牛友兰为代表的兴县士绅,在战争环境下,克服种种困难,从无到有,逐渐扩大,对晋西北现代纺织事业的兴起和发展有很大的贡献,创开明士绅在经济建设中的典范。

在农业方面,由于根据地民主政府坚决实行了减租减息,同时又保证交租交息的政策。不仅中贫农的生产积极性极大地提高了,就是地主富农的生产情绪也大大提高了,兴县某区九个士绅,1940年种地342垧,到1941年就种地775垧。过去因敌人一时威胁利诱,或因"四大动员"时"左"的影响,逃往敌占区的外出地主士绅,在政府感召下,也纷纷返回到根据地来。1940年12月,晋西北在纠正统一战线中的"左"倾错误期间,争取回来的逃亡富户士绅共364户。在统一战线正确政策之下,不仅过去移往敌占区之富户士绅纷纷返回原籍,即使原住敌占区,不幸而沦为日寇血腥统治下者,亦不堪敌寇蹂躏,大批移来根据地居住。1941年3到4月间,宁武、阳曲、岚县、徐沟从敌占区迁到根据地的士绅共有76户。① 这些返回来的士绅,赞同党的各项政策,响应政府号召,积极从事各种生产。如:保德过去逃亡出境的富户地主,1940年6月前,有20余家富户返回,开荒种地,愿向政府缴纳公粮。河曲某士绅1941年回来种地180垧,栽树一千余株,打坝五座;临南某地主素不参加劳动,1941年开垦坝河滩地15亩。至于某些地主士绅主动出资让佃

---

① 《外迁士绅纷纷归来》,《抗战日报》1941年4月16日,第1版。

户打井和自己勤苦背粪上地的例子,更是不胜枚举。

二、推动文化教育发展

晋西北的文化教育长期落后,并且受到了战争的严重摧残,学校遭到破坏,使得文盲数目多的惊人。虽然各级政府极为重视教育事业的发展,但由于战争的影响,教育经费仍非常紧缺,严重影响教育事业的发展。在统一战线政策感召下,开明士绅自动捐地、捐资助学,促进抗日根据地教育事业的发展,这样的事例很多。如:1942年4月,兴县士绅牛友兰写给行署一封信,信中说,"本人因年老病多,不克作精神上之补助,只有输捐物资,协助政府开展教育,今愿将水旱山地一百三十二垧与房舍一处,赠送政府充作抗战教育资产。"①牛友兰热心公益捐资助学的行为受到行署的赞扬和奖励,为边区士绅起了模范带头作用。兴县牛友棣先生将耕地一百五十四垧捐助政府,并将其他土地二百八十二垧交由政府代管,一切收入完全充作教育基金。兴县康氏宗祠家长,将康家祠堂财产存款五千元捐助政府充作教育基金。

在抗日根据地发展壮大的过程中,开明士绅慷慨解囊助学,促进了教育事业的繁荣与发展。抗日根据地中小学校开始增多,入学人数开始增长,这对民族觉悟和文化水平的提高,革命精神的培养,起到了积极作用,有力的支持和配合了抗日战争的发展。开明士绅热心教育事业,慷慨为公的精神,受到了广大人民群众的赞扬。

三、积极拥军抗日

晋西北革命根据地的抗日民主政权,是经过八路军、新军英勇抗战,浴血奋斗建立起来的,它代表了广大人民群众的利益,深受晋西北人民的拥戴。兴县士绅孙良臣在《我们是怎样来拥军的》的一文中,表达了开明士绅对拥军抗日的深刻认识。他说:晋西北的八路军和新军是我们晋西北的子弟兵。他们为了救中国、救人民,抵抗日本鬼子的残酷烧杀奸淫抢掠以及种种禽兽行为,在抗战以来,前赴后继,英勇奋斗,粉碎了敌寇的"蚕食"、"扫荡",巩固了抗日的民主根据地,保护了

---

① 《兴县牛友兰先生捐产兴办教育》,《新华日报》1942年4月19日,第1版。

人民的生命财产。我们晋西北的父老兄弟姐妹们不但看见他们英勇奋斗的精神是万分钦佩的,而且应该知道他们的生活是怎样刻苦的。军队的生活比我们老百姓苦的多,他们夏天还是穿的破棉衣,吃的顶好也是小米,有时还要吃黑豆炒面。住的通年不烧火的冷房子,打仗时住在山头上。他们还要体贴老百姓,为了减轻人民的负担,他们要种地、要经商、要盖房子,做些生产工作,每天还要上讲堂学习。所以人们说八路军、新军有工、农、兵、学、商的本领,这话是实在的。他们是人民的军队,他们有优良的传统,有很好的教育,他们与人民是一气的。因此,我们要爱护军队、要帮助军队。

正是有如此的情感认识,开明士绅孙良臣在担任行政公署民政处副处长期间,积极发动群众种棉花,开展纺线织布运动,为抗日军民筹集资金,解决根据地军民的穿衣吃饭问题。他说服家人带头减租减息,把自家多余的土地献出来,并带头缴公粮,缴好粮。他说:八路军和抗日部队在前方浴血奋战,不能叫八路军的战士饿肚子,我们理应多缴公粮,以此支援抗日战争。除此之外,他还动员自己的家属带头做军鞋,缝军衣,给当地驻军担水、做饭。他说:"抗日救国,匹夫有责。现在到了生死存亡的紧急关头,我们每一个中华儿女都应该为抗日救亡做贡献。"①

晋西北地区本来贫困,抗日民主政权建立后,党领导的部队以及民政工作机构迅速扩大,军队和民运干部每天要吃要穿,特别是八路军官兵,在最艰苦时期,寒冬腊月还是穿着草鞋、单衣跟日军作战。为了适应抗日战争的需要,决死四纵队在兴县征集了一部分新兵,扩编为 203 旅 18 团,由兴县公安局长董一飞担任团长,眼看进入冬季,官兵仍然无法换装。董一飞和牛友兰商量,要牛友兰设法解决一部分棉衣。牛友兰召集"福庆永"商店股东,决定把"福庆永"的所有布匹、棉花、鞋袜、肥皂、毛巾拿出来,给 18 团换了冬装。为此,受到 120 师关向应政委的表扬。他在晋西北军政民委员会会上,多次表扬牛友兰,说牛友兰有爱国之心,在大敌当前,不惜代价全力支持抗日战争,实在值得赞扬。

太原失守后,兴县留省学生陆续返回故里,组织了抗日救亡战地服务团。牛友兰主动给他们安排住宿,帮助他们解决活动经费。原任中国人民解放军驻晋某

---

① 樊润德、王全旺:《秉公执法的孙良臣》,《山西革命根据地》1989 年第 3 期,第 51 页。

部政治部主任王立波,回忆抗战初期,在兴县开展救亡工作时说:牛友兰先生不仅是坚定的抗日救亡积极分子,而且是共产党的忠实同盟者。他在抗战初期给军队的支持是巨大的,他的爱国主义精神永远是值得学习的。

1937 年 9 月初,中共地下党员刘少白奉党之命,回到兴县,担任兴县动委会经济部长,开展筹建银行工作。但办银行,需要大量资金。刘少白首先以身作则,把自己节衣缩食俭省下来的一部分钱捐献出来,然后以"战动总会"的名义出面,动员全县 100 余户富户捐献资金,各家根据经济实力,100 元起码,多多益善。杨家坡一家地主士绅,儿子在动委会工作,将房地产全部捐出,价值 1.5 万元。刘少白抓住这个典型,在全县广为宣传,大大加快了筹集资金的速度。最大户牛友兰捐款达 3 万元之巨。其中银圆 1 万元,其余部分由他所开的"福庆永"杂货铺以现金实物来折算不足。据当年协助刘少白创办兴县农民银行的牛何之回忆,兴县农民银行成立后,币值稳定,除抽出部分资金发放农业贷款,帮助刺激农业经济的发展外,80% 的钱用来提供给八路军使用。

在离石,参议员及士绅 20 余人,为加强团结,坚持抗战,向全县民众发出号召:加强戒严、缉私斗争,使敌探奸细不能在根据地内稍有活动;搜集破铜烂铁,换取手榴弹及枪支,供给民兵打击敌伪特务汉奸;拥护军队,使军民关系团结得像铁一般,军队来时要打扫房子,找柴担水,实行慰劳,妇女们给军队洗缝衣服,生火烧饭;优待抗属,执行政府法令。①

河曲士绅刘节对抗日民主政权每一个工作号召,都能以实际行动来响应,1940 年政府创办冬学,他自告奋勇担任教员。1942 年征收公粮时,他不仅竭力协助工作,而且除缴纳按比例应负担的公粮外,还主动捐献粮食 100 斤,作为抗日军队的军粮。在他的带动下,另一名富户士绅侯富仓也主动捐献粮食 200 斤以慰劳军粮。②

开明士绅支持部队建设与发展的一个重要表现还在于他们把自己的子女送入军队,参加革命工作。著名士绅牛友兰、孙良臣等,都先后把自己的子女、亲属

---

① 《离石士绅号召民众:加强团结对敌斗争,爱护军队发扬民兵战斗力》,《新华日报》(华北版)1943 年 9 月 29 日,第 3 版。

② 《河曲刘节、侯富仓自动捐粮充实军食》,《抗战日报》1942 年 12 月 3 日,第 2 版。

送入军队或让其参加革命工作,形成了"全家革命"的动人场面。拿牛友兰为例来说,抗战爆发后,他的大儿子牛荫冠已经加入共产党,负责山西牺盟总会的工作,后任晋西北行署副主任;次子牛荫天参加了山西牺盟会;三子牛荫东在本县(兴县)牺盟会工作。1938 年夏天,牛友兰又把他的侄女牛荫英、牛荫婵和侄孙牛联涛、牛联棠夫妇一起保送到延安,分别进了抗大和陕北公学。1939 年春,他又把次子牛荫天送往抗大二分校。同年把年纪较小的侄儿牛荫德和侄女牛兴中送到延安上学。1942 年春,他又送最小的儿子牛荫西到延安学习。1942 年 5 月至 8 月,牛友兰率晋西北士绅参观团在延安参观,毛泽东在接见牛友兰时,赞扬他是"全家革命"。①

在抗日战争时期,抗日与否是检验一个中国人是否具有爱国主义精神的试金石。在晋西北还有许多开明士绅,面对日寇金钱的诱惑,刺刀的威逼,始终以民族大义为重,表现了传统士绅阶层高风亮节、舍生取义的崇高美德。如临县士绅李增瑞,对根据地各项建设事业素来关心。因李增瑞所在村庄接近敌占区,敌伪曾数度迫诱其到方山为敌做事,但他坚持民族气节,置之不理。敌人遂用暴力劫持,将其妻打死,伤家属 4 人。李增瑞本人幸遇游击队得以解救。此事发生后,他愤慨地表示,以后以更大的努力,协助政府建设根据地。②

历史事实证明:开明士绅们不仅参加到民族抗战的行列中来,而且许多士绅为抗日抛头颅,洒热血,为民族抗战的胜利贡献了生命,其抗战史实和事迹,应该在民族抗战史上占有一席之地。

---

① 樊润德、范翠兰:《开明士绅牛友兰》,《山西革命根据地》1989 年第 3 期,第 48 – 49 页。
② 凌华:《敌诱逼无效恼羞成怒,李增瑞先生家被袭击》,《抗战日报》1942 年 8 月 13 日,第 2 版。

第十四章

晋西北根据地民兵人力资源的开发利用

抗战时期,晋西北根据地响应党中央和毛泽东发动群众,武装群众的号召,在群众自卫斗争的基础上,组建了正规的民兵组织,为了加强民兵队伍的建设,各级党和政府,在思想上对民兵进行共产主义和抗战必胜的教育,开展学习党的路线、方针、政策,使民兵的政治觉悟不断提高,增强党性和政策观念;在战术上开展军事训练,对民兵进行侦察、武器使用、地雷爆破技术等各项战术的训练,提高民兵开展游击战的军事作战能力,最终使晋西北民兵成为一支战斗力较强的人民武装,在对敌斗争和生产运动中发挥了不可估量的作用。

第一节 民兵队伍的组建

抗战时期,在中共创建的敌后根据地,民兵是民众武装的重要组成部分,民兵组织是民众武装的最高形式。晋西北根据地民兵组织的兴起,是随着山西晋北战事的恶化,晋绥军的败退,在八路军挺进晋西北后,八路军地方工作团、战动总会等组织的抗日自卫队的基础上发展壮大的。

1937 年 9 月,战动总会成立后,确定其任务之一就是在战区创建游击队,广泛发动游击战争、建立游击根据地,在沦陷区域内,发动广大群众组织自卫队、游击队,开展游击战争,破坏敌人的交通、扰乱敌人的后方,部分地消灭敌人,以便有利于我方主力作战。

战动总会动员群众,组建自卫队、游击队是分步骤进行的,在敌人未进攻晋西北的时候,民众最感痛苦的是逃兵、土匪到处骚扰。针对群众安全需求,提出了

"组织自卫队,维持后方秩序,准备迎接敌人之进攻"的口号。各县第一期自卫队都是在这一口号之下组织起来的。当日军进攻晋西北时,各县动委会武装部,以反对敌人残暴行为的广泛宣传,提出"动员自卫队粉碎敌人进攻"的紧急动员口号,各县不但顺利地动员了第二期自卫队,而且朔县、偏关、宁武、岢岚等的自卫队都英勇地参加战斗,破坏敌人的交通,扰乱敌人,起了战役上的配合作用。

八路军到达晋西北后,提出"有人出人,有钱出钱,有枪出枪"和"武装起来保卫家乡"的口号,掀起了民众武装组织的热潮,半年多时间里,组织了很大数量的自卫队和游击队。如临县有自卫队员 1500 名,有游击队员 1200 名;兴县有自卫队 13123 人,游击队 200 余人;岢岚县有自卫队 1401 人;岚县有自卫队 600 人;五寨有自卫队 32912 人;神池有自卫队 6000 人;宁武有自卫队 200 名,游击队 100 名;忻县有游击队 67 人;崞县有游击队 3000 人;静乐有游击队、自卫队 2590 人;保德有游击队 300 人,自卫队 1000 人;偏关有自卫队 300 人;朔县有游击队 4000 人,有自卫队 3387 人;右玉有自卫队 1749 人。在 14 个县份里,共组织了自卫队 65478 名,组织了游击队 11084 名。

晋西北自卫队的领导系统是:小村里设分队,大村里设有小队,编村设有中队,区设有大队部,县设有支队部。县支队长由县武装部长兼任,下设干事四人;区大队长由区武装部长兼任,下设指导员二人;中队部设中队长一人,指导员一人;中队部以下的干部,皆不脱离生产。抗日自卫队主要担当各种战时勤务的工作,或者站岗放哨、清查户口、捕捉敌探汉奸,维护社会治安;或者负责通讯联络、运送军实、充任向导、救护伤员,协助抗日部队打仗。

1940 年初,晋西北反顽斗争取得胜利和抗日民主新政权成立后,根据地的群众武装建设进入整顿组织、统一编制、扩大数量、提高质量时期。中共晋西区党委于 1940 年 5 月发出关于加强人民武装的指示,晋西北行署颁布了《人民武装抗日自卫队组织条例》,10 月 5 日,晋西北人民武装抗日自卫队总部在兴县成立,龚逢春任总指挥,苏启胜任政治部主任。至 1940 年底,自卫队人数扩大到 9.8 万人。抗日自卫队不分阶级、民族、信仰、性别,年龄在 16 至 55 岁的抗日民众,均可以自愿报名参加,成为抗日自卫队成员。1941 年 7 月,晋西区党委、晋西北军区联合召开人民武装工作扩大干部会议。大会总结了几年来群众武装工作经验,决定成立各级人民武装自卫委员会(简称武委会),在正规军的帮助下,开展武装斗争,以形成正规军、游击队和民兵三者相辅相成的人民战争的武装力量,使日寇淹没在人民战争的汪洋大海之中。

边区群众武装工作会议之后,各县迅速成立了县、区、村三级武委会。各村武委会下设青年、妇女和壮老年自卫队,并成立了儿童团。他们平时的任务是站岗放哨,传送情报,组织群众空室清野。日寇进犯时,便带领群众转移,并担负主力军的担架救护和粮食供应任务。他们的武装一般是长矛、大刀,也有少数手榴弹。各村选拔觉悟较高、政治可靠、身体健壮且机灵勇敢的青年组成民兵中队,分散的自然村设民兵小队,民兵的武装配备有步枪、手榴弹和大量地雷。

1941 年 9 月,中共晋西区党委、晋西北军区分别召开高级干部会议,专门就人民武装作出决议:一、地方武装由军区、军分区统一领导,各级党委要把发展地方武装当作自己的经常任务。二、主力部队派出大批干部,以加强地方武装的建设。三、人民武装建设的任务是,整顿现有的自卫队,大力发展民兵组织。依照这一决议的精神,在主力部队 200 余名干部的帮助下,边区武委会积极开展人民武装建设工作,在整顿抗日自卫队的同时,注重民兵组织的发展,并取得了显著成效。1942 年 1 月,全边区民兵猛增至 2.5 万人,相当于 1941 年前半年民兵总数的 7 倍。1942 年 6 月 10 日,中共晋西区党委在《关于反"蚕食"斗争的指示》中,再一次强调了加强民兵队伍建设,要求各地应普遍开展民兵工作,要把民兵工作的重心放在抓青年抗日先锋队、模范自卫队和游击小组等较高组织之上。6 月 27 日,中共晋西区党委、晋西区军区又联合发出《关于扩大民兵游击队的指示》。《指示》强调:扩大游击队的主要对象是目前已组织好的民兵。正由于民兵是游击队的基础,就应该同时抓紧民兵的工作,应有计划的扩大训练民兵。同时确定了全边区扩大民兵 4.34 万人的指标,并给各军分区下达了具体的发展任务。从此边区民兵组织大发展进入了新的历史阶段。

第二节　开发民兵人力资源的措施

民兵队伍以农村青壮年男子组成,阶级成分复杂,文化程度偏低,思想散漫,作战技能差,部分贫苦农民子弟经济负担较重,对参加民兵组织有抵触情绪,针对民兵队伍这种参差不齐的状况,晋西北党和各级武装部门,对民兵开展了文化思想教育和军事技能训练,在减租减息方面特别照顾贫雇农民兵。

一、普及文化教育

民兵是土生土长的青壮年,绝大多数是没有文化的文盲。但民兵又是最具有广泛性的群众抗日武装组织,承担着抗敌与生产的重要任务。因此,必须提高民兵的文化水平,方能顺利开展对敌斗争和后方生产工作。

在根据地冬学是开展成人文化宣传教育工作的一种主要形式,而民兵是战斗和生产的主力,由于冬学和冬季工作密切结合,可发动群众实报公粮,推动练兵,使民兵学会爆炸,所以民兵是冬学教育的主要对象。1943 年冬,保德袁树里的冬学中,全村民兵全部自愿入学,在文化学习上,民兵最多的识字 300 个,学会开路条、看普通信件,一般都能学会 100 多字。民兵英雄袁谦还提出要建立一揽子学校的计划,他说:"旧社会教育不重视劳动,把人教成二流子,咱们新教育要和生产结合,大家开荒上地背上地雷拿上书,随时随地都可以学习,咱们学习的中心任务是生产、爆炸、识字、读报。"①

有不少民兵在冬学学习中成绩优异,受到奖励和表彰,如岢岚一区城关民兵干部三毛娃,冬学成立后他就下决心学习,经常把课本带在身边,砍柴、走路都拿出来温习,夜晚回家时,还和妻子互相考问、研究,在 30 多天中,就学会了 70 多个字。另一个民兵分队长张四罗,在一次站岗放哨时,一个过路人拒绝他验看路条,并说:看甚咧,看你也不识字。受了这次刺激后,他下决心识字,在冬学中学会 120 多个字。在区村扩干会讨论时,大家都说他是学习模范,区学委会特奖给他铅笔、笔记本,并号召大家向他学习。②

二、开展思想教育

民兵的思想教育多以开大会的形式进行,内容多是进行共产主义和抗战必胜

---

① 郭振智:《保德袁家里冬学转为一揽子学校》,《抗战日报》1945 年 3 月 11 日,第 2 版。
② 白琳:《村干部三毛娃、张四罗努力学习文化受到奖励》,《抗战日报》1945 年 3 月 11 日,第 2 版。

的教育,学习党的路线、方针、政策,总结交流生产和战斗经验,提高民兵思想政治觉悟,纠正错误认识。如:兴县罗峪口村,1945 年 3 月召开的一次民兵会议上,民兵马有生反省了领导变工队由失败到搞好的经验。马有生原是一个二流子,在政府帮助下生活观念转变了,积极帮助本村变工互助,将全村 6 头牛编为两个组,规定牛和牛变工、人和人变工。开始时问题很多,没有吃的,没有种子,都没有很好地解决,结果变工组就垮台了。后来他和大家商量,用农贷和互济的办法解决了一切生产的困难,没有牛的和有牛的互相帮助,明确规定了折工的办法,群众都很满意这种变工方法,劳动积极性大大提高,比往年多开了荒地 110 垧,他自己也开了 80 垧,过上有穿有吃的日子。在这次会上,他还给大家传授了变工成功的经验:多给群众说服解释,领导人不怕吃亏,能给群众解决困难,变工队就一定能够搞好。与马有生同村的民兵马振友,在会上说,以前认为劳武结合只是一种形式,以为民兵参加变工组就算了事,而且自己还想占点便宜,受训开会硬要老百姓帮助,因此,民兵没有和群众结合,反而引起老百姓不满意,群众说民兵是老天爷,现在感到这种思想观念非常不对,今后一定要真正实现劳武结合的方针,开展变工爆炸,在变工劳动休息时,学习研究爆炸技术,把练兵和生产结合起来。①

1944 年 10 月 9 日,河曲一区武委会召集各村民兵中队长开会检讨工作。检讨结果发现个别民兵干部思想麻痹,太平观念很浓厚,有的战时指挥部不健全,有的查路条不严格,随便开一个就可混过去,还有的对自己熬硝没有信心。因此,特由工作较好的村庄介绍好的经验。坪泉村介绍了战时指挥部分工领导的游击侦察、空室清野、掩护转移、河防治安和生产等办法。五花城和唐家会介绍了防卫小组和站岗放哨的情形。西阁村报告了扫硝土和熬硝的工作。大家都认为这些办法好,应当学习和采用。会上批评了太平观念,要求识字的人和不识字的人配合放哨,提高一般民兵的文化水平,确保站岗、查路条等任务能独立完成。②

---

① 白子明:《兴县罗峪口大会,检讨变工与劳武结合》,《抗战日报》1945 年 3 月 15 日,第 2 版。
② 薛占祥:《河曲一区武委会开会检讨改进备战工作》,《抗战日报》1944 年 10 月 27 日,第 2 版。

三、强化军事训练

民兵军事教育的内容,有侦察、各种武器的使用、地雷爆破技术以及枪、雷、弹结合等各项战术训练。特别重视实地演习,以提高民兵开展游击战的军事作战能力。

民兵军事教育方式以集训为主,分为村级和县区级。村级以行政村为单位,如 1944 年 10 月,保德刘家畔行政村集训民兵两天,研究爆炸、投弹等技术。两天中把地雷的埋法、装法、起法及伪装法等都学会,并当场演习爆炸。这次集训,民兵投弹成绩,有 13% 的民兵能投 40 米以上,50% 的民兵能投 30 米,不及格的仅 8% 。除投弹演习外,还演习了袭击、阻击、牵制、掩护群众退却等战法。演习后组织开会,讨论体验,民兵王顺检讨了自己缺点后,表示要认真学习技术,制造地雷,加强河坊。民兵王东明提议民兵回去要每天投扔石头,顶替练习手榴弹,并要把学会的技术教给未能参加集训的民兵。①

区县级民兵集训对象主要以民兵干部为主,既重视战斗技术训练,又重视责任意识教育,目的是提高民兵干部的整体素质。1944 年 2 月到 3 月初,神府县武委会为加强民兵工作,集中全县民兵大中队长,进行短期的政治军事训练,经过半个月的学习训练,过去没有使用新式武器的民兵,学会了步枪、手榴弹、地雷的使用。在毕业之前实战考核,成绩甚好,如投掷手榴弹平均达 30 米以上,有的超过了 40 米,射击有半数中靶。1944 年冬,为了进一步提高全分区广大民兵的战斗力,开展群众爆炸运动,分区司令部与武委会特联合举办民兵干部训练队。调集各县民兵总队长以上干部,由分区练兵营领导训练,历时三个星期。教育科目有爆炸、投弹、射击等战斗技术。同时,为提高干部的责任意识,要求与会干部汇报自己的工作与战斗经验,进行思想反省,联系实际检查工作与思想上的不足;组织各地民兵干部自行互相访问,开漫谈会,交流各地经验。

四、结合减租减息,加强民兵武装

晋西北根据地实行的减租减息,改变了根据地的土地关系,减轻了农民的负

---

① 李树铭:《保德刘家畔行政村民兵演练爆炸投弹》,《抗战日报》1944 年 10 月 27 日,第 2 版。

担,打破了农村传统借贷的恶性循环,保障了佃权,削弱了佃农的人身束缚,在较大程度上解放了根据地的生产力,并由此推动了民兵武装的建设和发展。

1943年,临县练兵队从帮助驻地及附近减租着手,推动了群众练兵。民兵郝生有、郝先林等经动员后,积极要求减租、赎地。练兵队就和村农会一起研究了解决办法,动员地主减租减息,在村民大会上地主主动退出租子,承认了过去不减租的错误。问题解决后,翻身的农会会员和民兵立即活跃起来,自愿要求到练兵队,影响所及,全村参加练兵的人数激增至80余人。[①]

1944年12月,河曲沙梁在减租中,农民共减租250多石,得到退租本币100多万,退回水地290亩,平地149亩,大部分农民都翻了身,在减租生产保佃大会上,翻身佃户张二仁感激地说:“我揽工十几年,没办法过活。如今共产党八路军帮我翻了身,我吃水不忘挖井人,我在减租中买到水地34亩,自己种8亩,其余都交给了农会,分租给没地的穷人,得的租子购买军火,武装民兵,好好保卫大家生产,使大家都翻身。”[②]村民许二任、许世任等翻身佃户也提出,把所买的耕地抽出5亩,由农会分租出去,用来帮助购买军火。

临县一区由于往年减租没有做到彻底,地主违抗政府法令,并造谣威胁佃户,非法夺地,不让佃户回赎土地,弄得佃户无地可种,生活困苦,因此引起群众不满,要求彻底减租保佃。1944年10月3日,城关附近龟卯、麻峪等八九个行政村的群众,2300余人,在龟卯召开盛大的减租保佃大会,自己选出村中代表,担任减租保佃大会主席,向地主进行反夺地、反贪污和退租斗争。在大会上,地主虽然多方抵赖,由于群众积极拿出事实,最后获得全部胜利。总计回赎房屋12间,水地15亩,滩地3亩,义仓粮12石。

龟卯、麻峪等群众经过这次减租和保佃斗争的胜利,生产情绪更为高涨,同时改造了民兵和教育了落后的群众。麻峪群众因为有了土地,有了吃的,也认识到了集体力量的伟大,在这次减租大会后,群众提出了加紧秋收和翻地,当即组织了包括民兵在内的五个变工组,选出了秋收大队长,并决定用义仓粮10石,买牛7

---

① 树凡:《临县练兵队驻地减租推动群众练兵》,《抗战日报》1943年3月11日,第2版。
② 王振华:《河曲沙梁新翻身户分出土地帮助别人翻身,购买军火武装民兵》,《抗战日报》1945年1月19日,第2版。

头,进行翻地。龟卯的民兵在这次减租中得到了改造,原来民兵中有地主的儿子和二流子,经过这次减租,被清除出民兵组织。这些人对有利和抖威的事情,如缉私和查户口等非常主动,凡是吃苦的事,就叫别的民兵去做。他们还欺压人民,破坏群众运动,有一次开减租大会时,他们假借担架名义,硬把两个斗争地主的群众叫走。此外还改造了民兵小队长,重新组织了一个民兵小队,加强了站岗放哨。根据地减租减息运动,缓和了地主与农民的矛盾,减轻了农民的经济负担,为民兵队伍建设创造了极为有利的条件和前提。

通过文化、思想和军事教育,以及减租减息运动,民兵的思想觉悟和战斗能力都得到较大提高。

首先,改变了民兵脱离群众的工作作风。由于民兵队伍成分比较复杂,文化程度普遍较低,在组建初期某些民兵及个别干部认为自己是超越群众、维护地方治安的组织,因而强迫命令、脱离群众的作风很严重。如有的民兵片面地认为,民兵只是站岗、放哨、查户口的武装,民兵只要参加变工队就算劳武结合。兴县民干韩守奎,集训后反省过去对不到会的民兵,派人去捆打的错误做法;民干郭守堂反省出当他改正了打人抓破鞋的作风以后,群众由他不满意而变得较亲近,他也明确了自己保卫群众利益的责任,认识到民兵不仅要在变工组里好好生产,而且平时要教群众练习投弹、埋地雷,战时还要领导群众打仗。

其次,克服了轻视军事技术观点,提高了爱护武器的思想。由于思想的纠正,民兵认识到:过去重视军事技术很不够,以为民兵只要占领山头,往下投弹,有没有技术都行,是错误观点,过去因技术不高,错过了许多杀敌的好机会。神池副大队长刘崇俊反省,反“扫荡”中某村五个民兵追捕一个敌兵,还牺牲一个民兵,才打死敌人,缴获了武器。保德民干王树全,检讨保德下流碛民兵,以 90 发子弹才击毙七名敌人,还有个别地方把地雷埋入湿地、火药失效的现象。民兵深刻感到技术绝不可少,因而提高了爱护武器的观念,严格清算了个别地区毁了土炮打大刀,及个别干部把磁雷当日常器具使用的不良现象。

再次,交流了战斗经验,提高了作战技术。历次培训,都要交流战斗经验,并创造多种爆炸技术。如民兵张建功根据敌人避雷的狼狈状态,创造了“声东击西”的巧妙布置。民兵张应元、高英斗根据敌人破雷办法,创造了“连环套”、“二龙戏珠”新技术。为了对付敌人挖雷,马泽、韩连成想出了“自送死”,“二郎担山”的好办法。刘占奎、杨丕德、王树全等则创造了"保家乡"、"不让鬼子吃鸡子"、"团结好"等很多配套使用的办法。在使用新式武器投弹、射击方面都有较大进步,掌握了全套本领,个个都提高了对敌战斗信心,一些受训民兵说:"是顶实际的办法,能学下实在东西。"①

第三节　民兵在抗战中的作用

由于晋西北抗日民主政府专门对民兵进行了文化思想教育和军事训练,并实行了减租减息的新民主主义政策,使这支劳武结合的群众性武装在对敌斗争和生产劳动中发挥了巨大的作用。

一、民兵的军事战斗

晋西北是支持华北抗战的重要战略根据地,对于坚持敌后抗战,保卫陕北党中央,具有重大意义。正因为如此,日本帝国主义为达到灭亡中国的目的,利用一切方法破坏晋西北根据地,特别是抗战进入相持阶段后,敌人集中更多兵力,实行连续"扫荡",并采取"扫荡"与"蚕食"相结合的办法,以"蚕食"根据地的边沿区,建立"维持会",作为向根据地"扫荡"的依托,以"扫荡"根据地来扩大与巩固"蚕食"区。根据这种形势,晋西北党政军用极大力量组织地方武装和民兵全力参加反"扫荡"、反"蚕食"、反"维持"等战斗。

1. 民兵的反"扫荡"

1940 年初,晋西北军民粉碎了国民党反动派发动的第一次反共高潮,赶走了阎锡山顽固军队,结束了两种政权、两种军队并存的局面,使晋西北成为党领导的抗日根据地,建立了抗日民主政权——晋西北行政公署。根据地各项建设工作刚刚起步,日寇便对晋西北进行频繁的"扫荡",企图消灭晋西北八路军,扼杀新生的抗日政权。边区人民勇敢地进行了反击。在战斗过程中,民兵和人民自卫队有了

---

① 方唯若:《二分区集训民兵干部,提高爆炸投弹射击技术》,《抗战日报》1945 年 1 月 12 日,第 1 版。

很大发展。1940 年 1 月至 6 月,仅是与敌斗争剧烈的第八分区的民兵,即发展到 277 个民兵小组、2150 人,与敌作战 37 次,打死敌人 16 名,捕捉汉奸 368 名,破坏公路 315 公里、桥梁 29 座,收回电线 7400 斤。①

新政权初创时,民兵虽然显示了雄伟的战斗力量,但是由于组建的时间不长,对敌斗争的经验还很不足,各地区的发展也不平衡,因而不能够发挥更大的作用。为提高民兵的战斗力,1941 年 7 月 8 日,中共晋西北区委召开了"晋西群众武装工作会议",加强对群众武装的领导,明确规定群众武装的任务是"保卫家乡",保卫自己的村庄,保卫群众的利益。自此,各地民兵得到迅猛发展。民兵的战斗虽然分散,但对敌却极具杀伤力。1943 年 10 月,崞县在反扫荡中,军民主动出击,仅大涂皋敌伪即被打死近 30 名。一次某村民兵将地雷埋在大涂皋敌炮台门底下,一下炸死六个伪军,有一个伪军三天没找到尸首,第四天才在黑豆秸秆找到一只脚。又一次大涂皋敌骑兵 20 名、步兵 20 名,由伪武装队长带领进犯至梁地村时,遭到预伏民兵的冲杀,敌仓皇逃散。这次战斗中,打死敌伪 20 余人,缴获战马两匹,马鞍八付,毯子褥子 20 余件。②

1944 年各地民兵开展了反扫荡爆炸运动。由于干部的亲自动手和加强了对民兵的领导与整训,大大地提高了民兵的战斗力,并使民兵与群众在实际体验中,认识了地雷的威力。尤其是忻县,在反"扫荡"中,地雷大显威力,敌伪被炸死炸伤累累。民兵的口号是"进不来,出不去",群众更把地雷形容为"不睡觉的哨兵",很多群众在发现情况时,争先恐后的要求民兵给自己家里埋上地雷。宁武在地雷战炸死炸伤敌人后,群众马上自动集粮集款买地雷,供民兵作战,民兵英模张初元发动全村男女制造炸药、雷管等。各县民兵普遍建立了爆炸组,并划分地雷区。宁武的民兵把变工组和爆炸组结合起来,有情况都埋地雷,没情况都生产。忻县民兵战斗组、爆炸组、侦察组三者的严密分工和配合,更有效地发挥了民兵的战斗力。

1945 年 2 月,敌寇扫荡静宁时,采取了极其残忍的"三光"政策,煮死了 3 岁的娃娃,摔死了 6 个月的婴儿,枪毙了 8 岁的小孩,冻死了 4 岁的孤儿,给静宁老百姓

---

① 穆欣:《晋绥解放区鸟瞰》,山西人民出版社 1984 年版,第 183 页。
② 丁耿林:《崞县军民设伏大涂皋》,《抗战日报》1943 年 1 月 12 日,第 1 版。

带来了深重的灾难。民兵英雄赵尚高为了打击敌人暴行,积极组织领导各村民兵,主动配合游击队,袭扰、伏击敌人。2月8日晚上,赵尚高率领民兵,配合某部袭击杜家村敌伪据点,夺获毛驴3头,猪肉50斤。9日,又配合游击队在史家沟、狮子崖两处伏击由宁化堡进犯之敌,打伤敌人3名,炸伤敌人一名,洋马一匹。半月中赵尚高领导的民兵小队,共作战8次,击伤敌伪9人,获牲口4头,胜利打破敌人的"扫荡"。①

2. 民兵的反"蚕食"

敌寇在"扫荡"的同时,对游击区进行疯狂的"蚕食"。从1941年3月开始,日军在其占领区连续实行"治安强化",并不断"蚕食"晋西北根据地。至1942年秋,晋西北根据地比1940年前半年缩小三分之一,人口由300万减少到100万。为了反对敌人的进攻、彻底粉碎敌人向根据地"蚕食"的阴谋,边区各级党委、政府、军队、民兵和群众,坚决执行了党中央和毛泽东"挤敌人"的指示,开展积极的全面的反"蚕食"斗争。1942年5月以前,侵占偏关的敌人,以土山子,映泉上,杨湾子,韭菜庄等地为据点,经常派出汉奸特务到处横行乱窜,大肆挑拨离间长城里外人民情感,抢劫民间牲口资财,捕杀抗日工作人员,使我方工作遭受极大困难。针对此种严重情势,当地民兵发动了反"蚕食"武装斗争。组织了群众武装自卫队,扩大了地方武装,捕捉与镇压了特务汉奸,坚决予敌打击,粉碎了伪组织伪政权。数月以来,不断进展,旧有25个自然村得到巩固外,原属于敌占区和游击区的37个自然村也建立了抗日政权。另外50个自然村的伪闾邻长在我反"蚕食"斗争胜利的情形下,日益倾向我方。偏关清河边界长城里外一带,由于反"蚕食"斗争猛烈发展,根据地不但得到巩固,而且有双倍的扩展。②

1945年3月,轩岗附近民兵,积极打击敌人,在3月24日、26日两天晚上,在大牛店敌据点东西展开军民大破袭同蒲交通线,大牛店敌伪曾两次出扰,均被预伏民兵击退。由于当地军民连续破击,使敌交通堵塞,被围困已久的井家山据点,在军民胜利出击下,不得不在12月7日撤退,碉堡也被全部摧毁。③

---

① 秦德:《赵尚高民兵配合游击队奋战半月打破敌扫荡》,《抗战日报》1945年3月19日,第1版。
② 《反蚕食斗争胜利,偏清各据点敌伪慑服》,《抗战日报》1942年9月24日,第1版。
③ 《六分区军民挤掉井家山据点》,《抗战日报》1945年4月8日,第1版。

3. 民兵的反"维持"

要取得反"蚕食"彻底胜利,首先对群众进行宣传教育,充分了解敌情,争取群众向共产党、八路军靠拢;其次,必须发动起来摧毁伪政权、伪组织,肃清汉奸特务,打垮"维持会",才能逐步恢复和扩大抗日民主政权。如在临南敌占区某村群众,因受特务谣言欺骗威胁,对打断"维持",缺少信心,影响周围村庄群众也忧虑不安。武工队看到这种情形,首先,调查"维持"真相,并让群众明白这中间的情形,加强他们打断"维持"的勇气和决心。其次,发动周围村庄群众以民兵为首到该村召开群众联合会。在会上,邻村民兵模范张金栋等发言,用具体事实说明敌人的无力和"维持"之痛苦,在群众督促下,该村维持分子秦某也说出了实话,揭发出了维持真相。原来他与另一坏蛋暗中和圪洞伪特别区勾结,配合伪工作队里应外合抓走本村人。为便于掩饰,故意让伪工作队一并把他拉走。拉走的群众被敌伪勒索并订"维持"条件,放回时也把秦某放回,给他的任务是造谣和威胁村人不断"维持",调查根据地军政动态。他在维持款中,前后分下百余元。该村群众听了他的话后恍然大悟,弄清了维持原来是坏蛋的诡计弄的,大为愤恨地骂秦某等人,是日本鬼子的狗腿子。一致声称坚决听从抗日政府指示,再不维持。此后,该村民兵更加活跃,附近的联防哨也更加巩固。①

要想彻底断绝群众对敌人的"维持",必须保护好群众的财产,让群众真正体会到断绝"维持"后,自己的财产是不会受到敌人侵害的。岚县民兵在反抢粮、反"维持"的斗争中发挥了雄伟的力量,通过反抢粮激发了群众的反"维持"。1944年秋,敌人企图在岚县抢粮,民兵即配合部队进行反抢粮斗争,1945 年 1 月,普明敌寇一月内就出发三次抢粮,均被陈大伟等领导的民兵击退,把敌人抢去的耕牛粮食全部夺回来,并积极打击了敌寇的煤炭运输,断绝了其燃料来源。由于民兵的胜利斗争,鼓舞了据点附近群众,他们也采取各种办法和敌人斗争,民兵随即从反抢粮发展为反"维持"斗争,民兵一面发动空室清野,组织联防瞭望哨,同时监视个别偷偷"维持"敌人的坏分子,武装保卫了群众的利益,得到群众普遍的爱护,自动提出给民兵解决吃饭等问题。据点周围的青年,都踊跃参加民兵。民兵队伍不

---

① 王会元:《临南某村民众醒悟,断绝"维持"一心抗日》,《抗战日报》1945 年 1 月 19 日,第 2 版。

断壮大,在解放岚县中也发挥了重要作用。1945年2月8日,八路军第一次攻克普明后,民兵进一步围困据点,切断敌交通,在岚县县城、东村、普明、寨子等四据点附近及公路上,布置了60里长的雷区,调集全县精干民兵上百人,组织了17个爆炸组,在统一指挥下,分区展开广泛的爆炸运动,断绝敌人的交通联络。民兵们以惊人的机智侦察出敌人的行动规律,按不同地形,不断改进爆炸技术。陈补树领导下的民兵,组织飞行爆炸组,把枪和雷密切结合,同时创造了"瞎老动泰山"、"张果老过桥"、"蛤蟆吐蛋"、"鬼子上平台"等五种爆炸方法。20多天就炸死17个敌人,伤16个。在解放岚县中,民兵单独作战140次,配合部队作战23次,共毙敌62名,伤敌64名;伪军死伤4名,缴获枪8支,子弹700发,缴获其他军用品也甚多。①

为反对"维持",民兵有时还得帮助敌占区群众搬运财物。宁武宁化堡敌据点附近村庄迁到根据地来的同胞,有许多粮食和东西因为一时不便携带,没有搬出来,某村民兵特别掩护他们回去搬迁,民兵一面活动,一面帮助背粮食,搬家具。

4. 民兵的破击战

敌人为了加强其占领区的统治,十分注意"交通强化"工作,妄想充分发挥其机械化装备的作用,因此敌人大肆扩建铁路,广修公路,架设电线,疏浚河流。沿着这些交通路线,又筑起大量的据点和碉堡,配置兵力,构成交叉连接的火力网。在交通线的两侧,又挖成深约一丈二尺、宽约一丈的封锁沟,并筑一道高约八尺的封锁墙。他们想用这些交通线、碉堡和沟墙,将解放区包围、割裂,分区"消灭",各个击破。针对敌人"强化"交通,"分割"解放区的阴谋,民兵配合正规军和地方游击队,开展了广泛的破击战,并把战斗与生产相结合的思想运用到破击斗争上,创造了"破击分红"办法,对敌人的"扫荡","蚕食"给予有力的打击。

忻县四区上关峪村的郝还喜,就是一个成绩卓越的民兵破击英雄。郝还喜所在的村庄位于忻(县)静(乐)公路附近,1940年被日军占领。八路军第一次去破坏忻(县)静(乐)公路上敌人刚架设的电线时,到他村里去动员民兵参战,年仅14岁的郝还喜,坚决和部队一起到了前线。某次夜袭时郝还喜接连爬了十几根两丈多高的电线杆,配合部队把电线拖下来。从1940年秋到1944年8月的四年间,他

---

① 冯建国:《在挤敌人的战斗中岚县民兵发展壮大》,《抗战日报》1945年5月13日,第1版。

参加破击电线 43 次,收电线一万多斤;破坏公路 16 次,共计 50 多里;破坏桥梁两座、碉堡一座。

崞县五区是一个受尽敌寇摧残的敌占区,敌人疯狂的抢掠,榨干了人民的脂膏,群众对敌人的血腥统治怀有不共戴天的仇恨。1944 年春耕期间,正是青黄不接、群众吃粮困难的时候,民兵掩护群众 100 余人,连续进行了 6 天大破袭,用所得铁轨、电线换取粮食,解决了困难。大王营等四个村庄的贫困群众 30 人,接连收回铁丝 2200 余斤,他们 30 户人家的口粮都得以解决。这一消息很快就传播开来,更加鼓舞了全区 50 余村群众的破袭的情绪。1944 年 12 月 6 日及 8 日两天,崞县五区某部配合游击队、民兵 100 余名,主动向原平、大牛店两据点展开破击,一小时内,破坏电线杆 50 余根,获得电线 1500 余斤。以后群众为了补充冬衣,又开展了更广泛的破击活动,从 12 月 15 日到 19 日五天中,十余村庄的 300 余群众,共收回电线 3000 余斤,出卖后换得本币 30 万元,可购买土布 150 丈。①

1945 年 3 月 10 日,忻县某区组织群众、民兵 160 余人,破击同蒲路电线,到达目的地后,群众尽力搬运,敌人曾出动兵力企图阻止,但我民兵沉着应战,击毙敌兵一名,群众毫无损失,顺利破获电线 1500 余斤,生产模范王油海,破获铁丝最多,除交公家少部分外,自己还获得 30 余斤,可换得小米两大斗。为了嘉奖群众破击,照顾群众利益,区公所仅让每个群众给公家分红一斤(破袭前确定每人交公 12 斤),区级机关总共分红 160 斤,群众都很高兴。据不完全统计,全县在一、二、三月份的连续破击中,共获电线 3 万余斤,仅民兵英雄郝还喜村所获电线便换回 7 头耕牛及布、油等必需品,因为破击持续不停,使敌寇的电线有的地方由十六条减为一、二条,而且一架起就被破坏,敌人对伪军保护电线不再信任,每夜不得不亲自到铁道上巡查。②

敌人妄想防止我军民破击同蒲线电线,曾用许多办法,如在电线杆上钉钉子等,都未生效,后又强迫沦陷区各村派出"自卫团"和狗来防守,每晚都把狗拴在电线杆上,敌人听到狗咬,遂出来追击,即使这样,群众仍旧破击,甚至把狗给捉去。

---

① 辛步云:《崞五区十余村群众破敌电线置换冬衣》,《抗战日报》1945 年 1 月 12 日,第 1 版。
② 赵毓秀:《忻县民兵群众三个月破获电线三万斤》,《抗战日报》1945 年 5 月 7 日,第 1 版。

二、民兵的生产建设

民兵是不脱离生产的群众武装,既要打击敌人,保护群众生命财产,在作战之余,还要从事工农业生产。但在民兵初期发展中,存在一种比较普遍的偏向,就是为了打仗,荒废了生产。针对这一情况,1943 年 9 月召开的边区群众工作会议,提出了劳力与武力相结合的方针,确定民兵活动必须以不脱离生产为原则。由于民兵以一定的时间进行作战,群众对民兵的生产应有必要的帮助;但是民兵打完了仗还要参加生产,民兵本身必须做到把劳力与武力结合起来。

在中共晋绥分局"劳武结合"的号召下,宁武新屯堡的农民和民兵创造了这一结合的具体形式。新屯堡是宁武山区的一个小村庄,有几十户人家,十分贫困。1940 年春,村里建起农会,成立了党的基层组织,在党的领导下,全村农民组织起来,开展减息交息运动,村里十多户世代贫苦农民赎回了土地,并买了耕地、耕牛和房屋。经过减租减息、发展生产,全村农民生活得到了初步的改善。

1942 年秋天,敌人在离新屯堡十来里的石家庄扎下据点,三天两次到新屯堡抢粮、杀人、烧房子,强迫村民搞"维持"。到了春天,敌人还要出扰,不让群众种地。当时敌人常在拂晓出来袭击,于是村里民兵干部每日鸡鸣即起,一面查哨,一面拾粪,加强对敌人的警戒。民兵的侦察活动,有效地防范了敌人的干扰,群众能安心种地了,可是民兵耽误了自己的农事。但是,民兵不执勤防敌的话,群众又不能按时耕种。为解决群众生产和打仗的矛盾,农会和群众商量提出变工互助的办法,决定成立变工组,把民兵插编进变工组,民兵负责掩护群众的生产,群众帮助民兵种地。在没有战斗任务的时候,民兵就在变工组里耕地。为使"劳武结合"能有效实行,村里定了一个规矩:民兵保证不丢村里一条牛,群众保证不荒民兵一亩地。全村在"劳武结合"中轰轰烈烈搞生产。1943 年新屯堡有 42 户、男女 100 来人参加了变工组,全年共节省 2250 多个工。因为民兵打得敌人不敢轻易进村,这一年新屯堡被敌人抢去的粮食还不到两石。①

新屯堡劳武结合的形式,在边区第三届劳模英雄大会上,得到广泛宣传推广,1944 年各地都普遍开展,为适应对敌斗争与发展生产的需要,群众又创造了变工

---

① 穆欣:《晋绥解放区鸟瞰》,山西人民出版社 1984 年版,第 235 页。

爆炸、抢耕抢收、联防活动、军火自给等斗争形式。

宁武县民兵英雄邢四娃,为了解决民兵武器不足的困难,1944 年夏天召集几个村的民兵开了 205 亩军火田,秋季又发动集体买雷运动,以解决开展爆炸、保卫秋收之急需。为了长期打算,他又在全行政村选举群英的大会上,提出创办军火合作社的问题。经过民兵和群众的热烈讨论,共同推选邢四娃为合作社经理。邢四娃把自己开下的 55 亩军火田与 56940 元的股金作为创办合作社的基金。合作社既熬硝又造雷,还榨油换布,供给群众置布穿衣,把制造军火与解决群众生活困难结合起来,深受群众拥护。①

1944 年秋,临县全县所有群众、机关学校的劳动力,都在秋收战线上加紧突击,抢打抢收,积极准备反"扫荡"。各地民兵则一面参加抢收,一面加紧战斗准备。为加快抢收,还专门成立了几十个人的民兵抢收队,每天早上集体参加县级各机关的练兵习武和扫硝,上午则到地里帮群众秋收,并一面利用地形灵活地进行爆炸实习及投弹瞄准。永丰村的民兵按各人的能力,编了爆炸、情报、掩护等小组,每天晚上和邻村的民兵配合联防,监视地雷随时准备打击抢粮的敌人。②

临南距敌据点 20 里的边缘某村,往年秋季被敌人抢粮数次,群众损失很大。1945 年由于全村开展了变工爆炸和联防警戒,村里没有受到一点损失。民兵英雄武候元听了歧道村的劳武结合后,发动全村集股买了 6 头牛,组织了 6 个变工小组,全村民兵分别参加进去,一面耕作,一面教自卫队埋雷、拉雷、跳雷、套雷。因全村防卫警戒做得好,民兵还在联防哨上开荒地 6 亩,集资 6000 元购买地雷等。③

1944 年秋,岢岚刘、化两村军民变工,秋收比往年结束较早。两村秋收中,都是军民混合编组,统一使用劳力,按技术分工,按地段记工。化村抽出两个不能上地劳动的老婆婆磨面,供给全村食用,有娃娃的女人都分配在村附近收割。刘村抽出两人制造杈耙、木杆、箩头等农具,另分配会翻地的人专门翻秋地。两村民兵、自卫队都和变工队订有防敌"扫荡"的战时公约,民兵保证不让敌人抢走一粒粮,一头牛,保护群众安全转移;变工组保证收割好民兵的庄稼,并保证对部队战

---

① 王毅:《邢四娃行政村成立军火合作社》,《抗战日报》1944 年 10 月 2 日,第 2 版。
② 《公私劳动力全部动员起来,临县各村加紧打藏粮食》,《抗战日报》1944 年 10 月 27 日,第 2 版。
③ 王正斌:《临南边缘某村开展变工爆炸》,《抗战日报》1945 年 6 月 18 日,第 2 版。

时的运输、给养、担架与通讯等工作都做好,驻军帮助训练民兵学习战时动作及爆炸技术等。在抢收与备战中,两村都是白天割,晚上背,在地里踩了野场,什么庄稼熟了就打什么,边打边藏。刘村军民变工组曾举行抢收竞赛,劳动效率较平时提高了50%。1944年秋,两村军民合收1169垧庄稼,原计划以1800个工完成,实际只用了1076个半工,共节省了700多个工。①

除日寇掠夺和破坏群众生产外,山区的野猪对农作物破坏性很大,为保卫群众的秋季农作收获。民兵也想出了好多土办法。如宁武民兵英雄段兴玉领导五个行政村的群众组织了打山猪的"照山合作社"。合作社创办的起因是,1944年民兵段兴玉所在村子一带耕地比往年增加了一倍多,苗棵都长得很好,但为了防止山猪的糟害,各村家家都得派出照山猪的人,段兴玉看到这种情形,就研究出一个办法,在每个山顶上挂一个钟或一面锣,由五个行政村,每晚派出三个人,带上枪去照山猪,山猪近的用枪打,远的敲锣敲钟吓跑了。五个行政村的庄稼防止了山猪的糟害,全年20%的粮食从山猪的嘴里抢夺回来,每夜还节省了五个劳动力,使每个人在白天能集中精力去收割秋粮。"照山合作社"打下的十几头山猪,每头二三百斤,段兴玉把大部分贱价卖给了部队的伤病员,卖下的钱分给照山猪的人,剩下的小部分肉分给各村群众。②

第四节　开发民兵人力资源的历史意义

抗战以来,晋西北民兵在党的领导和广大人民群众的支持下,与主力部队配合开展游击战争,与群众组合开展变工生产,不仅在战斗和生产中取得了辉煌的业绩,而且在提高群众思想觉悟,密切军民关系方面起到了深远的影响。

一、对敌斗争,战绩辉煌

在八年抗日战争中,晋绥边区民兵在残酷的战斗中,发展成一支10万人的大

---

① 张连国:《岢岚刘、化两村军民集合抢收备战》,《抗战日报》1944年10月28日,第2版。
② 《段兴玉组织"照山合作社",打山猪保卫庄稼》,《抗战日报》1944年10月28日,第2版。

军。据边区武委会的不完全统计,自 1940 年 1 月到 1945 年 6 月,全区民兵对敌作战 19149 次。毙伤敌伪 10102 名(其中日军 4389 名,伪军 5713 名),俘虏敌伪 1924 名(其中日军二十八名,伪军 1896 名)总计 12026 人。这些战斗中,缴获机枪、步枪等共 799 支,各种弹药 243949 发,骡马 193 匹;收回电线 224336 斤,铁轨 220092 斤;破坏敌汽车 30 辆,碉堡 20 座,桥梁 53 座,公路 5450 余里。此外还从敌人手中夺回被抢去的粮食 1593604 斤,牲口 6863 头,猪羊 18581 头。①

二、保卫家乡,促进生产

　　民兵的主要任务是打击敌人,保卫生产。在民兵的保卫下,群众财产免受损失,生产恢复有序,生活得到保障。如五寨县 1943 年被敌人抢去牛驴骡马多达千余头,食粮、衣服财物亦受到不少损失。1944 年群众生产中,为了保卫生产把劳武结合起来,组织民兵建立哨岗、联防线,开展爆炸运动,打击敌人出扰抢掠九十八次,围困敌人,开展向敌人夺耕牛的斗争,共夺回耕牛 175 头,驴 72 头,羊 259 只,一部分由群众认领回去,其余都借给贫苦人家使用。因为坚决执行挤走敌人和组织起来的方针,大大提高了群众的生产热情。全县耕地面积大为扩大,开春荒 10247 亩,伏荒秋荒 28000 余亩,共可增加食粮 3000 余石。组织了百分之六十的劳动力参加变工组,在变工基础上,建立了三个区合作社,十六个村合作社,供给群众布匹、食盐、火柴、碱面、手巾、水烟、麻布等必需品,并特别供给游击区群众的需要,收买皮毛等土产品,与敌人开展经济斗争。全县群众给抗属代耕 700 余亩,帮人工 600 余个,畜工 300 余,代租土地 500 余垧,贷粮 60 石,贷款 7800 余元。群众帮助军队代租土地 1400 余垧,调剂种子廿石,帮助牛工人工各 300 个。②

　　民兵的英勇作战,使敌占区和游击区群众的生产和生活得到较快恢复。1944 年 5 月,忻崞民兵支队把蒲阁寨敌人"挤"走后,人民纷纷搬回家乡,重建自己的家园,五六个木匠修理上百间被敌人毁坏的房屋和窑洞,由两个铁匠重新制作被毁的农具,用互助办法,买回耕牛 25 头,比原来只差 5 头,食粮种子也都得到解决。村政权得到改造,民兵自卫队经过整顿更扩大了,站岗、放哨日夜不停地活动着。

---

　　①　穆欣:《晋绥解放区鸟瞰》,山西人民出版社 1984 年版,第 341 页。
　　②　李占林:《五寨军民战斗生产成绩辉煌》,《抗战日报》1944 年 2 月 14 日,第 2 版。

全村共组织了 15 个变工小组,荒芜了的土地重新被耕耘,大家提出不荒一亩熟地,每个变工组员还要开一亩生荒的口号,全村一切都走向正规,103 户人家又开始了快乐的生活。

宁武收复后,细腰村各项工作都得到迅速恢复,特别是民兵更为活跃,个个都学会了造雷和埋雷。政府及时发放了 22 石细粮,15 万贷款,使贫困饥饿的群众脱离困境。没有地种的群众,政府为他们调剂了土地。18 户逃入我根据地的人民,也已重返故土,进行积极生产。冷落已久的村庄,又呈现出一派新生的气象。①

三、提高了群众觉悟,密切了军民关系

民兵对敌斗争的不断胜利,极有效地保护了群众的生命和财产,增强了群众抗战的信心和觉悟,也使广大群众感受到党的温暖和人民军队的深情厚谊。静乐南沟口收复后,沟口村在短期的建设下,已充满了抗日的民主空气,民兵们背着从敌人手里夺来的六五式步枪,严密地盘查着来往行人。曾被敌人践踏的废墟,修理成清洁整齐的街道,墙上写着"拥护美英苏中四国宣言,消灭法西斯","拥护中国人民领袖毛主席","实行组织起来,办好合作社"等醒目大字标语。

为激励群众抗战,静宁军政民 1600 余人在南沟举行了祝捷大会。会台上挂着毛主席的像,院内四周贴着红绿色标语,群众赠的对联上写着:"战必胜木瓜山日寇死亡殆尽,攻必克沟子村伪军全部被俘"。这是群众对敌斗争必胜信心的真实写照。被解放的群众诉说了敌寇占领时的残暴行为,大会进程中"把敌人挤出去"、"拥护毛主席、八路军、新政权"等口号不断高呼。

群众争先恐后地慰送慰问品,慰问品 90 多件,有羊、鸡、白面、牙刷、牙粉、铅笔、肥皂、毛巾、袜子、本币、葡萄等。军队为了爱惜民力,谢绝慰劳品,但群众都不同意。某村群众说:"不要我们的慰劳品就不对了,这是我们的心!"场面充满了民拥军、军爱民的气氛。会毕县政府即给沟口群众分发救济粮,每户三斗四斗不等,共分发给 30 多户人家,全会场的人都感到共产党、八路军、新政权是他们的唯一依靠。②

---

① 《蒲阁寨、细腰人民修房开地重建家园》,《抗战日报》1944 年 6 月 10 日,第 3 版。
② 刘震:《庆祝南沟口的解放》,《抗战日报》1944 年 10 月 27 日,第 2 版。

在整个抗日战争中,晋西北根据地民兵始终和军队一起站在抗日战争的前线,对于打败日本侵略者起了重大作用。正如毛泽东在《论联合政府》中所说:"这个军队之所以有力量,是由于有人民自卫军和民兵这样广大的群众武装组织,和它一道配合作战。在中国解放区内,一切青年、壮年的男人和女人,都在自愿的民主的和不脱离生产的原则下,组织在抗日人民自卫军之中。自卫军中的精干分子,除加入军队和游击队外,则组织在民兵的队伍中,没有这些群众武装力量的配合,要战胜敌人是不可能的。"①

---

① 《毛泽东选集》第三卷,人民出版社 1991 年版,第 1040 页。

第十五章

晋西北根据地劳动力资源开发利用的特点

在抗日高于一切的方针指导下,晋西北根据地开发利用人力资源的政策与措施,体现了对敌斗争与发展经济相结合、教育与抗战生产相结合、社会整合与生产劳动相结合等特点。

一、对敌斗争与发展经济相结合

晋西北抗日民主政权从诞生的那一天起,一直经受着抗日战火的洗礼和考验,晋西北人民为建立巩固抗日根据地,做出了巨大的牺牲和贡献。

1940年,晋西北抗日民主政权初创时期,日军对晋西北实行了空前未有的春夏冬三次大"扫荡"。在春季"扫荡"中,敌人出动兵力七八千人,分6路窜扰方山、岢岚、河曲等县。夏季"扫荡"中,敌人出动兵力2万余人,分19路围攻根据地,除第二行政区外,大部分地区皆遭"扫荡"。冬季"扫荡"中,敌人又出动2万余兵力,疯狂进行烧杀抢掠,仅雁北地区即被围攻骚扰达11次。八专署专员顾永田、十一专署秘书主任李林及大批政府干部都是在这一时期对敌斗争中光荣牺牲的。

1941年日军又对晋西北进行了17次局部"扫荡",施行极端残酷的"三光政策"。在根据地的周围,碉堡林立,到处是"封锁沟"、"封锁墙",分区分割;实行空前野蛮的"三光"政策,强行并存,实行连坐法。2000多村庄被烧毁,无数群众背井离乡,啼饥号寒。汉奸特务横行乡里,欺压百姓,敲诈勒索。国民党"自卫军"、顽军也乘势而入,或配合日军"扫荡",或抢占地盘,暗杀我工作人员,助纣为虐。

1942年,日军改变作战部署,企图先占领晋西北五分区(雁北区)、三分区(静乐区)、八分区(文交区),以逼迫八路军退缩于沿黄河东岸的狭长地区内,解除八路军对同蒲路的威胁,隔断晋西北与大青山的联系,切断陕甘宁边区与敌后各抗日根据地的交通。然后,再向临县、兴县、保德一带"蚕食",采用"梳篦战术",寻找并打击根据地党政军机关及 120 师主力,以期最后彻底摧毁民主政权,破坏抗日根据地的建设。在进攻的策略上,日军变单纯的军事进攻为"三分军事,七分政治",变短期的"鲸蚕式扫荡"为堡垒主义、步步为营、逐渐推进的"蚕食"政策和长期的、反复连续不断的"清剿"政策;变散兵力"扫荡"为集中优势兵力重点击破;变一般的烧杀抢掠为有计划的毁灭性的"三光政策"。到 1942 年底,敌人连续实行了 5 次"治安强化"运动,"蚕食"和"奔袭"晋西北、大青山地区 30 余次,在晋西北新增据点 70 多个,连同原有的敌据点共达 250 多个。同时,在占领区到处设立伪政权和"维持会",使原来的游击区大部分变成敌占区,原来的根据地也有一部分变成游击区。

第四行政区的离石四区共有 17 个行政村,辖 131 个自然村,到 1942 年前半年止,已被"蚕食" 17 个行政村和 127 个自然村,只剩下 4 个自然村未被蚕食。

第三行政区的静乐一区及忻静一区,共有村庄 108 个,敌人最初占领时只有 31 个伪政权,在"蚕食"当中又建立了 21 个伪政权,并发展了 40 个维持敌人的两面派村庄,抗日政权只剩下 16 个,形势极其严峻。

而在第五行政区,敌人的进攻与其说是"蚕食",莫如说是"鲸吞"。在 1941年,敌人在雁北只有据点 20 多个,但在 1942 年陡然增加到 70 多个,并普遍建立碉堡,根据地面积锐减。

据统计,到 1942 年,整个晋西北抗日根据地比 1940 年前半年缩小了 1/3,人口由 300 万减少到 100 万,耕地面积下降到抗战前的 84%,劳力减少了 1/3,粮食产量下降 1/3。从 1942 年 6 月开始的反"蚕食"斗争,到 10 月共收复自然村 218个,但巩固工作较差,约有 1/3 的村庄收复后又被敌人"维持"。整个晋绥根据地处于极端严重的困难时期,而且使陕甘宁边区受到严重威胁。

面对严重困难的局面,晋西北军民在战争中学会了战争,利用敌人兵力不足、失道寡助的致命弱点,全民总动员开展人民战争,实行战役、战斗的"外线速决的进攻战",以粉碎敌人的围攻和"扫荡"。

1940 年,晋绥军民经过数百次战斗,粉碎了敌人的 3 次大"扫荡"。1941 年又经过多次战斗,给敌人的进攻以迎头痛击。1942 年 10 月,毛泽东向中共晋绥分局(1942 年 8 月成立)发出"把敌人挤出去"的号召,指出:晋西北应积极开展游击战争,向敌人挤地盘,必须振奋军心、民心,向敌人采取积极政策。晋西北党政军民积极响应党中央和毛泽东这一指示,晋绥分局于 11 月 4 日召开高干会议,决定主力部队以 1/3 的兵力,地方武装以 1/2 的兵力,普遍组成武装工作队,深入敌后开展工作。分局成立了地区工作部,各地成立了对敌委员会,统一领导对敌斗争。全区武工队由原来的 15 个增加到 37 个,晋绥军区也做出"挤敌人"的具体军事部署,晋绥行署还发出了"关于对敌斗争的指示信"。晋绥党政军民团结一致,以武工队为主要力量,在主力军、游击队和民兵的配合下,深入敌占区开展了公开的与秘密的,军事的与政治的各种斗争。粉碎了敌人对根据地的所谓"施政跃进"、"铁壁合围"、"梳篦式清剿"、"三光政策"、"蚕食政策"和"治安强化"等,有计划有步骤地向敌人挤地盘。晋绥八分区从 1943 年 2 月至 7 月,开展了围困交城县岔口、芝兰敌据点为重点的挤敌人运动,并取得重大胜利。在艰苦的对敌斗争中,根据地军民创造了许多"挤敌人"的办法,如为了围困、孤立敌人,八分区首先发动群众,摧毁敌人的维持会和情报网,铲除汉奸特务,切断敌人耳目手脚;其次,开展民兵、武工队的麻雀战、爆破战、地雷战,使敌人的活动、生活都陷入困境;再次,坚决打击、消灭出扰的小股敌人。敌人大股出动时,政治上则予以瓦解,并把平川的对敌斗争与山区围困敌据点斗争紧密结合,使平川之敌无法援助山区。7 月,敌人在难以立足的困境中被迫放弃交西县岔口和交东县芝兰据点,草庄头、朱化等据点的敌人也相继被挤退。八分区打开了对敌斗争的新局面,解放了山区腹地的 2/3 地区,进而把对敌斗争的中心转向晋中平川。在六分区,取得了军民围困蒲阁寨敌据点斗争的胜利。

在艰苦的对敌斗争中,晋绥根据地刚刚建立的抗日民族政权积极组织人民参战,进行对敌斗争,做了大量艰苦而又实际的工作。首先是补充正规军,其次是武装民兵与自卫队。到 1942 年底,晋西北人民武装扩大到 19 万人,其中自卫队员 16 万人、民兵 3 万余人。1942 年冬,反"蚕食"斗争取得初步胜利,共计摧毁区、村伪政权 178 个,恢复抗日政权 171 个。到 1943 年 7 月,"挤敌人"斗争取得重大胜利,半年内晋西北八路军共作战 711 次,毙伤日伪军 1300 余人,俘获日伪军 162 名,挤掉敌据点 50 多个,摧毁敌伪政权 827 个,建立了 535 个抗日村政权,争取了 100 多个伪政权为革命的两面政权。整个晋西北已由敌进我退的被动局面变为我进敌退的主动局面,晋绥抗日根据地得以巩固和发展,抗日民主政权的建设也得以走上正常发展的轨道。

抗日战争是一场持久的军事、经济战。在军事上、政治上积极进行反"扫荡"、反"蚕食"斗争的同时,晋西北根据地军民在各级党组织领导下,针对敌人的经济"封锁"和遭受的严重自然灾害,努力发展以农业生产为主的各项经济事业,为根据地顺利度过严重困难时期,进入抗日战争的最后反攻阶段,打下了坚实的物质基础。

晋西北抗日民主政权从建立的那天起,就十分重视生产建设。新政权在成立之初的施政纲领中,即提出要发展国民经济建设。1940 年 12 月,根据中共中央指示,中共晋西区党委召开了地委书记联席会议。会议总结了 1940 年的各项工作,特别决定把发展生产、加强经济建设作为 1941 年根据地的中心任务之一。1941 年 8 月,中共晋西区党委召开高干会议,讨论了坚持长期斗争、建设根据地和开展自力更生,大生产运动等问题,经济建设被列为经常性的重要工作,开始走向正规化。广大人民群众与机关部队一起动手,建立革命家务,组织劳动互助,展开大生产运动,取得了巨大成绩。

第一,扩大了耕地面积。如八分区静乐县发动"五一"集体开荒,有 100 多个自然村的 11391 人参加,动用牛、驴等大牲畜 2725 头,一天开垦荒地 5926 亩;临县窑头村群众集体到兴县开荒;河曲银塔子村 20 个妇女在一个月内开荒 180 亩。部队机关在开荒方面情绪更高,河曲驻军某连一班战士夜以继日抢着开荒;机关中的开荒英雄,成绩在 30 亩左右的,有不少是从未参加过劳动的知识分子干部。据 1941 年 25 个县的统计:开荒 355000 亩;1942 年 13 个县的统计,开荒 20 万亩。1944 年,据 25 个县的统计,共开荒 149 万余亩,增产细粮(小米)约 16 万大石。过去"十年九不收、男人走口外,女人挖野菜"的河曲和保德县,全年粮食也做到了自给有余。①

第二,扩大了棉田。边区为了穿衣自给,历来都提倡、奖励种棉。据统计,1941 年植棉 32000 亩,1942 年推广到 56000 亩,1943 年又推广到 71000 亩。在大生产运动中,各地群众纷纷要求扩大棉田,河曲先后数次向兴县、临县购买棉籽;神府群众 4 次争种棉田,因棉籽不够,乃决定减籽下种,以保证棉田面积。据兴

---

① 中国革命老区建设促进会编:《中国革命老区》,中共党史出版社 1997 年版,第 106 页。

县、临县、临南、离石、河曲、保德、神府 7 县统计,1944 年共种棉 163206 亩。另外,机关部队还种棉 5632 亩。在政府奖励种棉,提倡纺织的情况下,解决了根据地几百万人民和军队的穿衣问题。

第三,兴修水利。仅二分区各县共兴修水地 5615.9 亩,计河曲 2367 亩,保德 1788.9 亩,岢岚 1020 亩,偏关 440 亩,可增产粮食 1103 石。荒地不多的地区,则在打坝、淤地、开渠等兴修水利工程方面成效显著。

第四,发展了牲畜。牲畜是农业耕种的重要辅助劳动力,由于政府的鼓励和扶助,促进了牲畜的发展,并解决了畜力问题和肥料问题。据 1944 年统计,仅神池、五寨、岢岚、偏关等 4 县即增加耕畜 2142 头;仅河曲、岢岚、偏关等 3 县半年内即增加猪、羊 38253 头(只)。

第五,促进了纺织业发展。1943 年前,纺织业仅在三分区临县、离石一带有基础,自开展大生产运动以来,纺织业迅猛发展,各地大量制造纺车、土机快机,并纷纷成立纺织合作社,创办纺织训练班。部队机关中纺织生产也搞得热火朝天,锻炼出许多纺纱织布的能手,村庄里到处都能听到织机声。1944 年上半年,仅纺织妇女就达 53527 人,比 1943 年增加将近 1 倍。

生产运动的开展,改善了军民生活,基本上达到了"自己动手,丰衣足食"的要求,为巩固抗日民主政权,争取抗日战争最后胜利奠定了坚实的物质基础,同时还积累了一些经济建设的经验,培养出一批经济工作的干部。

二、教育与抗战、生产相结合

教育是武装群众头脑,发展生产、战胜敌人的思想武器。早在卢沟桥事变后不久,毛泽东就提出了实施"国防教育,根本改变过去教育方针和教育制度"的主张,后在《抗日救国十大纲领》中又提出了"改变教育的旧制度、旧课程,实行以抗日救国为目标的新制度、新课程"。1938 年他又提出抗战的教育政策:"第一,改订学制,废除不急需与不必要的课程,改变管理制度,以教授战争所必需之课程及发扬学生的积极性为原则。第二,创设并扩大各种干部学校,培养大批的抗日干部。第三,广泛发展民众教育,组织各种补习学校、识字运动、戏剧运动、歌咏运动、体育运动,创办敌前敌后各种通俗报纸,提高人民的民族文化和民族觉悟。第四,办理义务的小学教育,以民族精神教育后代。"①

晋西北抗日民主政权从创建之初,就遵循党的教育纲领,努力开办干部教育、社会教育、学校教育,并把各类教育有效地与抗战、生产建设紧密结合起来。

在干部教育方面,随着抗日根据地的创建和发展,先后创办过晋西北军政干部学校、晋西北抗战学院、青年干部学校、晋西北师范学校、边区新民主主义教育实验学校、民运干部学校、行政干部学校、财政干部学校、成成学院、鲁艺分院、西北艺校,以及晋西北第一、第二、第三、第四、第五中学等。课程的设置一般有政治理论、军事知识、时事政策、社会发展史等。办学条件很艰苦,没有固定校舍,没有齐全的设备,没有充裕的经费,一般都是依靠师生自己动手,打窑洞,盖土屋,制作教具,生产粮食、蔬菜等以维持学校的日常生活和教学。

关于社会教育。社会教育的对象是人民大众,首先是农民大众。农民文盲甚多,他们在认钞票、查路条、写信记账上吃过很多亏,所以在经济上翻身后,都有学习文化的要求,政府也重视对他们的教育。社会教育的主要方式是举办识字组和民校。识字组以生产单位,如变工队、妇纺小组等划分,由组长负责组织学习。民校主要在冬季农闲时节进行,所以又称为冬学。1940 年晋西北根据地部分地区开展了冬学。1941 年 12 月,晋西北行署发出《关于冬学运动配合反"扫荡"战争的紧急指示信》,同时颁布《民国三十年冬学工作计划》,就冬学的性质、任务、具体要求、组织领导、经费与教材、工作步骤等,作了明确的规定。其中要求在内地县份,凡工作基础较好的,平均每个行政村开办冬学 2 – 2.5 个;接近敌占区县份,工作基础较差者,平均每个行政村开办冬学 1 – 1.5 个;各地模范冬学应占到全数的 5%。至此,冬学在根据地普遍开展起来。1944 年冬学有了飞跃发展,据统计边区共有冬学 2281 处,学生为 132820 人。在兴县、保德、河曲、岢岚等县平均七人中就有一人上冬学。在游击地区和敌占区的清(源)太(原)、汾阳等地也创办了冬学。

参加冬学的有一般农民、英雄模范、干部、民兵、妇女等。学校和生产实际紧密结合,如劳模温象拴提出的口号是"在那里刨闹,冬学就设在那里。"②征收公粮、减租查租、解决群众纠纷,都在冬学里开展,把冬学变成"群众的议事厅"。教

---

① 人民教育出版社编:《毛泽东同志论教育工作》,人民教育出版社 1958 年版,第 34 页。

② 穆欣:《晋绥解放区鸟瞰》,山西人民出版社 1984 年版,第 118 页。

学原则是采取群众路线的教育方法,即大家教,大家学,教员从中启发,掌握内容的精神和中心。群众学的是些实用性强,与记账、珠算、开路条等急需用的知识。冬学不仅教群众识字,提高群众的文化素养,更主要是向群众进行形势和任务的宣传教育,启发群众的政治觉悟,鼓励他们积极投入到生产、防特防奸的斗争中去。因此,冬学运动又是一个群众性的政治教育运动。

关于学校教育。抗战前晋西北学校教育非常落后,仅在大的村镇中有一些学校,但在日本全面侵华战争爆发后,所有的学校几乎全部遭到破坏。1940年,中共领导的晋西北抗日民主政权建立后,因战时人力、财力紧缺,以恢复和发展小学为主。至1940年9月底,据19个县的粗略统计,已有完全小学26所、初级小学1393所,共有学生61938人,每县平均有小学74所,学生3295人。①

1943年边区中等教育会议后,提出学校与战争、生产、社会、家庭相结合,小学教育走上了新的发展阶段。各地小学平时在教学内容上着重进行民族教育,军事常识学习,实行站岗放哨、劳军优抗等,战时进行战时宣传,组织空室清野,查路条、送情报、搞运输、送伤员。为解决师生费用,学校还开展生产自给。兴县各小学师生共同种地二、三亩,其收益部分用以补充学校经费,部分作为分红奖励。除农业生产外,还开展纺织,收获所得归儿童所有,有的学校还组织儿童植树开荒变工。岢岚全县小学种水旱地284亩。在生产中进行启发式教育,提倡"做什么,学什么;学什么,做什么"。在与社会结合方面,如保德、兴县、临南、离石等县个别村子的小学,帮助群众订生产计划,改造二流子,有的建立了识字班、读报组、识字牌、大众黑板报,宣传讲究卫生、破除迷信等科学常识,改造社会上一些不务正业的神汉巫婆。

三、社会整合与生产劳动相结合

晋西北地处黄土高原,沟壑纵横,十年九旱,农作物产量很低,经济文化相当落后。加之长期受封建统治阶级残酷剥削和压榨,农民生活极端贫困,许多家庭由于衣食无计或其他原因倾家荡产时,往往堕落为游民。为了生计,游民被迫干起各种不正当的活动。据记载,游民主要有:土匪、娼妓、乞丐、盗贼、刮野鬼、串门

---

① 山西省史志研究院编:《山西通史》第8卷,山西人民出版社2001年版,第663页。

子、卜卦、算命、看相、拐子、抽大烟者等。人们习惯上把从事这些不务正业者统称为"二流子"。

抗战爆发后,敌人对晋西北人民进行了残酷的"扫荡"、迫害和长期经济掠夺,游民阶层急剧扩大。如敌人占领方山后,用各种办法制造着二流子。原为良家妇女因生活所迫而沦为娼妓,正业男子却落魄为烟鬼、赌徒、小偷,不务正业、好吃懒做、游手好闲者不计其数。离石马坊一个村吃料面抽大烟者40余人,全村游手好闲的"二流子"有90余人,占村民百分之十。保德康家滩村,是一个不到500人口的村子,男女二流子30多个,一般好吃懒做的人就更多了。这些二流子在村里抽大烟、赌博、串门子、搬弄是非,弄得四邻不安,村子乌烟瘴气。

二流子不务正业,为非作歹,扰乱社会秩序,败坏社会风气,与个人、家庭、社会危害极大。晋西北抗日民主政权建立后,在战事紧迫,人力、物力、财力相当紧缺的战备情况下,非常重视人力资源的开发利用,因此,把改造"二流子"作为根据地生产建设的一项重要任务。改造二流子的基本办法是,通过群众性的说服教育,让其转变观念,从事生产。但二流子多数是因家庭破产,迫于生计,而以不正当手段为生。他们短缺必要的土地、从事生产的工具,甚至有些贫困到没有食粮和衣服。所以要想让二流子从事生产,除转变劳动观念外,还得给他们一定的生产资料援助。对家庭特别贫困的二流子政府发放贷款,种子,生产工具等,群众也发扬友爱互助的精神,帮助解决一些生活和生产困难。大生产运动开始后,把二流子编入变工组或扎工队进行改造。经过政府和群众的共同努力,晋西北根据地改造二流子的工作取得了很大成绩,大部分"二流子",痛改前非,能积极参加生产劳动。如兴县黑峪口镇把全镇58个"二流子"集合起来,根据不同情形分组进行教育,经教育后都参加了生产劳动。保德樊家沟村原有48家神婆,常借看运气降鬼神欺骗群众,看见谁家有了钱,就说谁家有病、有难,需要"立神"降灾克病,以骗钱为生。为改造这些不劳而获的神婆,该村妇女干部号召全村妇女召开大会,宣讲预防疾病的科学方法,揭露神婆封建迷信活动对大家的危害,动员神婆们参加变工组,与大家一起纺线织布。不仅增加了妇女劳动力,也解除了多年来的迷信思想。从此群众对"巫婆"、"神汉"的骗术也不那么相信。有了重病、难病,再也不去求神拜佛,而是请医生,送医疗部门求治。

总之,晋西北抗日根据地建立后,为了适应根据地政治、经济、文化发展的需要,实施开发利用人力资源的政策和措施,最大限度地克服了战时人力、物力、财力不足的困难,促进了根据地经济繁荣和社会的发展,为取得抗战胜利和解放战争的顺利开展奠定了一定的物力和人力基础。

主要参考文献

一、文集、文献书目

1.《毛泽东选集》,人民出版社1991年出版。

2. 晋绥边区财政经济史编写组:《晋绥边区财政经济史资料选编》(总论编),山西人民出版社1986年出版。

3. 晋绥边区财政经济史编写组:《晋绥边区财政经济史资料选编》(农业编),山西人民出版社1986年出版。

4. 晋绥边区财政经济史编写组:《晋绥边区财政经济史资料选编》(财政编),山西人民出版社1986年出版。

5. 赵政民总编:《山西文史资料全编》,《山西文史资料》编辑部2000年出版。

6. 山西省史志研究院编:《晋绥革命根据地政权建设》,山西古籍出版社1998年出版。

7. 山西省史志研究院编:《中国共产党山西历史》(1924-1949),中央文献出版社1999年出版。

8. 山西省史志研究院:《晋绥革命根据地史》,山西古籍出版社1999年出版。

9. 山西省史志研究院编:《山西通史》(抗日战争卷),山西人民出版社2001年出版。

10. 郭玉莲主编:《雁北妇运史》,民族出版社2000年出版。

11. 兴县革命史编写组:《兴县革命史》,山西人民出版社1985出版。

12. 军事科学院军事历史研究部编:《中国抗日战争史》,中国人民解放军出版社1994年出版。

13. 山西省妇女联合会编:《晋绥妇女战斗历程》,中共党史出版社 1992 年出版。

二、史志、论文

1. 贾维桢主编:《兴县志》,中国大百科出版社 1993 年出版。

2. 张权主编:《平鲁县志》,山西人民出版社 1992 年出版。

3. 侯文正主编:《管涔山志》,山西人民出版社 2003 年出版。

4. 张玮:《晋西北抗日根据地的减租与交租问题》,《中共党史研究》2008 年第 4 期。

5. 张玮、李翠青:《中共晋西北抗日根据地劳动互助政策及其实践评析》,《古今农业》2006 年第 3 期。

6. 韩晓丽:《抗战时期山西根据的劳动英雄研究》,《抗日战争研究》2012 年第 3 期。

7. 刘庆礼:《中国共产党抗战时期的减租减息政策论析》,《河北省社会主义学院学报》2009 年第 3 期。

8. 林志彬、方义洁:《抗日根据地解放和发展生产力的历史考察》,《广东省社会主义学院学报》2006 年第 2 期。

9. 王智:《晋西北抗日根据劳动英模群体研究》,山西大学 2011 年。

10. 李常生:《晋西北根据地妇女劳动力资源开发探析》,《山西大同大学学报》(社会科学版)2011 年第 6 期。

11. 李常生:《晋西北抗日根据地乡村劳动力开发与调剂》,《内蒙古农业大学学报》(社会科学版)2010 年第 3 期。

12. 李常生:《论晋西北抗日根据地乡村妇女社会化》,《安阳工学院学报》2005 年第 6 期。

三、档案、报刊

1.《黑峪口镇人口、劳动力调查统计》,山西省档案局,卷宗号 A141 - 1 - 98 - 1。

2.《瓦塘镇抗战以来人口变化统计》,山西省档案局,卷宗号 A40 - 7 - 6 - 1。

3.《兴县西坪村人口、劳动力调查报告》,山西省档案局,卷宗号 A141 – 1 – 89 – 1。

4.《任家弯抗战以来人口、劳动力变化》,山西省档案局,卷宗号 A141 – 1 – 118 – 1。

5.《赵家川口人口、劳动力变化》,山西省档案局,卷宗号 A141 – 1 – 131 – 1。

6.《高家村人口、劳动力调查统计》,山西省档案局,卷宗号 A22 – 1 – 18 – 1。

7.《保德县段家沟自然村调查报告》,山西省档案局,卷宗号 A137 – 1 – 3 – 1。

8.《高家沟自然村调查报告》,山西省档案局,卷宗号 A22 – 1 – 19 – 1。

9.《兴县柳叶村调查材料》,山西省档案局,卷宗号 A22 – 1 – 22 – 3。

10.《抗战日报》。

后　记

　　本人主要从事中国近现代史的教学工作,在教学之余,收集和整理了一些有关晋西北抗日根据地方面的史料,并对人口、劳动力等问题做了粗浅的探讨,近几年,在国内公开发行刊物上发表有关晋西北根据地人口、劳动力方面的学术性论文有《山西抗日根据地妇女劳动力的开发》、《论晋西北抗日根据地乡村妇女社会化》、《论晋西北根据地移难民安置的社会效应》、《刍议晋西北根据地人口性别结构变动》、《晋西北抗日根据地乡村劳动力开发与调剂》等十几篇。

　　本书就是在上述论文的基础上进一步修改、加工和完善而写成的,在撰写过程中,课题组成员力求达到观点鲜明,见解独到,史料丰富的效果。就目前研究现状来看,本书是学术界较早系统地探讨晋西北根据地劳动力资源开发利用的学术专著。尽管本书在结构和体系上还不够成熟,其中某些观点尚需推敲和斟酌,有待进一步深入研究和完善,但本书在抗日根据地研究领域具有一定的开拓价值。

　　本书的完稿凝聚了课题组成员共同的心力和汗水,在本书出版之际,非常感谢山西大学岳谦厚教授的参与和悉心指导,感谢忻州师院历史系赵淑清老师的参与和编写。同时也非常感谢忻州师范学院历史系赵新平教授的鼓励和王福应老师的点拨指正。

　　本书之所以能够顺利出版,主要得益于忻州师范学院科研处的大力支持和资助,同时也离不开光明日报出版社编辑的热情指导和辛勤工作。在此,谨表示由衷的谢忱。

限于水平和时间仓促,书中难免有不当之处,敬请读者批评指正。

李常生

2017 年 12 月 14 日于忻州